La ira de México

La ira de México

Siete voces
contra la impunidad

LYDIA CACHO
SERGIO GONZÁLEZ RODRÍGUEZ
ANABEL HERNÁNDEZ
DIEGO ENRIQUE OSORNO
EMILIANO RUIZ PARRA
MARCELA TURATI
JUAN VILLORO

Prólogo de Elena Poniatowska

Introducción de Felipe Restrepo Pombo

Vintage Español
Una división de Penguin Random House LLC
Nueva York

PRIMERA EDICIÓN VINTAGE ESPAÑOL, MARZO 2017

Vintage Español ISBN en tapa blanda: 978-0-525-43365-1

Para venta exclusiva en EE.UU., Canadá, Puerto Rico y Filipinas.

www.vintageespanol.com

Impreso en los Estados Unidos de América
10 9 8 7 6 5 4 3 2 1

VARIOS AUTORES

La ira de México

Lydia Cacho (Ciudad de México, 1963). Periodista, escritora y defensora de los derechos humanos, es autora de doce libros traducidos a nueve idiomas y en venta en más de veinte países. Ha sido reconocida con algunos de los premios más importantes del mundo en materia de periodismo y derechos humanos.

Sergio González Rodríguez (Ciudad de México, 1950). Es conocido por su escalofriante reportaje sobre las mujeres asesinadas en Ciudad Juárez, *Huesos en el desierto*. Premio Anagrama de Ensayo 2014 y autor de *Los 43 de Iguala*, sobre la matanza de Ayotzinapa, ha sido galardonado con el Premio Casa América Catalunya a la Libertad de Expresión en Iberoamérica.

Anabel Hernández (Ciudad de México, 1971). Ganadora del Premio Nacional de Periodismo de México, en 2003 Unicef le dio un reconocimiento por una serie de reportajes sobre la esclavitud sexual infantil en Estados Unidos y en 2012 la Asociación Mundial de Periódicos y Editores de Noticias le otorgó el Premio Pluma de Oro de la Libertad.

Diego Enrique Osorno (Monterrey, 1980). Testigo y narrador de los principales conflictos del primer cuarto del siglo XXI en México y otros países, es uno de los nuevos cronistas de Indias según la Fundación Nuevo Periodismo Iberoamericano (FNPI). Participó en la Comisión de la Verdad de Oaxaca, que investigó y consignó a funcionarios por ejecuciones extrajudiciales y actos de tortura. Cofundador de www.agenciabengala.com.

Emiliano Ruiz Parra (Ciudad de México, 1982). Formado como reportero en el periódico *Reforma* (2004–2008), sus crónicas han sido incluidas en diversas antologías. En 2010 fue nominado al premio de la Fundación Nuevo Periodismo Iberoamericano por su crónica "Morir por Pemex". Desde 2011 es colaborador habitual de la revista *Gatopardo*.

Marcela Turati (Ciudad de México, 1974). Fundadora de la Red Periodistas de a Pie y colaboradora en la revista *Proceso*, ha recibido varios galardones internacionales, entre los que destacan el Premio de Excelencia de la Fundación Nuevo Periodismo Iberoamericano (FNPI), el Premio Wola de Derechos Humanos y el Premio Louis M. Lyons a la conciencia e integridad en el periodismo de la Fundación Nieman.

Juan Villoro (Ciudad de México, 1956). Escritor y periodista mexicano, colabora regularmente en los periódicos *Reforma* y *El País*, y ha participado en publicaciones como *Letras Libres*, *Proceso*, *Nexos*, y la italiana *Internazionale*. Galardonado con el Premio Herralde por su novela *El testigo* (2004), es reconocido como uno de los principales escritores latinoamericanos contemporáneos.

*Este libro está dedicado a los periodistas y fotoperiodistas
asesinados y desaparecidos en México:
E.P., F.R.P., D.E.O., J.V., E.R.P.,
A.H., S.G.R., M.T., L.C.*

Índice

IMPACTO

POSICIONAMIENTOS

APÉNDICES

Todo individuo tiene derecho a la libertad de opinión y de expresión; este derecho incluye el no ser molestado a causa de sus opiniones, el de investigar y recibir informaciones y opiniones, y el de difundirlas, sin limitación de fronteras, por cualquier medio de expresión.

Artículo 19 de la Declaración Universal
de los Derechos Humanos

ESTADOS UNIDOS

Río Grande

UILA

Nueva Laredo

GOLFO DE MÉXICO

Reynosa

Torreón
Lerdo

CAS

NUEVO
LEÓN

SAN
LUIS
POTOSÍ

TAMAULIPAS

San Luis Potosí
Bledos
Villa de Reyes

Ecatepec
Ciudad de México
Cuernavaca

Huimanguillo

YUCATÁN

QUINTANA
ROO

Morelia

CÁN

VERACRUZ

CAMPECHE

GUERRERO

TABASCO

BELICE

Iguala
Ixtla
Chilpancingo
Acapulco

OAXACA

Ayotzinapa
Huitzuco

CHIAPAS

GUATEMALA

HON.

EL S.

A. 27.º Batallón de Infantería y 41.º Batallón de Infantería (zona militar)
B. Base de la Policía Federal
C. Centro de Operaciones Estratégicas (COE) de la Procuraduría General de la República (PGR)
D. Base de la Policía Municipal
E. C4, Iguala
F. Centro de Adiestramiento Regional Policial (CRAPOL)

1. Primer ataque en la esquina de Juan N. Álvarez y Emiliano Zapata
2. Segundo y quinto ataque en la esquina de Juan N. Álvarez y Periférico
3. Tercer ataque frente al Palacio de Justicia
4. Sitio del descubrimiento del cuerpo desollado de Julio César Mondragón

Prólogo

ELENA PONIATOWSKA

Antes los automovilistas, en su camino a Acapulco, solían detenerse en Chilpancingo a cargar gasolina o reparar alguna llanta ponchada. Hoy Chilpancingo es una ciudad clave que denuncia los atropellos gubernamentales en la voz autorizada de un luchador social de noventa y ocho años, el médico Pablo Sandoval Cruz. A unos cuantos kilómetros de la autopista del Sol se encuentra la Escuela Normal Rural de Ayotzinapa, de la que desaparecieron 43 jóvenes que deseaban convertirse en maestros normalistas.

Desde el 26 de septiembre de 2014, los padres que viajaron a Estados Unidos y a Europa denuncian este crimen de lesa humanidad. Años antes, el maestro Lucio Cabañas, al ver que las autoridades jamás respondían a la necesidad de los jóvenes, escogió el fusil y se remontó a la sierra con unos cuantos campesinos de Guerrero que decidieron jugarse la vida. Lo mismo sucedió con Genaro Vásquez Rojas, maestro de la misma Normal Raúl Isidro Burgos, asesinado el 2 de febrero de 1972. Esta escuela, considerada un nido de guerrilleros, siempre fue satanizada por el gobierno dentro del estado de violencia y narcotráfico que es Guerrero. Gobernadores deshonestos —desde Caballero Aburto hasta Ángel Aguirre— lo llevaron a la catástrofe. Por su culpa, Guerrero es un estado tomado por el narcotráfico, un estado de políticos corruptos y un ejército que ha sido acusado de colusión con el crimen organizado.

Mejor que nadie, Juan Villoro sabe que los guerrerenses viven al filo de la navaja, sobre todo los que son clave en la manutención de su madre y sus hermanos menores. Integrarse en el narcotráfico es muchísimo más rentable que dedicarse a la agricultura. Ser maestro es —contra viento y marea— una opción para los jóvenes campesinos. «Quiero enseñar, puedo ser maestro bilingüe.»

La Normal de Ayotzinapa recibe a los aspirantes aunque sólo les ofrezca un catre y un plato de frijoles. Juan Villoro escribe: «Guerrero ha sido tierra del oprobio, pero también de la resistencia». Y confirma que el maestro Lucio Cabañas «descubrió muy pronto que era imposible educar a niños que no comían». Quiso cambiar sus condiciones de vida al crear el Partido de los Pobres, se volvió guerrillero y lo mataron al igual que a Genaro Vásquez Rojas.

También conoce la condición de los niños de la Ciudad de México porque alguna vez también él quiso perderse en la calle. Un escritor de la talla de Villoro, miembro del Colegio Nacional y premiado con el Herralde de España por su novela *El testigo*, destaca entre todos los colaboradores de *La ira de México* por la excelencia de su literatura y sus editoriales en el diario *Reforma*. Igualmente destaca por su actitud ante la vida y su capacidad crítica del actual gobierno. Para él en nuestro país el carnaval coincide con el apocalipsis. Los niños de la calle en la Ciudad de México sobreviven sin padre ni madre ni perro que les ladre. Sólo comparten la pobreza extrema de sus compañeros de calle y la mariguana y la cocaína como destino. Tener a un cuate es contar con alguien, no importa que lo viole o, mucho peor, que lo abandone.

Permítaseme ilustrar las palabras de Juan Villoro con una observación personal a propósito de Guerrero, uno de los estados más corrompidos de mi país. En 1943, mi madre Paula Amor de Poniatowski nos llevó a mi hermana y a mí en su automóvil a Acapulco. Condujo su Chrysler desde la Ciudad de México hasta el puerto y no le dio miedo tomar sola las curvas del cañón del Zopilote. Llegamos sanas y salvas al único hotel entonces, El Papagayo, frente a la playa. En Acapulco sólo vivían campesinos y pescadores y B. Traven, el de *La rebelión de los colgados* y *El tesoro de la Sierra Madre*, que escondía su identidad tras una palapa. Más tarde el rey de Acapulco se llamó Teddy Stauffer y fundó la discoteca Tequila a Go-Go, e hizo los honores de Acapulco a Rita Hayworth, a Orson Welles, a Diego Rivera, a Lola Olmedo y a las múltiples *starlets* que provenían de Hollywood.

En un abrir y cerrar de ojos, Acapulco se volvió el puerto de oro del turismo internacional y Miguel Alemán, entonces presidente, construyó o permitió construir rascacielos como en Miami. A su amante Leonora Amar le regaló una playa con todo y protección policial. Otros miembros de su gabinete escogieron los mejores sitios de la bahía, y los legítimos dueños de Acapulco —pescadores y campesinos— perdieron su propiedad o la vendieron por unos centavos. No les quedó otra que remontarse a los cerros y vivir sin luz, sin agua potable, sin un solo beneficio. Su única posibilidad de trabajo fue volverse lavaplatos en los hoteles de lujo. A partir de ese momento se inició en el estado de Guerrero una terrible desigualdad que alimentó a sucesivas guerrillas.

Guerrero, una de las zonas más pobres de la república mexicana, tiene a Acapulco troquelado en el pecho como una medalla de oro. La afluencia de turismo y el auge de cabarets, discotecas y prostíbulos garantizan su prosperidad. Johnny Weissmüller, el Tarzán de las películas estadounidenses, murió (sin Chita) en Acapulco; el secretario de gobierno del presidente Richard Nixon, Henry Kissinger, disfrutó del Club de Yates, lo mismo que Elvis Presley, Carlos Santana, Ringo Starr, Sophia Loren, Dolores del Río, María Félix y Alain Delon. Un festival de cine en el Fuerte de San Diego coronó el cosmopolitismo de Acapulco que «se internacionalizó porque ahora la explotación de opio compite con la de Afganistan».

En vista de la corrupción política, en los últimos años muchos mexicanos han llegado a la conclusión de que un capo puede ser su benefactor. En la Ciudad de México los benefactores son proxenetas o violadores, como tan bien lo ha documentado Lydia Cacho.

Diego Enrique Osorno es desde luego uno de los reporteros de combate más admirados. Con una valentía a toda prueba, se expone al peligro como ningún otro. Slim (el hombre más rico de México que aparece en la lista Forbes después de Bill Gates) aceptó hablar con él y Osorno lo convirtió en libro. Experto en periodismo sobre drogas, ha obtenido premios internacionales que lo sitúan al frente de la literatura de no ficción, y sus libros causan en América Latina la misma sensación que el italiano Federico Mastrogiovanni. Diego Enrique Osorno arriesga su vida al denunciar a los Zetas, al cártel de Sinaloa, a la injerencia de Estados Unidos en nuestro país y al filmar documentales como *El poder de la silla*. En *La ira de México*, al igual que Villoro lo hace con el narcotráfico y los niños de la calle, Osorno aborda el incendio de la guardería ABC, en Sonora, una de las mayores catástrofes de nuestro país. El 5 de junio de 2009, 49 niños murieron por la negligencia y la corrupción de las autoridades. Como estas muertes infantiles amenazaban con opacar la elección del próximo gobernador de Sonora, se minimizaron, pero Osorno levantó una constancia de la rabia de Roberto Zavala Trujillo, quien corrió a buscar a su hijo Santiago guiándose desde lejos por la columna de humo que salía de la guardería, visible en Hermosillo desde varios kilómetros de distancia. Como no lo encontró, lo buscó en todos los hospitales y se enfrentó a la estupidez humana:

> El recepcionista [...] actuaba con el desdén con el que suelen actuar los fastidiados empleados de hospital.
> —¡Eh, eh, reacciona! Estoy buscando a un niño, a Santiago de Jesús Zavala, de la guardería ABC —gritó Roberto.

Sólo en uno de los hospitales las enfermeras tendieron la ropa de los niños para agilizar su identificación. La búsqueda de Roberto Zavala Trujillo terminó en el servicio médico forense. Allí le entregaron a su hijo muerto.

En una marcha que reunió a casi 10 000 personas, Roberto Zavala Trujillo se declaró culpable de la muerte de su hijo:

> por ser una persona honrada que tiene un empleo [...] por tener la Seguridad Social que me dio la oportunidad, y me dio la elección de que mi hijo entrara en esa guardería donde me dijeron que contaban con todas las medidas de seguridad. Yo tengo la culpa por confiar [...] ¡Yo soy el responsable de la muerte de mi hijo!

Nunca había leído una crónica tan sobrecogedora como la del escritor Emiliano Ruiz Parra. «El naufragio de las mandarinas.» Imposible no conmoverse con un texto como el suyo. ¡Qué *Moby Dick* ni qué nada, Herman Melville se queda corto ante el horror vivido! El naufragio de los trabajadores de la plataforma petrolera Usumacinta, en Campeche, quedará para siempre en nuestra memoria en este extraordinario relato de cronista excepcional. Emiliano Ruiz Parra fue reportero del diario *Reforma* y publicó su notable «Morir por Pemex, el naufragio de las mandarinas». Cualquier lector, hasta el más indiferente, sentirá en carne propia caerle encima toda la fuerza de las olas de ocho metros que intentan destruir la plataforma en las aguas del Golfo, en las que una pequeña plataforma es apenas una isla flotante que lucha para no caer con todo y su petróleo al fondo del océano.

Antes de leer a Ruiz Parra no tenía idea de la destrucción que puede causar un frente frío, ni sabía que el frente puede transformarse en un huracán: «[...] la máquina registraba rachas de viento de 136 kilómetros por hora». El jefe de mantenimiento ordenó resguardarse en los cuartos de trabajo pero Pensamiento, apodo que sus compañeros le pusieron a un trabajador, «temió que el gas sulfhídrico, más pesado que el aire, se concentrara debajo de la plataforma y la volara en pedazos con una chispa. Al mismo tiempo recordó que una breve exposición al gas sulfhídrico podría ser mortal». Alfredo de la Cruz, Pensamiento, era uno de los empleados que cumplían un horario de 14 días en la plataforma con jornadas de 12 horas a cambio de 14 días de descanso en tierra.

En «El sueño de Jesús Fragoso», Ruiz Parra nos cuenta cómo don Jesús Fragoso Aceves (conocido como el Chango, vestido de campesino: sombrero, calzón de manta, huaraches y morral al hombro, ataviado como un indio pobre) entró en el palacio de la Suprema Corte de Justicia de la Nación (SCJN) para defender las tierras y fue arteramente asesinado.

A México lo marcan las tragedias que parecen ser exclusivas de la gente marginada, aquellos que los estudios socioeconómicos suelen etiquetar como «grupos vulnerables».

Lydia Cacho, Anabel Hernández, Marcela Turati, Juan Villoro, Diego Enrique Osorno, Emiliano Ruiz Parra y Sergio González Rodríguez se indignan contra lo que consideramos «una de las mayores tragedias en la historia del país». ¿Cuántas «mayores tragedias» le esperan a México? ¿Cuántas más habrán de sumarse a las víctimas bajo tierra cuyos cuerpos ahora aparecen en todo el territorio nacional? ¿Cuántas fosas más quedan por encontrar? Del suelo de México y sus esqueletos enterrados estalla el dolor, la rabia de vivir en medio de tanta podredumbre. Nunca sabremos con precisión cuántas son las desapariciones forzadas, cuántos muertos se contabilizan desde que el gobierno de Felipe Calderón inició la fallida, la absurda guerra contra el narcotráfico. Tampoco sabremos cuántas mujeres y hombres perdieron su identidad para volverse un cuerpo más dentro de una de las tantas fosas clandestinas. Sergio González Rodríguez nos recuerda que «un cuerpo es una persona, no una identidad perdida».

Me impresiona que mi amigo (también crítico literario) Sergio González Rodríguez recurra a la anamorfosis, una forma de ver que parte del Renacimiento y se liga al desarrollo de la óptica como disciplina científica. Los italianos comenzaron a pulir espejos (eventualmente lograrían hacer lentes para telescopios, como los telescopios newtonianos) y experimentaron con la luz en los cuadros del Caravaggio, y más tarde, Canaletto. Recurrieron a la *camera obscura*, un espejo sobre el que se logra pintar y refleja el rostro del pintor, el normal y el deformado. González Rodríguez —el más perseguido y atacado de quienes escriben en este libro; de hecho, sus lesiones lo inhabilitaron durante mucho tiempo— recurrió a la anamorfosis, quizá para olvidar el sufrimiento al que se expuso durante años después de su denuncia, y por eso nos da la impresión de estar de salida (o de regreso) como *Los embajadores*, de Holbein, que dan la sensación de salirse de la pintura. González Rodríguez logró salir del horror, que vivió en México al denunciar, a través de su escritura y su concentración en el arte.

La información es poder y quienes están encumbrados en los cargos públicos la utilizan a su favor. Para el gobierno de México, un individuo que piensa es más peligroso que uno que maneja un arma de fuego. De ahí el desastre de la educación en nuestro país y el desprecio de la cultura, la desconfianza y el ninguneo al intelectual, y la crítica muy bien fundada de la Comisión Interamericana de Derechos Humanos (CIDH), que considera a México un país a todas luces indigno y defectuoso.

El 2 de marzo de 2016, la CIDH —tras permanecer del 28 de septiembre al 2 de octubre de 2015 en nuestro país— destacó que en México las desapariciones forzadas son una práctica constante en la que la respuesta del Estado es deficiente. Según el Registro Nacional de datos de Personas Extraviadas o Desaparecidas, «las personas "no localizadas" al 30 de septiembre de 2015, son 26 798». Otra de las cifras que data del sexenio de Peña Nieto es la de 94 000 asesinatos.

El informe, de más de 200 páginas, resume la violencia que anega al país. Además de nuestros fallidos derechos humanos, «analiza la situación de asesinatos, violencia y amenazas contra periodistas, que hace que México sea considerado como uno de los países más peligrosos del mundo para ejercer el periodismo».

Pocos son los trabajadores que cuentan con el amparo de la ley y creen que sus derechos serán respetados. La tragedia de la plataforma petrolera en Campeche en la que murieron 20 trabajadores, además de 2 tripulantes del barco que intentó salvarlos en medio del mar ejemplifica el abandono en el que viven la gran mayoría de los mexicanos. No se trata de un naufragio, sino de un criminal descuido. El objetivo de la plataforma Usumacinta era dar mantenimiento o perforar pozos petrolíferos. Un frente frío se avecinaba en el golfo de México, pero ninguna autoridad lo consideró un riesgo aunque las rachas de viento eran de 136 kilómetros por hora, lo que equivale a un huracán de categoría uno. Los hombres de la plataforma sintieron cómo se movía con el viento. Guadalupe Momenthey advirtió que una fuga de gas sulfhídrico —peligro mortal— acechaba a todos. El pánico cundió. La única opción era abandonar la plataforma en botes salvavidas, llamados mandarinas. Emiliano Ruiz Parra nos explica que los trabajadores «eran expertos en soldar, operar grúas y motores, perforar, preparar cemento [...]» Pero «algunos no sabían nadar».

Azotados por las enormes olas, como las que describe Herman Melville en *Moby Dick*, trabajadores como el tozudo Pensamiento se sintieron «parados en la orilla de la muerte».

Murieron 22 personas que no debieron morir.

La Comisión Nacional de los Derechos Humanos (CNDH) declaró: «Se acreditan violaciones a los derechos humanos en agravio de las 22 personas que perdieron la vida el 23 de octubre de 2007 en la Sonda de Campeche, así como de las 68 personas que resultaron lesionadas...» Ningún funcionario fue sancionado ni despedido.

Estas «grandes tragedias», la de Ayotzinapa, la de la guardería ABC, la de la Sonda de Campeche, son el resultado del mal gobierno y la violencia; y las muertes que causa son calificadas de «daños colaterales» por el irresponsable presidente Felipe Calderón. Su estúpida guerra contra el narcotráfico dejó miles de muertos.

El ensayo de Sergio González Rodríguez es imprescindible porque ilustra el dolor de una víctima que no sólo tiene que lidiar con las atrocidades de la delincuencia, sino que enfrenta la infinidad de candados de la «justicia mexicana». «Ante la imposibilidad de acceder a la justicia, la víctima sólo tiene una certeza: gravitar en torno a la ley.» Ser víctima implica la pérdida de la identidad para convertirse en un expediente entre miles. Una víctima es parte de una estadística, un número más.

González Rodríguez relata el caso de la modelo y animadora Adriana Ruiz, de Tijuana, secuestrada, torturada, decapitada y tirada en un basurero. «El asesinato de la víctima ocurre más de una vez: en la realidad y después, como noticia sensacionalista y en la potencia de la reproducibilidad a partir de lo grabado por los criminales. La víctima entra en un círculo de revictimización continua.»

Para González Rodríguez, en México ser honesto es poner la vida en peligro, como le sucedió a Daniel Arteaga, quien descubrió actos de corrupción y negligencia gubernamental que denunció en una carta a Calderón, ex presidente de México. No obtuvo respuesta, pero tiempo después recibió una fuerte cantidad de dinero enviada por un alto mando «quien lo amenazó: o bien recibe el dinero, o bien renuncia y calla, bajo la amenaza de matarlo a él y a sus familiares».

En México, el poder enferma a quien lo ejerce. Los mejores analistas de nuestro país han apuntado que es imposible distinguir a los delincuentes de los políticos.

Lydia Cacho, editorialista y heroína de nuestro tiempo, ha vivido en carne propia este peligro que la singulariza entre todas las luchadoras sociales y las defensoras de la niñez. Sus dos libros *Los demonios del Edén* y *Memorias de una infamia* causaron un gran impacto en la sociedad mexicana. Lydia Cacho Ribeiro, alta y espigada como su cabellera negra, cobró notoriedad a raíz de la denuncia en su contra del empresario libanés Kamel Nacif, pederasta protegido por el entonces gobernador de Puebla Mario Marín, quien la privó de su libertad además de someterla a un proceso en el que el único favorecido sería su amigo Kamel Nacif. Lydia, íntegra y valiente, supo que su vida corría peligro cuando la persiguieron, la encarcelaron y su acoso cotidiano la obligó a salir del país, ya que vivió entre amenazas y acosos tanto en Puebla como en la Ciudad de México y en Cancún, su lugar de residencia. Denunció la pornografía infantil, la corrupción judicial y el nulo interés de las autoridades por protegerla. Al contrario, tanto el gobierno como el crimen organizado podrían haber acabado con ella. ¿Acaso no eran lo mismo?

Decir la verdad es correr un riesgo enorme. Anabel Hernández, colaboradora de *Proceso*, lo sabe por experiencia; su casa ha sido allanada y ella perseguida. Carirredonda, con su cabello corto, me pareció casi una niña cuando la vi en una entrevista televisiva con Virgilio Caballero y admiré su entereza y su sangre fría. Ella desvela que son muchos los chivos expiatorios entre los presuntos responsables de las masacres gubernamentales y da nombres; descubre que en algunos casos son albañiles, como Patricio Reyes Landa. Documenta uno a uno los relatos que se logran filtrar entre barrotes para que luego los denuncien esposas y parientes. Si los presuntos culpables fueron víctimas de violaciones, asfixias, golpes, electrocución y otros métodos de tortura, resulta fácil preguntarse ¿qué les hicieron a los estudiantes, a los irreverentes, a los pobres, a los 43 normalistas de Ayotzinapa?

El periodismo de investigación de Anabel, entre los cartuchos del ejército y de la policía, entre la vida y la muerte, pone su vida en peligro. Curiosamente, emplea el mismo lenguaje que sus captores y escribe con términos policiales. Su libro *La familia presidencial*, sobre el enriquecimiento de Vicente Fox Quesada, causó sensación. En 2010 publicó *Los señores del narco*, y se enteró del plan para matarla y que «todo pareciera un accidente». Entonces la CNDH le proporcionó dos guardaespaldas. «El que una periodista tenga que andar con escoltas es una vergüenza para cualquier nación. Temo constantemente por mi integridad física y la de mi familia, pero el temor sólo me impulsa y me hace entender que estoy en la línea correcta.»

¿Cómo es posible que Marcela Turati, Lydia Cacho y Anabel Hernández tengan que vivir en peligro en su propio país? El 21 de noviembre de 2015, Anabel publicó una carta de denuncia en *Proceso* porque cuatro hombres allanaron su casa en el marco de la publicación de su reportaje sobre los 43 estudiantes normalistas desaparecidos. Sufrir esta agresión se ha vuelto normal.

Marcela Turati, Lydia Cacho, Anabel Hernández viven en un «riesgo extraordinario», de acuerdo con el Mecanismo para la Protección de Personas Defensoras de Derechos Humanos y Periodismo de la Secretaría de Gobernación. Ricardo Nájera, titular de la Fiscalía Especial para la Atención de Delitos cometidos contra la Libertad de Expresión (FEADLE), ha prometido decirles la «verdad histórica» sobre las agresiones sufridas, la misma «verdad histórica» que intentó cerrar el caso Iguala, una «verdad histórica» que Anabel pone en duda con sus artículos. El 21 de noviembre de 2015, Hernández declaró: «Durante mucho tiempo he luchado por no ser un número en la lista de periodistas asesinados. Las agresiones que he sufrido a lo largo de cinco años han afectado mi vida y la de mi familia por completo».

James Cavallaro, presidente de la CIDH, fue terminante: «El reto del Estado mexicano es cerrar la brecha existente entre su marco normativo y la realidad que experimenta la mayor parte de sus habitantes cuando buscan una justicia pronta y efectiva».

El gobierno federal no podía dejar pasar esta «afrenta». El mismo 2 de marzo se declaró consternado porque el informe de la CIDH «no refleja la situación general del país», ya que el Estado presume avances en materia de derechos humanos desestimados por la Comisión Interamericana. El comunicado es tajante: «En nuestro país no se vive una crisis de derechos humanos...» Claro, ¿qué funcionario del gobierno en su lujosa oficina sabe lo que son los atropellos a los indígenas, los inmigrantes, las mujeres, las jornadas inhumanas de los niños de la calle, los limpiaparabrisas de la Ciudad de México? ¿Quién es más culpable, el corrupto funcionario tras su escritorio o el informe de la CIDH?

La Secretaría de Gobernación, la de Relaciones Exteriores y la Procuraduría General de la República protestaron: «La metodología utilizada por la CIDH para integrar el informe tuvo un sesgo inicial. En lugar de valorar el estado de cumplimiento de las obligaciones del Estado, se enfocó en buscar y reflejar violaciones específicas, tomando en cuenta las problemáticas de seis entidades federativas y llegando a conclusiones sin fundamento».

Si la CIDH ampliara su investigación a las 32 entidades federativas los números rojos aumentarían y el gobierno de la República tendría que hacer algo más que enojarse. Más que el gobierno, somos nosotros —los mexicanos de todos los días— los indignados. No podemos olvidar Tlatlaya, Apatzingán, Tanhuato y Ayotzinapa en 2014 y 2015.

«La violencia me cambió la identidad —dice Marcela Turati, de *Proceso*, la reportera más tierna y más responsable que pueda conocerse—. Yo tenía la escuela de no intervenir, de no meterme, de ser siempre neutral, de no ser protagonista de nada y ahora las circunstancias obligaron a Periodistas de a Pie a pedir ayuda a las organizaciones internacionales de derechos humanos, pasarles información, decirles lo que sucede en México y ahora yo ya soy otra cosa.»

Marcela Turati recibió en Washington el premio WOLA (Washington Office on Latin America) en 2013, al lado del senador Tom Harkin —que lucha desde hace cuarenta años por los derechos humanos— y del embajador de Uruguay Milton Romani Gerner, quien combate el narcotráfico.

Periodista independiente, egresada de la Universidad Iberoamericana, Marcela nunca imaginó que sus reportajes sobre la pobreza la llevarían al tema de las víctimas de la violencia del narcotráfico. En 2006 fundó la organización Periodistas de a Pie para capacitar a los reporteros que investigan la pobreza. «La violencia nos encontró a los periodistas sin preparación.» Marcela cambió su meta de manera drástica; preparó a sus compañeros para no morir. Organizó capacitaciones de apoyo psicológico, legal, para aprender a entrar a zonas de riesgo o a entrevistar a niños sobrevivientes del conflicto. Incluso ayudó a reporteros perseguidos. A raíz de la guerra contra el narcotráfico, la profesión de reportero cambió por completo y se volvió un acto de resistencia.

En 2010, Ciudad Juárez «ya se había convertido en la maquiladora nacional de muertos y los periódicos llevaban un conteo diario de asesinatos, conocido como "el ejecutómetro"». En las colonias más violentas, Marcela se reunió con un grupo de madres, hijas, esposas, para compartir el horror que las envolvió.

Todas vivieron la experiencia más dura de su vida: la desaparición y el asesinato de un hijo. Marcela escuchó la pregunta de una anciana frente al juez: «Si me entregan un saco de huesos y me dicen que es mi hijo, ¿cómo hago para saber que es él?»

A estas mujeres es fácil verlas ahora en todas las marchas o en el exterior de las oficinas gubernamentales esperando a un funcionario que tal vez ni las mire. Es fácil encontrarlas en organizaciones civiles. Engrosan las filas de las manifestaciones y levantan en lo alto la fotografía de su desaparecido.

La indiferencia de los funcionarios las obliga a emprender su propia búsqueda, a veces solas, a veces cobijadas por alguna organización ciudadana.

El texto de Marcela Turati rescata su papel en la lucha: «Ellas son las que recogen los cadáveres del familiar asesinado en una balacera y presentado como delincuente. Son las que recorren el país [...] para conocer el paradero del esposo, el hijo o el hermano desaparecido [...] Son las que se quedan al frente de los hogares en los que falta el varón y sobran los niños por alimentar».

Ciudad Juárez fue el primer ejemplo de la violencia en contra de la mujer. Los gritos y maltratos avalados por una sociedad machista llegaron al asesinato. El feminicidio se sumó al léxico de las atrocidades cotidianas de nuestro país, México.

¿De qué se hace la vida? ¿Cuál es la trama del tejido infinito de hilos que se van enlazando para formar un destino? En México son miles las mujeres que no tienen un proyecto de vida más allá de sus hijos. Las tres periodistas Lydia, Marcela, Anabel, y la gran Carmen Aristegui —ahora silenciada— invierten su destino y sin saberlo se vuelven marxistas, indianistas, heroínas, Antígonas y, al salvar a sus hijos del olvido, salvan al país.

Quienes participan en *La ira de México* son periodistas y escritores reconocidos. Villoro apenas cuenta con sesenta años; Osorno empezó a escribir en *Milenio*; Marcela y Anabel en *Proceso*. Sus artículos son un referente dentro de la crónica y la literatura mexicana. No sólo han publicado libros de gran circulación, sino que toman partido por la herida que supura: Ayotzinapa, y denuncian a costa de la propia vida un México real y tenebroso. Estos escritores son una ventana abierta a la limpieza, o mejor dicho, a la limpidez como la llamó Octavio Paz en su poema enviado desde la India a raíz de la masacre del 2 de octubre de 1968:

> *La limpidez*
> *(quizá valga la pena*
> *escribirlo sobre la limpieza*
> *de esta hoja)*
> *no es límpida:*
> *es una rabia*
> *(amarilla y negra*
> *acumulación de bilis en español)*
> *extendida sobre la página.*
> *¿Por qué?*
> *La vergüenza es ira*
> *vuelta contra uno mismo:*
> *si*
> *una nación entera se avergüenza*
> *es león que se agazapa*
> *para saltar.*
> *(Los empleados*
> *municipales lavan la sangre*
> *en la Plaza de los Sacrificios.)*
> *Mira ahora,*
> *manchada*
> *antes de haber dicho algo*
> *que valga la pena*
> *la limpidez.*

La feminista Marcela Turati es una de las más adoloridas de todos porque vive la búsqueda y la apertura de las fosas en carne propia. Desolada, es quien más relación ha tenido con padres y madres de familia, a quienes ha visto «rascando la tierra a corazón abierto con sus propias uñas», buscando algún indicio, un retacito de tela, un anillo. Para ella, las desapariciones forzadas y los asesinatos son «una síntesis de lo que somos». Muchas madres de familia recurren a Marcela porque de ella reciben el cariño y la compasión que el gobierno es incapaz de darles. En muchos casos, los periodistas han actuado como un refugio contra la iniquidad. Sus escritos no fueron suficientes, ahora caminan al lado de las víctimas.

Introducción

Narrar la caída

FELIPE RESTREPO POMBO*

México es un territorio extenso —casi un continente— con una geografía diversa y a veces impenetrable. Es un lugar difícil de recorrer para cualquiera, en especial para un extranjero. Es, antes que nada, un país complejo. El escritor colombiano Santiago Gamboa, que vivió en la India, decía: «El primer mes creí que lo comprendía todo sobre la India. Muchos años después de estar allí, descubrí que no había entendido nada». Lo mismo se podría aplicar para el caso de México, que Juan Villoro define —citado por Elena Poniatowska en el prólogo de este libro— como un espacio en el que «el carnaval coexiste con el apocalipsis».

Llegué a México para vivir en el verano de 2006. Entonces me encontré con una profunda crisis política. En aquel momento se definían unas reñidas elecciones entre Felipe Calderón, candidato del Partido Acción Nacional (PAN), y Andrés Manuel López Obrador, candidato del Partido de la Revolución Democrática (PRD). Tras una violenta confrontación que desembocó en protestas ciudadanas —y en una profunda fractura social—, Calderón resultó ganador.

En aquellos primeros años, yo recorría este nuevo escenario como un testigo desprevenido en medio del incendio. Entonces me pareció —y me sigue pareciendo hoy— que se trata de uno de los países más fascinantes del planeta. No voy a hacer acá un recuento de sus virtudes, sólo diré que me sentí inmediatamente en casa.

* Asistente de investigación: Marcela Vargas.

Pero a medida que disfrutaba del carnaval empecé a detectar rastros del apocalipsis. Uno de los primeros que recuerdo —y que describí en su momento en una crónica para el diario colombiano *El Espectador*— ocurrió el 15 de septiembre de 2008, día de la fiesta nacional. Un grupo de encapuchados lanzó dos granadas sobre la gente que lo celebraba en la plaza central de Morelia, la capital de Michoacán. Ése fue el primer ataque del narcotráfico contra civiles en la historia del país, y no por casualidad sucedió en la ciudad de origen de Calderón. Fue una retaliación por su política de guerra frontal en contra del crimen organizado.

Tiempo después, a mediados de 2009, recuerdo que fue arrestado Arnoldo Rueda Medina —alias la Minsa—, un importante miembro de la organización criminal llamada la Familia. Rueda Medina fue detenido durante un tiroteo en la colonia Chapultepec Sur, también en Morelia. A las pocas horas de su detención, el poderoso cártel al que pertenecía comenzó una macabra venganza. Primero atacaron un cuartel de operaciones de la policía, disparando y lanzando granadas desde unas camionetas blindadas. Luego siguieron varios ataques aleatorios. El lunes siguiente a su captura se hallaron doce cadáveres en una autopista; tenían las manos atadas a la espalda y señales de tortura. Todos eran policías, y junto a sus cuerpos había un mensaje escrito a mano sobre una cartulina blanca que decía: «Vengan por otro, los estamos esperando».

En marzo de 2010 pude ver un extraño video que llegó a la redacción de uno de los noticieros más vistos de la televisión. La grabación, enviada por un anónimo, registraba lo ocurrido durante la madrugada del 15 de marzo de ese año en Creel, una ciudad de Chihuahua. En las imágenes se veía cómo un grupo de hombres fuertemente armados se apoderaba de una de las avenidas de la ciudad. Los sicarios, un poco más de 20, se estacionaban frente a una lujosa casa, entraban y asesinaban a nueve personas. Luego irrumpían en otras casas del barrio y raptaban a unas jovencitas, que subían a la fuerza a sus camionetas. Más tarde, y sin ningún temor, detenían los carros que circulaban por la calle y golpeaban a los conductores. Por último, para celebrarlo, repartían entre ellos una bolsa repleta de cocaína. Todo esto ocurría durante más de una hora, en la que no aparecía ninguna autoridad. Después de la emisión del video, la Procuraduría de Chihuahua anunció que ya tenía identificados a los criminales. Al poco tiempo, la subprocuradora Sandra Ivonne Salas García fue asesinada.

Estas escenas empezaron a invadir como tumores el organismo de México. En Tamaulipas, otra de las zonas rojas, unos reporteros de Al Jazeera dijeron que nunca habían estado en un lugar tan peligroso e incierto. En Nuevo León, las autoridades empezaron a repartir folletos en los que les indicaban a los ciudadanos qué hacer en caso de quedar atrapados en medio de una balacera. En Chihuahua, la gente dejó de ir a los bares locales y prefirió cruzar la frontera con Estados Unidos para ir de fiesta.

Durante mucho tiempo se creyó que la violencia era un fenómeno periférico, pero el brote llegó a las ciudades. En Monterrey o Guadalajara se empezó a sentir la escalada del crimen organizado. Incluso la Ciudad de México, considerada un oasis, no se salvó: ni la Condesa, uno de los barrios más turísticos y cosmopolita de la capital, escapó de los tiroteos y asesinatos. «La violencia está normalizándose en la percepción de la gente, no hay una censura masiva frente al crimen», me dijo Ernesto López Portillo, director del Instituto para la Seguridad y la Democracia, cuando le pregunté sobre el tema hace un tiempo.

«El crimen organizado ha ganado espacio poco a poco. Sus golpes son cada vez más espectaculares y demuestran su poderío», me comentó también Alberto Islas, director de Risk Evaluation, una empresa consultora que asesora a diferentes gobiernos en materia de seguridad. En el país se instaló un ambiente de inseguridad e impunidad; de hecho, todos los días ocurrían delitos de los cuales ya no se hablaba y ni siquiera eran investigados por las autoridades. Se cree que el nivel de impunidad es del 90 por ciento, solo en los que son denunciados. «Es como un queso gruyere: hay zonas donde los hoyos son más profundos. En algunas de esas regiones el Estado ya no tiene ningún control», me dijo Islas.

Y en septiembre de 2014 se llegó a uno de los puntos más álgidos de las últimas décadas: la desaparición de 43 estudiantes de la Escuela Normal Rural de Ayotzinapa en Iguala, Guerrero.

El caso suscitó todo tipo de reacciones. Pero recuerdo de nuevo con particular emoción las palabras de la valiente Elena Poniatowska. Durante la entrega del Premio Nacional de Periodismo, en la que recibió el premio a su trayectoria, ella se pronunció sobre los 43 normalistas. Subió al escenario, se plantó frente al público —entre el que se encontraban varios funcionarios del gobierno— y dijo con voz firme: «Recibir el premio a los 41 días de la desaparición de los 43 estudiantes normalistas de Ayotzinapa apachurra el corazón. ¿A ellos quién los premió? ¿Qué les dio México? Los premios nunca les tocan a los que más los merecen, a los pobres, a los que atraviesan el día como una tarea sin más recompensa que el sueño. Alguna vez, Guillermo Haro le ofreció un aventón a un campesino en la carretera Puebla-México y por romper el silencio le preguntó: "¿Y usted qué sueña?" Y el campesino le respondió: "Nosotros no podemos darnos el lujo de soñar"».

La desaparición de los estudiantes, que sigue sin resolverse, es la confirmación de que en algunos estados el crimen no sólo permeó a las autoridades, sino que ahora es el crimen el que gobierna. Y que Guerrero, como tantos otros estados, está atrapado entre la desolación y la barbarie: es un lugar abandonado y entregado a la violencia y al cruel poder del narcotráfico. Y todo ante la mirada indolente de una clase política que no deja de sorprender por su cinismo y corrupción.

Los periodistas mexicanos han sufrido en carne propia el auge de la violencia y la impunidad. De acuerdo con datos de Artículo 19 —organización independiente dedicada a promover y defender la libertad de expresión y el libre ejercicio periodístico—, durante el sexenio del presidente Calderón cada 48 horas un periodista era agredido. Esta cifra se disparó en los tres años que van de la presidencia de Enrique Peña Nieto; hoy día se agrede a un periodista cada 26.7 horas. Uno de los datos más preocupantes es que alrededor de la mitad de estas agresiones las llevan a cabo sujetos que trabajan para el Estado.

La Comisión Nacional de los Derechos Humanos (CNDH) tiene abiertos 433 expedientes por agresiones a medios de comunicación o a periodistas desde 2010. La situación es particularmente grave en Veracruz, Michoacán y Tamaulipas, los estados donde se registran más agresiones, homicidios, torturas y desapariciones. En el 96 por ciento de los casos, los periodistas afectados cubrían temas de inseguridad y corrupción relacionados con funcionarios públicos o con el crimen organizado.

Tan sólo entre diciembre de 2010 y febrero de 2016, 19 periodistas veracruzanos fueron asesinados sin que los casos se resolvieran. Nombres como Regina Martínez, Gregorio «Goyo» Jiménez y Anabel Flores Salazar se han vuelto tristemente emblemáticos como víctimas de los ataques a la libertad de expresión durante el gobierno de Javier Duarte en Veracruz.

Darío Ramírez, ex director de Artículo 19, señaló a principios de 2016 que México es «el país donde hay más periodistas desaparecidos en el mundo». Entre enero de 2003 y enero de 2016, esta misma organización registró la desaparición forzada de 23 periodistas; es decir, un promedio de 2 periodistas desaparecen al año.

Por otro lado, el portal *Animal Político* reportó que entre noviembre de 2012 y mayo de 2016, 219 periodistas solicitaron la protección del Estado tras ser víctimas de agresiones o amenazas. Según datos de la Secretaría de Gobernación —entregados a la Oficina en Washington para Asuntos Latinoamericanos en mayo de 2016—, la mitad de estas agresiones se registraron en Veracruz, Guerrero, Oaxaca y Chiapas.

En medio de este ambiente denso hay voces poderosas. Gracias a mi trabajo como director de la revista *Gatopardo* he tenido la oportunidad de conocer, leer y editar a decenas de cronistas que buscan retratar las injusticias que se viven en su país. Entre ellos se encuentran Juan Villoro, Lydia Cacho, Marcela Turati, Emiliano Ruiz Parra, Diego Enrique Osorno, Sergio González Rodríguez, Anabel Hernández y Elena Poniatowska: ocho autores extraordinarios que desde la narración se han levantado contra el silencio.

Todos —a pesar de que pertenecen a diferentes generaciones y tienen orígenes muy distintos— han tenido que someterse a la dificultad de producir periodismo narrativo e independiente. Se han enfrentado a los peligros de trabajar como reporteros en zonas inhóspitas sin ninguna protección; han luchado contra la censura oficial y la de diferentes poderes, y se han encontrado con que los medios tradicionales no publican sus trabajos o, si lo hacen, pagan sueldos de miseria. Debo anotar acá que éste no es sólo un mal mexicano: todos los cronistas latinoamericanos sufren, en mayor o menor medida, estas mismas condiciones injustas. Y me gusta pensar que *Gatopardo* es un espacio valioso, un medio comprometido como pocos que contribuye a la producción de periodismo de calidad en la región.

Los textos que aparecen en este libro no se limitan a explicar. Son retratos vivos, descripciones intensas, escenificaciones precisas de momentos fundamentales de la reciente historia mexicana. Son narraciones estremecedoras, pero que cargan con una responsabilidad enorme. Como dice Diego Enrique Osorno en su «Nuevo manifiesto del periodismo infrarrealista» (que también se publica en este libro):

> La hoja en blanco de un reportero
> debe ser un arma
> no sólo paño de lágrimas
> [...]
> La crónica es subversiva
> Y lo subversivo no tiene nada que ver con lo bonito.

La labor de los periodistas que aparecen en estas páginas —y todos los demás que no están— es poco gratificante. Implica tomar riesgos vitales y narrativos, y enfrentarse a un mundo donde abundan las incertidumbres. Espero que este libro sirva para que su trabajo sea más difundido. Y para que se conozcan —y se acaben— los sufrimientos de todo México.

Es necesario mencionar que los autores de esta antología no viven ni trabajan en entornos donde quepa esperar responsabilidad por parte de los servidores públicos, o que la información que los órganos del Estado ofrecen sea confiable. Ellos viven y trabajan en un medio donde deben suponer que las versiones ofrecidas por el Estado como verdad deben ser tomadas con un escepticismo natural. Han sido testigos de primera mano de algunos de los eventos que describen; de hecho, algunos de ellos han sido víctimas de aquellos sucesos. Han entrevistado directamente a las personas involucradas. Han vivido y trabajado junto a estas atrocidades y, gracias a lo que aquí han escrito, son capaces de compartir al mundo el mejor reporte de los hechos tal como ellos lo perciben, y sin su coraje posiblemente esos acontecimientos no habrían tenido ningún impacto en este ancho mundo.

Nuevo manifiesto del periodismo infrarrealista*

Diego Enrique Osorno

Un migrante
un fantasma
una mujer golpeada
toman en estos momentos
la curva de la muerte

Lejos quedan las colinas de la canción mixteca
o los pasadizos subterráneos de Mitla
el laberinto de Yagul que se alza en los Valles

Ante los gritos de este dolor mexicano
el murmullo de un cacuy
rompe una caverna escondida
entre montes llenos de nopales y hambre

Escribir sobre esto
en el hotel de un pueblo de asesinos
Escribir ahí
sobre un pueblo de víctimas
Escribir contra lo políticamente correcto
lo políticamente corrupto

* Artefacto diseñado en 2015 durante investigaciones, talleres y funerales celebrados en sitios de Oaxaca como Mitla, Huajuapan, San Antonino Castillo Velasco, Putla de Guerrero y Santa Catarina Lachatao.

Escribir más que nunca y sin parar
porque el periodismo infrarrealista
está herido
tergiversado
confrontado
pero sigue de pie
y
a
b
a
j
o

Francisco Goldman y el padre Solalinde
caminan por Oaxaca
hablan de la verdad
nos expanden la consciencia
guían al periodismo infrarrealista

John Gibler es un mexicano sensible
cuyo nombre rima con Guerrero
Lo vemos subir a un autobús
con destino a Ayotzinapa
Pero en el camino
el autobús y John
desaparecen

Ha muerto Carlos Montemayor
Y también han tenido más hijos
algunos de los 54 millones
de mexicanos pobres

El hijo de un policía de Coahuila
adolorido
envía un tuit —al vacío—
denunciando su extrema soledad

Un fotoperiodista se queda petrificado en su casa
y no va al funeral de su colega asesinado
Otro fotoperiodista deja su cámara en el piso
durante la conferencia de prensa
en la que un vocero oficial
—aunque haya sido periodista en su otra vida—
es una voz de ultratumba
que narra la verdad histórica

Un torturado de Oaxaca
no sabe qué hacer en la Guelaguetza
Solo mira la tarde desde el Cerro del Fortín

El anarquista del Distrito Federal
que incendia la puerta de Palacio Nacional
sabe que no es telegénico
y que tiene la razón

Una niña de Tenancingo
escribe un poema
que aunque sea cliché
nadie descifrará

Hay más de 100 000 mexicanos ejecutados en este primer
                                        [cuarto de siglo
A ellos ya los instalamos en nuestra memoria e indignación
¿Y quiénes y qué tipo de mexicanos son los otros 100 000
                            [mexicanos que los ejecutaron,
los echaron al torton,
los cocinaron,
los colgaron en el puente?
En la respuesta a esa pregunta
pende el secreto de gobernar
No es que haya barbarie en nuestra democracia:
la barbarie es nuestra democracia

Escribir es un autoatentado
o no es escribir

Hay que decirle la verdad al poder
mirarle los ojos
arrancarle algo
No tener ternura

La hoja en blanco de un reportero
debe ser un arma
no solo paño de lágrimas
La crónica es subversiva
Y lo subversivo no tiene nada que ver con lo bonito
como no tiene nada que ver la lucha de clases
con la lucha libre mexicana
Aunque es cierto que la crónica se ha puesto de moda
y hay ocasiones en que es tan petulante
como el Cirque du Soleil
Lo bueno es que la crónica sobrevivirá
a los cronistas
a los detractores de la crónica
y a los talleres de crónica

El periodismo narrativo
no es el periodismo infrarrealista
El periodismo infrarrealista
es la curva peligrosa
con la que empezó este manifiesto
Es también un equívoco
una mentada de madre
un río turbio de Veracruz

Los periodistas infrarrealistas
callan cuando entran en Mitla

En ese silencio hay una poca
muy escasa
transparencia

Ellos saben que el Estado fuerte mexicano
es un mito genial
que abarca unas cuantas columnas políticas
y tres o cuatro noticieros de radio y televisión

Los periodistas infrarrealistas son autónomos
No juegan
el juego electoral
Los partidos políticos son escuelas del engaño
y las elecciones un distractor
si lo que se quiere en realidad
es cambiar algo

No somos aritmética
Estamos vivos
y queremos morir tranquilos
y encendidos

Los periodistas infrarrealistas
son perros callejeros
que atraviesan Masaryk
Son senderos tristes
O trotskistas que nunca han leído a Trotsky
aunque saben que al proletariado
lo decapitaron unos zetas y unos marinos

Los periodistas infrarrealistas
son máquinas retroexcavadoras
de mierda gubernamental

El periodismo infrarrealista
es un insecto fosforescente contra el holocausto

una canción de Arturo Meza en Acteal
un trasplante de hígado exitoso
un weimarainer que se asoma por la ventana
un camarón que sobrevive a un coctel Guinness
un sueño en la cárcel de Alberto Pathistán

El campesino insurrecto es ejecutado extrajudicialmente
en una rotonda de azucenas
antes de la medianoche
Y el pueblo es masacrado en el equinoccio
cuando sus manantiales brotan
y han llegado los exploradores del gas
Todo esto se queda en la desmemoria
La desmemoria: el enemigo real
del periodismo infrarrealista
de cualquier periodista cabal

No basta con encender una vela por la paz

IRA

Vivir en México: un daño colateral*

Juan Villoro

Capitalismo sin *copyright*

En 2010 visité la Cruz Roja Mexicana en compañía de su presidente, Daniel Goñi Díaz. El hospital había sido renovado por completo. Con legítimo orgullo, Goñi Díaz me mostró la tecnología en los quirófanos y las pulcras habitaciones. De pronto, llegamos a un pasillo en el que sólo había cuartos individuales. ¿Un lujo especial?

El presidente de la Cruz Roja es notario. Hasta ese momento, había hablado en el tono de quien menciona cláusulas con las que sólo se puede estar de acuerdo. Con voz grave agregó: «Estos cuartos permiten una mayor vigilancia». No se refería a la atención médica, sino a la custodia policiaca: «Aquí atendemos a los criminales; nuestra obligación es darle asistencia a todo mundo».

Le pregunté cuál había sido su mayor desafío al frente de la Cruz Roja. ¿La epidemia de la gripe A? «Ésa fue una falsa alarma; desde un principio supimos que se exageraba. Mi hijo practica equitación y tenía una competencia en Veracruz, cerca de donde surgió el primer brote. Le dije que fuera. Nuestro mayor reto es otro: mantener a los heridos dentro de las ambulancias. Muchos tienen que ver con el crimen organizado. Nos detienen las ambulancias y ahí los rematan.» Una vez en el hospital, deben ser custodiados por guardias.

* Publicado en el diario *El País*, Madrid, 29 de agosto de 2010. (*N. del E.*)

El azar objetivo quiso que la Cruz Roja se ubicara en la avenida Ejército Nacional. Cada vez son más los heridos de guerra que llegan a esa rampa de emergencias.

Muy lejos de allí, en el municipio de Villa de Reyes, San Luis Potosí, se extiende un desierto donde los coyotes ya escasean tanto como las personas. La cacería y la emigración a Estados Unidos han vaciado el territorio. De tanto en tanto se avista un caserío. Pasé la Semana Santa de 2010 en Bledos, uno de esos pueblos que parecen a punto de desaparecer bajo una nube de polvo. Allí, un primo mío lucha por preservar las ruinas de una hacienda que antes de la revolución de 1910 producía mezcal.

Por la noche el pueblo se sume en un silencio sólo rasgado por el aullido de un perro. El objetivo del viaje era mostrarle a mi hija, entonces de diez años, el sitio donde había vivido su bisabuela paterna y donde habían vacacionado muchos de sus parientes. Encontramos un yermo donde las principales distracciones tenían que ver con leyendas: historias de fantasmas y de una época, aun más inverosímil, en que la región estaba habitada. En esas circunstancias, nos entusiasmó la llegada de un circo trashumante. Una carpa que delataba su vejez por los remiendos se alzó con fabulosos rechinidos. La pista era un círculo de polvo donde anidaban alacranes. La principal atracción no eran los temerarios trapecistas, sino los payasos, concentrados en aplastar escorpiones con sus inmensos zapatos.

Pensamos que ésa sería la emoción decisiva de Semana Santa, pero al volver a la hacienda de mi primo nos enteramos de que también los narcos estaban de vacaciones y una brigada del cártel de los Zetas había llegado a Bledos en busca de diversión. Tres camionetas negras tripuladas por sicarios recorrían el pueblo.

Colocamos una tranca medieval en el portón mientras ellos se dedicaban a extender el miedo. Secuestraron a una muchacha, golpearon a un campesino, asaltaron una gasolinera. Hacia las cinco de la mañana, aprovechando una tregua silenciosa, escapamos rumbo a la Ciudad de México. Había querido que mi hija de diez años viajara a su pasado; de manera atroz, confrontó su presente.

El desierto mexicano tiene dueños movedizos. En la entrevista que Ismael «el Mayo» Zambada concedió a Julio Scherer García, único encuentro relevante entre un *capo* y un líder de opinión, el narco-traficante dijo: «El monte es mi casa, mi familia, mi protección, mi tierra». Cuatro veces había tenido cerca al ejército, pero logró escapar: «Huí por el monte, del que conozco los ramajes, los arroyos, las piedras, todo. A mí me agarran si me estoy quieto o me descuido». Aquel prófugo dijo más de lo que aparentaba. Su habilidad para huir es menos significativa que el hecho de que dispone de un territorio enorme. El abandonado campo mexicano ofrece refugio, pistas de aterrizaje y escondites al narcotráfico.

Hace 100 años las cabalgatas de Pancho Villa recorrieron una nación donde el 80 por ciento de los habitantes vivía en el campo. Esa proporción se ha invertido. Salvo en las zonas fértiles, el campo es una desolación donde apenas se produce. La propiedad colectiva de la tierra (el ejido) impide la inversión privada. El reparto agrario posterior a la revolución fue en buena medida una operación demagógica que aniquiló las antiguas unidades productivas. Desde el punto de vista estadístico, se hacía justicia, pero la gente recibía terrenos inservibles. Un cuento de Juan Rulfo, «Nos han dado la tierra», registra la tragedia de quienes se convierten en propietarios del polvo.

Al recibir predios inservibles, los campesinos pasaron de ser peones sometidos a propietarios inermes. Su única salida fue emigrar a Estados Unidos. Esto permitió que el narcotráfico dispusiera de un país vacío. El campo es su tierra de nadie, su *hinterland*, su retaguardia. Al mundo no le faltan mexicanos, pero sí al campo.

En el desierto todo ocurre por excepción. Las novelas de Daniel Sada muestran que allí cualquier acontecimiento es decisivo. En tiempos de tecnología y pobreza, los terrenos sin nadie ofrecen refugio local a la ilegalidad globalizada que se planifica en la computadora.

El cine, la música, la literatura y la pintura se ocuparon obsesivamente de ese territorio hasta la década de 1950. Luego lo rural dejó de estar en el imaginario. Los campesinos se fueron a las ciudades o a Estados Unidos. Eran pocos los que, como Sada en su novela *Porque parece mentira, la verdad nunca se sabe*, percibían que algo cambiaba en el escondite más grande de América.

De acuerdo con Leonardo Valdés, que en 2010 fungía como consejero presidente del Instituto Federal Electoral, la ausencia de condiciones de seguridad dificulta instalar casillas en al menos el 15 por ciento del territorio. Una franja al margen de la soberanía.

En 2006 el presidente Felipe Calderón inició la guerra contra el narcotráfico. El problema, por supuesto, venía de lejos. Pero la estrategia fracasó. Estábamos sentados en dinamita y Calderón encendió una cerilla para comprobarlo. «Lo único que hace la guerra contra las drogas es subir el precio de los narcóticos sin reducir significativamente la demanda», explica Marcelo Bergman, doctor en sociología jurídica por la Universidad de California. Después de más de 100 000 muertes violentas y 30 000 mil desapariciones forzadas queda claro que cualquiera de nosotros puede convertirse en «daño colateral» de una guerra que no pidió.

El economista David Konzevik tiene el don de entender los mercados y el don superior de explicarlos: «El principal problema económico de México es la ocupación. Lo grave no es que se pierdan empleos formales, sino que los desempleados tienen otras opciones. Y todas son ilegales». El tráfico de drogas, armas, mujeres y toda clase de productos son las opciones de las que habla Konzevic. En este capitalismo sin *copyright*, la piratería convive con monopolios que evaden impuestos.

La edad predominante en México es de dieciséis años. Esos jóvenes fueron concebidos en la euforia de 1993, cuando nos preparábamos para entrar en el «Primer Mundo» con el Tratado de Libre Comercio. Pero nacieron en 1994, cuando volvimos a la realidad con el asesinato de Luis Donaldo Colosio, el levantamiento zapatista y la devaluación del peso. ¿Qué horizonte les aguarda? No hay opciones laborales, educativas, religiosas o deportivas que brinden un sentido de pertenencia tan fuerte como el crimen organizado. La socióloga Rossana Reguillo ha estudiado con brillantez esta variable cultural del tema. Incapaz de incluir a los jóvenes, el Estado tiende a criminalizarlos de antemano como «delincuentes juveniles». Esto ha operado como una profecía que se cumple a sí misma: los cárteles les han ofrecido identidad y códigos compartidos.

El saldo más extraño de la batalla contra el narco es que desconocemos a los protagonistas decisivos. Es poco lo que sabemos del ejército y las distintas perspectivas que allí se tienen. Pero sobre todo es nulo lo que sabemos de Estados Unidos. La Administración para el Control de Drogas (DEA, por sus siglas en inglés) ha brindado celebridad a los capos mexicanos. Esta política exterior no tiene un correlato interno. El principal consumidor de drogas y armas opera en la sombra. México aporta los muertos, es decir, las historias. ¿Dónde esta la otra parte de la narrativa?

Recuperar el tejido social pasa por la cultura. En Medellín y Bogotá dos matemáticos convertidos en alcaldes, Fajardo y Mockus, entendieron que las bibliotecas combaten la violencia. Incluir a los jóvenes en la sociedad es una tarea más costosa y lenta que comprar armamento, pero también más digna. A México no lo salvarán las balas, lo salvará la gente.

«¿Sabes quiénes son los que más aportan en la colecta de la Cruz Roja? —me preguntó Daniel Goñi Díaz al final de mi visita—. Los pobres.»

Los olvidados no olvidan al país.

LA ECOLOGÍA DEL MIEDO

La Autopista del Sol, que lleva a Acapulco, sirve de terapia a los automovilistas de la Ciudad de México y es tan cara como el psicoanálisis. El 18 de julio de 2015 recuperé la sensación de libertad que dan las rutas despejadas y comprobé que eso cuesta.

Después de pasar por Cuernavaca, dejé a un lado la fonda Cuatro Vientos, célebre bastión de la cecina, confiado en que encontraríamos otro sitio para desayunar.

Nuestro destino era Ayotzinapa. En compañía de otros once escritores y artistas, iba a ser padrino en la fiesta de graduación de la generación 2011-2015, de la Escuela Normal Rural Raúl Isidro Burgos.

Estudiar para ser maestro se ha convertido en uno de los desafíos más difíciles de cumplir en México. Una ley no escrita hace que las escuelas rurales se cierren si a lo largo de dos años no hay postulantes. El gobierno no se ha atrevido a cancelar ese tipo de educación, pero hace todo lo posible para volverla inviable. Aprender a leer y a escribir se ha vuelto una amenaza.

Para poder ingresar en la Escuela Normal, los futuros estudiantes hacen protestas y se mantienen en pie de lucha durante todo su ciclo escolar. De lo contrario, carecen de apoyo. La generación que yo iba a apadrinar comenzó su andadura en condiciones trágicas. En 2011 bloquearon la Autopista del Sol con el fin de recaudar fondos para sus estudios y dos muchachos fueron asesinados por la Policía Federal. En 2014 desaparecieron 43 miembros de la promoción.

El viaje de cuatro horas en carretera fue una inmersión en la desconfianza que rige la vida mexicana.

Después de Cuernavaca, a poco más de 70 kilómetros de la Ciudad de México, aún teníamos varias casetas de cobro por delante. No habíamos probado bocado desde el amanecer y esperábamos encontrar un sitio para desayunar. Sin embargo, a diferencia de lo que ocurre en otras carreteras, donde los puestos de barbacoa son más frecuentes que las gasolineras, sólo encontramos un restaurante cerca de Ixtla, en las inmediaciones de Ayotzinapa.

Entramos en un local con coloridos muebles de madera y piñatas colgadas del techo. Los baños estaban en perfecto estado, había un bar bien surtido y la carta ofrecía suficientes guisos para compensar la austeridad de la cecina.

Nos atendió un hombre alto, moreno, con un bigote espeso que resaltaba su sonrisa. Trajo unos totopos de cortesía y recomendó que viéramos la carta sin prisa.

Fui a lavarme las manos. Al volver a la mesa, mi acompañante dijo:

—Me preguntaron adónde íbamos y no supe qué decir.

¿Era seguro informar que nos dirigíamos a Ayotzinapa? La paranoia tiene muchas formas de llegar a la mente mexicana. Ir al sitio donde estudiaban los 43 estudiantes desaparecidos abría inciertas posibilidades.

El encargado regresó a tomar nota del pedido. Luego salió a la carretera. Vio mi coche, sacó un celular e hizo una llamada. ¿Por qué no hablaba desde su negocio? Tal vez afuera la señal era mejor, o tal vez no quería que lo escucháramos.

Regresó al local y nos entregó un ejemplar del periódico *Sur*:

—Para que se entretengan mientras esperan.

¿Qué tanto esperaríamos? Una trama comenzó a fraguarse en mi mente: el hombre había preguntado adónde íbamos (aunque no obtuvo respuesta, nuestro destino parecía obvio, pues había festejo en la Escuela Normal Rural Raúl Isidro Burgos). También revisó mi coche. ¿A quién había llamado? ¿Nos prestó un periódico para justificar la demora del desayuno? En ese lapso alguien podía llegar por nosotros. Vi que el sitio tenía dos puertas; puse la llave del coche sobre la mesa para dársela a mi acompañante y pedirle que escapara por la otra puerta en caso de que llegara un sospechoso.

Una *pick-up* se estacionó junto al restaurante. Me puse de pie para espiar por la ventana. Los recién llegados no parecían narcos ni judiciales, sino empleados de oficina. Cuando volví a la mesa, los chilaquiles ya estaban allí.

El desayuno transcurrió con tranquilidad y lamenté ser tan paranoico. El miedo me estropeaba el viaje más que las casetas de cobro.

Fuimos al acto de graduación de los estudiantes de Ayotzinapa, del que yo era padrino. Después de una conmovedora ceremonia, donde la indignación dio paso a la esperanza, convivimos con los alumnos y la legión de activistas que llega cargada de propuestas a los rincones más inesperados del país.

A las cuatro de la tarde comprobamos que las emociones cansan tanto como el sol. Exhaustos, iniciamos el camino de vuelta.

Decidimos comer en el mismo sitio donde desayunamos. No habría muchas otras opciones antes de llegar a la Ciudad de México. Además, me gusta suponer que tengo rituales y que al reiterar un acto confirmo algún tipo de creencia.

El encargado nos saludó aún con mayor cordialidad. Tras la jornada en Ayotzinapa, y ya sin el temor de que nos pudiera pasar algo allí, disfrutamos la comida, aderezada con la plática de nuestro anfitrión. Contó que había trabajado durante 15 años como parrillero en la Ciudad de México, pero las tensiones de la capital lo enfermaron. Estuvo ingresado en un hospital de Chilpancingo; luego la vida de provincia hizo milagros en su organismo. El restaurante era de él y sus hermanos.

Al despedirnos nos regaló unos dulces y prometimos volver allí.

—A ver si me encuentran —dijo de forma enigmática.

Le preguntamos a qué se refería. Nos contó que los narcos eran los verdaderos dueños de la zona y ejercían derecho de suelo. Él había calculado la cantidad que podía hundirlo.

—Si me piden 10 000 pesos mensuales, cierro.

Hasta el momento no lo habían tocado, pero temía la llegada del emisario fatal.

Antes de subir al coche, vimos el paisaje de verdes colinas. Llovíznaba y el viento traía un aroma de hierbas. El lugar era idílico, pero estaba en México. Por la mañana habíamos temido que algo nos pasara ahí. Al atardecer, el encargado nos habló de su miedo, como si le hubiéramos transferido el nuestro. El temor era el ecosistema que nos unía.

Habíamos desconfiado de alguien que desconfiaba de otros, alguien que merecía la mejor de las suertes en un país donde no queda mucha suerte.

TODOS SOMOS EXTRAS

Nuestra vida transcurre entre sobresaltos, fiestas y ceremonias. El miedo te puede asaltar en una carretera desierta, sin que eso represente un peligro real, y más tarde puedes asistir a una puesta en escena que quizá entrañe mayores riesgos. Si el mundo de los hechos se define por las balas, el de la política se define por la teatralidad.

El 26 de marzo de 2015, a seis meses de la desaparición de los 43 estudiantes de Ayotzinapa, una marcha tomó las calles de la Ciudad de México. De manera simultánea, la plaza de la Constitución se llenó de esqueletos, calaveras, guadañas de afilada artesanía. Un helicóptero filmaba ese festival de los difuntos. Curiosamente, los disfraces fúnebres no pertenecían a la manifestación de protesta, sino al rodaje de *Spectre*, nueva película de James Bond. Aun así, se trataba de un gesto político: no hay modo de ver una calavera en México sin pensar en los desaparecidos.

En su más reciente superproducción, 007 bebe martinis mientras conquista chicas de irrefutable aspecto y cuestionable proceder. Una escena lo hizo despeinarse en el Distrito Federal. ¿Qué papel desempeñó allí la población local? El mismo que en la arena política: el de extra.

Un ambiente de falsa participación determina nuestra democracia. Tal vez porque llevamos la impuntualidad a dimensiones épicas, tardamos 71 años en liberarnos de un sistema de partido único. Durante la mayor parte del siglo XX, nuestra política fue como un hipódromo donde el mismo caballo ganaba todas las carreras. Apoyado en una cuidadosa estrategia de pactos con distintos sectores sociales y en la cancelación de la discrepancia, el Partido Revolucionario Institucional (PRI) pudo gobernar, representando ideologías que cambiaban según las necesidades de la época. En sentido estricto, más que una formación política el PRI ha sido una inmensa bolsa de trabajo que permitió hacer negocios con el apoyo del poder.

En 2000 conocimos finalmente la alternancia. ¿Qué ha pasado desde entonces? Los escándalos salpican a toda la clase política, las consignas partidistas son intercambiables y ningún candidato parece capaz de cumplirlas.

Sin otro control que ellos mismos, los partidos descubrieron la industria del conflicto, donde lo más redituable no es resolver problemas sino preservarlos. Eso permite hacer negociaciones en las que se obtienen dividendos (a condición de que la solución se posponga y permita planear futuras negociaciones).

El Partido Verde Ecologista de México (PVEM) ha sido multado con más de 40 millones de dólares por violar la ley en anuncios publicitarios. Sin embargo, los paga con el optimismo con que promueve la pena de muerte. La sanción le afecta poco porque las mentiras que difunde, y su alianza con el PRI, le garantizan un 7 por ciento de los votos, lo cual significa obtener prebendas superiores a las multas, que en realidad son una inversión de futuro. El PVEM no es una anomalía de nuestro sistema político; es la agrupación que mejor aprovecha su funcionamiento.

Con olímpico desdén, Borges se refirió a la democracia como «ese curioso abuso de la estadística». En la hora mexicana, la frase adquiere una inquietante radicalidad. Los votos no obligan a actuar en forma definida; sirven como un pretexto o, en el mejor de los casos, como un sondeo para justificar el negocio de los partidos. En este ambiente de kermés, no es de extrañar que el Movimiento Regeneración Nacional (Morena), una agrupación de izquierda, seleccione a sus candidatos plurinominales por medio de una rifa.

El domingo 7 de junio de 2015 los mexicanos abusamos de la estadística en la elección intermedia. Votar resulta preferible a no hacerlo porque la abstención favorece al partido más poderoso (en este caso, el PRI); sin embargo, nos enfrentamos a la elección más desangelada desde 1976, cuando sólo hubo un candidato a la presidencia (José López Portillo, del PRI). Hartos de la farsa electoral, los partidos de la oposición se negaron a proponer candidatos. A propósito de esa contienda sin adversarios, el novelista Jorge Ibargüengoitia escribió un artículo que comenzaba con esta frase irónica: «El domingo son las elecciones. ¡Qué emocionante! ¿Quién ganará?»

Hoy en día, abundan las «alternativas», pero todos los partidos se desmarcan de los ciudadanos y el gobierno opta por el aislamiento, blindándose ante la crítica. Las presiones arrecian sobre los periodistas (la organización de derechos humanos Artículo 19 ha detectado más de 300 agresiones en el último año). En febrero de 2015, Virgilio Andrade fue nombrado secretario de la Función Pública; sin embargo, este «fiscal anticorrupción» carece de autonomía porque depende del presidente. Heinrich von Kleist renovó la comedia alemana con *El cántaro roto*, donde un juez investiga un crimen que él cometió. En México, eso recibe otro nombre: «legalidad».

Más de un año después de las desapariciones de Ayotzinapa no hay una versión fidedigna de lo ocurrido. En un intento por cambiar los usos del lenguaje, el procurador que estuvo a cargo de la investigación llamó «verdad histórica» a una hipótesis: los muchachos fueron entregados por la policía a narcotraficantes que los quemaron hasta convertirlos en cenizas. Sin embargo, para calcinar cuerpos al aire libre habría sido necesaria una cantidad de leña o neumáticos de la que no hay rastros. Hablé al respecto con Berta Nava, madre de uno de los desaparecidos. Después de visitar el presunto lugar de los hechos, dijo con elocuente sencillez: «A la redonda, estaba verde». No había huellas de una pira descomunal. Por su parte, el equipo internacional forense encargado de revisar los restos se ha quejado de intromisiones y manipulación de datos. El gobierno dio por buena la «verdad histórica» para impedir que se investigara al ejército, que dispone de hornos crematorios, ya usados contra la población civil en la «guerra sucia» de los años setenta.

No parece haber responsables del suceso. El 11 de mayo de 2015 el Grupo Interdisciplinario de Expertos Independientes, nombrado por la Comisión Interamericana de Derechos Humanos (CIDH), criticó la «fragmentación de la investigación»: «Más de 13 causas penales en 6 juzgados de distintas ciudades del país». Eso impide tener una visión integral de los hechos.

Ese verano viajé con mi familia a Nayarit. La única línea aérea que hace el recorrido es Aeromar, que tiene pequeños aviones de hélice. La mitad de los pasajeros eran presos esposados que iban a uno de los penales más grandes del país. Ninguno de ellos habían cometido delitos en la región y sus cómplices habían sido enviados a otras cárceles. Un ejemplo de la dispersión que convierte la justicia en un laberinto intransitable. Ya que no puede sancionar, el sistema judicial prefiere confundir para esconder su impericia.

«¡LOS MUERTOS A SUS LUGARES!»

En *La guerra de las imágenes*, Serge Gruzinski describe a la población del D. F. como «caos de dobles». Se diría que ésa es la función actual de la ciudadanía (dada la violencia, podríamos precisar que se trata de «dobles de riesgo», como los que suplantan a Daniel Craig en las escenas peligrosas de *Spectre*).

Las superproducciones brindan involuntarias metáforas de México. En 1997, a tres años de la firma del Tratado de Libre Comercio con Estados Unidos y Canadá, la película *Titanic* se rodó en las playas de Baja California. Los bloques de «hielo» en el agua eran trozos de poliuretano, y los «ahogados», extras mexicanos. Este símbolo del intercambio desigual entre el norte y el sur, al que México aporta cuerpos flotantes, también ha encarnado en la ciencia ficción. En *Total Recall* (1990) y *Elysium* (2013), la Ciudad de México se usó como escenario natural de la devastación y sus habitantes participaron como una horda menesterosa, los pordioseros de una edad futura.

Pero fue un apátrida quien mejor entendió el sentido del pueblo mexicano en las superproducciones internacionales. Nacido en Rumanía, Gregor von Rezzori escribió en alemán, vivió en Francia y pasó sus últimos años en Italia. En 1965 estuvo cinco meses en México para participar en el rodaje de la película *¡Viva María!*, dirigida por Louis Malle y protagonizada por Jeanne Moreau y Brigitte Bardot. Allí el novelista desempeñaba un modesto papel. Como Malcolm Lowry o D. H. Lawrence, Rezzori se fascinó y se horrorizó con México en dosis idénticas. El saldo literario de su estancia fue *¡Los muertos a sus lugares!*, un irónico diario que disgustó a los creadores de esa extravagancia cinematográfica. En cada una de sus estampas, el viajero convertido en transitorio actor de reparto transmite la cautivadora y repugnante ambivalencia de un paisaje donde hay «charcos de orines que reflejan las estrellas». Pero lo más elocuente de todo es el título. Miles de mexicanos participan en escenas de una revolución de principios del siglo XX y su papel consiste en adornar el campo como cadáveres. Antes de cada toma, el asistente de dirección indica «¡Los muertos a sus lugares!» Es la función que los mexicanos desempeñamos, no sólo en el cine, sino en la representación de la realidad que llamamos «democracia».

¿Tenemos vocación de extras o la historia nos orilla a ese papel vicario? Lo cierto es que cada año México presenta la mayor concentración mundial de muertos vivientes en el Zombie Walk.

Según las cláusulas de nuestro sindicato cinematográfico, quien pronuncia un parlamento se califica como «actor». Los extras no tienen voz. En el cine de alto presupuesto, los mexicanos son náufragos, limosneros del porvenir, heraldos de la muerte. Están ahí, pero no influyen. Si se necesitan más, pueden ser replicados por computadora: «dobles de dobles».

Nuestra situación electoral no es muy distinta. Mientras la política no se ciudadanice, no seremos protagonistas.

«Muestra tu rostro al fin para que vea / mi cara verdadera, la del otro, / mi cara de nosotros siempre todos», escribió Octavio Paz. La democracia comienza cuando los extras hablan.

La elección intermedia del 7 de junio de 2015 ratificó la supremacía del PRI. El antihéroe de la política que perdió el poder tras 71 años de ejercerlo con abuso, regresó después de 12 años de ineficacia del conservador Partido Acción Nacional (PAN). Nadie ignoraba el pedigrí de corrupción del PRI, pero su dominio parecía preferible. Al modo de un padre abusivo y autoritario que sin embargo brinda algunos beneficios a sus hijos, el antiguo «partido único» pareció preferible a la orfandad.

Esto también fue posible por la falta de alternativas. Una de las mayores tragedias que puede sufrir una sociedad es la de la pérdida de expectativas. La hora mexicana se define por sus quebrantos, pero también por la ausencia de soluciones. En el año de 1976, en que sólo hubo un candidato a la presidencia, parecía que todo sería mejor cuando proliferaran los partidos. Hoy tenemos diez y ninguno representa una opción ciudadana. Para ellos, la democracia pertenece a la industria del conflicto. Deciden el monto de sus recursos y no se someten a supervisión ciudadana alguna. Entre los «gastos ordinarios» y el apoyo a las campañas, los partidos políticos mexicanos recibieron para 2015 la cantidad de 5 100 millones de pesos. Cada elección se disputa ese botín, que no deja de crecer. El ciclo no se rompe; se perpetúa con lemas intercambiables.

El futuro no depende de los partidos establecidos, sino de quienes no han tenido voz: los extras, los dobles, los desaparecidos, los mexicanos.

Lily canta como pajarito

Diego Enrique Osorno

Labia

Mi papá murió antes de que yo terminara la preparatoria. Así fue como se desintegró la familia. Mi mamá y mi hermano se fueron a vivir con mis abuelitos y yo me fui con una hermana de mi mamá, porque mi papá así lo había decidido. A mi abuelito no le tenía confianza porque le faltaba al respeto a sus nietas.

Un día mi tía me contó unos chismes sobre que un brujo le había dicho que yo había robado una cadena de oro y no sé qué otras cosas. Puras tonterías. Lo que creo es que ella quería que yo me fuera de su casa y se inventaba pretextos. Así que le comenté a una hermana de mi papá lo que me estaba pasando con la familia de mi mamá, y ella decidió recibirme en su casa.

A esas alturas yo ya había empezado a estudiar en la universidad. Tenía diecinueve años e iba muy avanzada en la carrera de turismo en la Universidad Tecnológica del Centro de Veracruz, pero tenía que trabajar. Lo hacía en una zapatería y una tienda donde vendían ropa y accesorios. Un sábado me dieron media hora para salir a comer. Fui al parque de la ciudad y a lo lejos vi a un chico. Parecía simpático, iba bien vestido y me miraba. Me observaba muchísimo, hasta que fue a tirar un envase vacío cerca de donde yo estaba; creo que lo hizo a propósito. «Hola, ¿cómo te llamas?», me dijo. Empezamos a platicar. Me dijo que se llamaba Alex, que era de Querétaro, que tenía veinticinco años y estaba esperando a un amigo con el que iba a buscar empleados para que trabajaran con él en Puebla. Luego me preguntó: «¿Y tú a qué te dedicas?» Yo le dije que estudiaba y trabajaba y que ya se me estaba haciendo tarde, así que tenía que regresar a mi trabajo, me estaban esperando. Él me pidió mi número de teléfono. Como tonta, se lo di, y él me dio el suyo, aunque fui sincera y le dije que no tendría dinero para contestar sus mensajes. Luego él sacó un billete de cien pesos, pero le dije que yo jamás recibiría un peso de él. Si quería hacerme una recarga en mi teléfono, que lo hiciera. Después me puso crédito y solía llamarme y enviarme mensajes. En los mensajes me decía que yo le gustaba mucho. Un día me harté de que me mandara tantos mensajes y le dije que si de verdad quería algo serio conmigo, que le pidiera permiso a mi familia. No tardó en decirme que sí; de modo que fue hasta mi casa a hablar con mi tía. Mi tía aceptó que fuéramos novios oficiales, porque lo veía mayor y parecía una persona responsable y amable.

Era alto, delgado, moreno y a veces los ojos se le veían aceitunados —creo que se ponía pupilentes—. Usaba un fleco, cabello lacio, vestía ropa entallada, por lo regular camisetas color fucsia o negras pero garigoleadas, y pantalones entallados, tipo acampanados, y zapatos picudos o tenis blancos. Tenía un auto Bora blanco que parecía del año. En ese carro llegó a ver a mi familia. Recuerdo que me sentía muy presionada porque el día que fue hablar con mi tía me dijo: «Es que quiero que te cases conmigo. Me gustas mucho». ¡Y apenas acababámos de conocernos!

No sé qué me pasó en ese momento y le dije: «¿Sabes qué?, aquí lo dejamos, yo todavía tengo que estudiar»; entonces él se enojó y se fue rápido en el coche. Le conté a mi tía lo que estaba pasando y me dijo: «Lily, eres una tonta, se ve que ese muchacho te quiere, es mayor y responsable». A mi tía le había dicho que él mantenía al hijo de su hermana y que de vez en cuando apoyaba a su familia, ya que tenía 7 departamentos en Puebla en renta y que iba por 15 y luego por 50 departamentos. Quería lucirse con mi familia y lo había logrado; entonces me arrepentí y le mandé un mensaje: «"Te quiero ver, perdóname", y todo el chorote». «Okey, ahorita ya voy en camino para Puebla, pero luego te voy a ver», me respondió.

Y luego me iba a ver, salíamos a comer o a cenar. Siempre se mostró como una persona respetuosa. Me proponía que me quedara con él en un hotel y yo le decía que eso no era para mí y él me decía: «Okey, si no quieres, por mí no hay problema, yo te respeto». Hasta que un día le mandé un mensaje para decirle que me tenía que mudar a otro pueblo de Veracruz a hacer mis prácticas profesionales. Él me respondió enojado: «Quédate con tus estudios y la escuela, a ver si te dan amor y felicidad como yo». Después me dijo que si íbamos a terminar, había que hacerlo bien. Nos citamos en Córdoba, Veracruz, en el parque. Yo estaba muy triste y él trataba de convencerme: «Vente conmigo, estarás bien, si quieres, te puedo apoyar para pagarte la universidad». No te puedes imaginar la labia y el don de persuasión que tenía.

Así que, después de tanto insistir me convenció y me llevó a Puebla. Esa misma tarde nos fuimos. Le advertí que al día siguiente regresaría y que él tenía que respetarme, pero no fue así. Al llegar a Puebla hizo conmigo lo que quiso y al otro día me dijo: «¿Qué?, ¿te vas a ir?» Y yo: «No, ya no, ¿para qué?» Así que tuve que quedarme con él. Los primeros días me trataba bien, salíamos de compras y paseábamos como una pareja normal.

«El príncipe de Persia»

Durante los primeros días que viví con él en Puebla, de repente me empezó a platicar que tenía un amigo cuyas esposas trabajaban como prostitutas y que ganaban muy bien, hasta 20 000 pesos semanales. Otro día me dijo: «Si trabajaras para mí, ganarías mucho dinero»; luego empezó a hablarme de una amiga suya que era muy pobre y que tenía un hijo, a la cual él había ayudado explicándole cómo estaba el mundo de la prostitución. Según él, su amiga se metió a trabajar y en un año había conseguido tener una casa grande de dos plantas en León, Guanajuato, así como una camioneta nuevecita de agencia. Me platicaba muchas de estas cosas que a mí no me importaban; también me decía que había tenido novias de Estados Unidos, de España, de Honduras, de Ecuador, de República Dominicana, y hasta de Kenia, África, así se llama ese lugar, ¿no? A mí me daba mucho coraje cuando me contaba eso.

Un día me soltó la pregunta directa: «¿Trabajarías para mí como prostituta?» Yo le respondí de inmediato que qué le pasaba, que si estaba loco. Después de eso, todos los días me preguntaba lo mismo. Luego empezó a insistir más cuando llegaba tomado. Me decía pendeja, loca, estúpida, que la mujer que no ayudaba a su marido valía mierda y que yo tenía que dar la vida por él, así como él la daba por mí.

Y ahora puedo ver que, como yo siempre me negaba, un día decidió cambiar de táctica y me invitó al cine. Yo estaba muy emocionada porque era la primera vez en mi vida que iba al cine. Fuimos a Cholula, Puebla. Recuerdo que él me dijo: «Te voy a llevar a ver una película para que por lo menos digas que tu primer esposo te llevó al cine». Vimos la película de *El príncipe de Persia*. De regreso paramos en un restaurante y él me dijo: «Flaca, estás muy bonita, pero ya no puedo continuar contigo». Empezó a contarme que su primera opción para casarse había sido la reina de la feria de Loma Bonita, Oaxaca, que la segunda opción había sido una chica de Acapulco, y la tercera opción había sido yo, pero como no quería ayudarlo tendría que dejarme. Siguió hablando mucho hasta que acabó diciendo: «Te ofrezco tres opciones: la primera es que te doy 300 000 pesos y te vas y terminas la carrera, pero entre tú y yo ya no habrá nada de nada»; la segunda opción era que me enviaría 1 000 pesos semanales, aparte de ropa y comida, con sus empleados, pero que entre yo y él ya no habría nada; «la tercera opción es que te quedes a trabajar como prostituta para mí».

Me lo había puesto difícil. «Aquí no te voy a decir nada, mejor nos vamos al departamento y allí hablamos», le dije. Y otra vez pasó lo mismo; él me intimidaba, me minusvaloraba, me decía: «Tu papá ya no vive, tu familia no te quiere y, además, si regresas, ¿adónde irás?, si ni casa tienes». Todo eso me dolía porque tenía razón. Si yo regresaba con mi familia, ya no me querrían, ni me verían con los mismos ojos.

Bueno, por desgracia y después de insistirme mucho, acepté la última propuesta que me había hecho. Él andaba súper contento y hasta me llevó al pueblo a ver la tumba de mi papá antes de que yo empezara a trabajar para él. En el camino me advirtió que no le dijera a nadie que ahora iba a ser una prostituta. A esas alturas, él ya no era mi novio. Yo no tenía papá, pero tenía padrote.

El detective que me presentó a Lily

Primero fui dentista y luego, ya mayor, estudié la carrera de derecho. Por esa época necesitaba hacer un proyecto para una fundación, porque estaba llevando una clase de desarrollo comunitario y te pedían colaborar en alguna. Alguien me habló de La Roca, una asociación civil que ayuda a niños y niñas. Cuando fui allí me dijeron que necesitaban un análisis legislativo y uno comparativo en el ámbito de la trata de personas, pero luego se dieron cuenta de que ya estaba hecho. Total que empecé a involucrarme y acabé investigando el caso de una niña que estaba desaparecida ¡y encontramos a la niña! Así empezó todo.

En el caso de Lily, cuando ella se dio cuenta de que no era la única chica a la que estaba tomando el pelo el mismo sujeto, y que éste tenía el mismo *modus operandi* y varias novias y esposas, se desengañó y cayó en la cuenta de lo que estaba sucediendo.

Pero al principio Lily no se reconocía como una víctima de la trata de personas. Protegía a ese tipo. El día que decidió cantar, lo hizo como un pajarito. Recuerdo que estuvo en el albergue unos dos meses y no habló nada, ni una sola palabra. Cuando finalmente lo hizo, nos dieron ganas de ponerle una cinta en la boca.

Viaje a La Merced

Había conocido como esposa de un amigo del padrote a la chica que me enseñó cómo se tenía que trabajar en ese ambiente y a decirme cuánto tenía que cobrar. Los dos me habían llevado con un doctor para que me inyectara no sé cuántas cosas y, al final, él me dijo: «Si te quedas embarazada, tendrás que abortar».

Luego el padrote nos llevó a las dos a la terminal para tomar un autobús a la Ciudad de México. Durante el viaje nos sentamos en la parte trasera y ella empezó a contarme todo el rollo. Cosas como cuánto tenía que cobrar por las posiciones. Llegando a la Ciudad de México, tomamos el metro rumbo a La Merced. Ella tenía una habitación allí en el hotel Necaxa. Recuerdo que era la número 206.

Allí nos cambiamos, nos arreglamos y luego me llevó primero al hotel Las Cruces.

A la hora de entrevistarme con el recepcionista, me preguntó: «¿Qué año naciste?» Yo le dije que en 1991. Él dijo que no se creía que yo fuera mayor de edad, aunque tenía una credencial de elector. La chica que iba conmigo le rogó al bendito recepcionista, pero él no quiso, entonces ella se puso en contacto con otra muchacha. Le mandó un mensaje al celular. La otra chica estaba en el callejón de Santo Tomás, conocido como La Pasarela. Fuimos a ese callejón y me quedé con la otra chica. Entramos en los departamentuchos que había allí; estaba la encargada, una señora a la que llamaban la Pancha. Era remala, tenía cara de bruja. Sin embargo, me aceptó, porque la otra chica me recomendó que dijera que yo ya había trabajado antes en Tijuana.

Después llegó la hora de ponernos las zapatillas y yo no me las quería poner. Me daba vergüenza porque había visto muchachas en la vía pública en el hotel Las Cruces. Recuerdo que me las quedaba mirando y me preguntaba: «¿Así voy a estar? No puede ser». Entonces una de las muchachas me regañó. Tuve que ponerme las zapatillas y me situé en la entrada, porque las chicas que iban llegando, las que eran nuevas, se ponían en la puerta, y así los hombres estaban alrededor y las observaban. Si veían a una nueva, todos querían pasar con ella. Enseguida me escogió el primer tipo y pasamos, luego el segundo y así. Yo no sabía nada y se me ocurrió dejar los papeles de baño que había utilizado con los otros dos tipos; entonces una de las chicas que llevaba más tiempo allí me regañó y me dijo: «¡Saca los papeles de los dos que te tiraste!» Yo casi lloraba, pero no podía llorar porque había gente vigilándonos, y si veían a alguien así la regañaban.

De hecho, la Pancha regañaba continuamente también a la chica que estaba conmigo allí, porque ella era como mi maestra o responsable. La regañaba si yo masticaba chicle, si yo no daba vueltas por la calle, si hablaba por teléfono, o si no hacía bien la revisión de los clientes. Para entrar en los cuartos con el cliente, lo primero que hacíamos era revisarlos a todos. Si tenían celular, se los apagábamos, después tenían que pagar 60 pesos por el cuarto y 10 pesos por el condón y luego ya entrábamos. Cuando se terminaba todo, yo tenía que dejar al cliente de nuevo en la salida.

ACERCA DE LOS HALCONES

Te voy a contar cómo trabajan esos desgraciados. Analizan el entorno del mismo modo que un halcón antes de atrapar a su presa: dónde viven, quién es su familia, dónde se desenvuelve, dónde estudia. Una vez analizado todo, se acerca a ella y se lleva a su presa.

Hay casos de todo tipo: una niña de Guatemala que si te enseño sus fotos en el Facebook, te quedas de piedra; es guapísima. ¿Y cómo llegó aquí? Era menor de edad, la durmieron y la trajeron hasta Toluca. En su pueblo de Guatemala le dijeron que se tomara unas pastillas para el mareo, y ella despertó en Toluca. La niña sólo quería ser modelo, y fue a un sitio con una amiga que le dijo: «Acompáñame, vamos por los uniformes». Y sucedió esto. Todavía no lo entendemos, ¿cómo puede cruzar la frontera una menor dormida y las autoridades no se dan cuenta?

LAS EDADES DESCONOCIDAS

El padrote me había dicho que pronto harían un operativo en La Merced y que cuando lo hicieran, si me preguntaban, yo dijera que no tenía padrote. Yo tenía que informarle de todo. Le decía cuándo me iba a trabajar y cuándo terminaba. Además, tenía que decirle cuánto dinero había ganado. Al día tenía que hacer entre 3 000 o 4 000 mil pesos para completar la cuota. Me exigía 20 000 pesos por semana. La primera semana sólo le di 15 000 y la segunda, 18 000.

Todas mis compañeras tenían padrotes, aunque estaba prohibido decirlo. Cuando hablábamos de ellos pasaban cosas raras. Una vez recibí un mensaje de él diciéndome: «Ponte a trabajar, chingada madre». Luego se lo comenté a las demás y resulta que a ellas les habían llegado mensajes parecidos de sus padrotes justo cuando estábamos hablando de ellos.

Casi ninguna se rebelaba. Bueno, yo en una ocasión me puse bien loca porque me había bajado la regla y tenía que seguir trabajando poniéndome una esponja. Hice un show y el padrote tuvo que mandar a una chava para que pagara a la Pancha y que yo saliera, porque cuando ya estabas dentro del lugar, no podías salir tan fácilmente. Esa vez me fui a Puebla, y cuando llegó el padrote me echó una santa regañiza: «Es que tú estás loca, necesitas un psicólogo, ¿cómo se te ocurre hacer eso?» Me regañó fuerte y yo me quedé callada, no le decía nada porque era capaz de pegarme y no quería que me pegara. Ya de por sí había sufrido mucho cuando era chiquita.

Mientras pasaba esto, a veces yo decía: «Dios mío, ¿por qué me diste a una persona así como esposo? Bueno, pues que se haga tu voluntad sobre mi vida». Yo no sabía qué hacer. Intentaba no llorar delante de los demás, pero siempre que me quedaba solita no paraba de llorar. Hasta que un día la policía hizo un operativo y me llevaron a la Procuraduría. Era el 24 de julio de 2010. Nunca lo olvidaré.

Serían las dos de la tarde. Poco antes de que llegara la policía, avisaron de que irían, entonces las compañeras más jóvenes se escondieron. A mí también me dijeron que me fuera, pero me quedé. Llegó la policía, nos llevaron a declarar, nos dieron de comer y luego nos enseñaron unas fotos de unas chicas que trabajaban allí y que habían sido asesinadas y luego quemadas.

Una de las agentes del ministerio público estaba en mi contra. Decía que yo era menor de edad y que tenía un padrote. Yo le decía que no. Aún lo negaba todo. Pasaron las horas, las demás chicas salieron y yo aún seguía allí. Me hicieron unos análisis médicos, ¿y qué crees que pasó? Resulta que yo no tenía los diecinueve años que creía y que decían mis papeles. Según los estudios médicos, era todavía menor de edad. Decían que a lo mejor mi mamá me aumentó la edad de bebé, pero, no sé; está medio raro.

TLAXCALTECAS

De cualquier modo, creo que los tratantes de mujeres no son tan sofisticados, porque también son gente de bajos recursos. El 80 por ciento de ellos nacieron en Tlaxcala, son de pueblos como Tenancingo, Zacatenco y San Pablo del Monte. No sé por qué tantos de ellos proceden de allí. En una ocasión un antropólogo me platicó que los indígenas tlaxcaltecas, cuando peleaban con los aztecas, iban por las mujeres, las secuestraban y se las llevaban. Tiene una explicación antropológica, pues desde aquellos tiempos se daba esa situación y de hecho continúan llevándose a las mujeres. En esos pueblos nadie puede entrar; si te metes en Tenancingo como reportero, corres el riesgo de que te agarren a palos.

En nuestros albergues ya hemos recibido más de 100 jóvenes de todos los estados de México, de muchos países de América Central (Belice, Guatemala, Honduras, El Salvador...), así como de Argentina y Cuba. Los casos son distintos; en algunos, las engañaron haciéndoles creer que estaban enamorados de ellas; en otros, fueron secuestradas. Hemos visto todo tipo de modalidades: la muchacha engañada, la que vendieron como niña, porque así son los usos y las costumbres en muchos pueblos, las muchachas de bajos recursos, las de altos recursos, la chica a quien violaba su padre desde hacía mucho tiempo, la joven a la que enamoraron porque soñó con que se casaría, la que metió la mano en el fuego y se quemó siendo menor de edad o incluso siendo mayor de edad... Hemos conocido toda clase de casos. Pero en estas historias siempre hay un tlaxcalteca, aunque muchas veces cambian su identidad y aparentan ser de otros lugares de México.

LA CÁMARA DE GESSEL

Como era menor de edad, me mandaron a un refugio de la Fundación Camino a Casa. Yo estaba muy triste porque a las demás las habían dejado ir y a mí no. Me recibieron unas niñas que estaban en la cocina preparándome de comer. Luego me dieron ropa, porque yo había llegado sin nada. Al día siguiente llegaron las directoras de la fundación para hacerme unas preguntas. Yo bien rejega les decía que estaba allí porque quería, que nadie me explotaba ni me obligaba como ellas decían.

Pasaron muchos días hasta que tuve que ir a la Procuraduría a declarar. Llegué con un comandante que me dijo: «¿Sabes qué?, tú sí tienes padrote —me lo quedé mirando—. Tu padrote también tiene a Lucero y a Carolina trabajando». (Lucero era la chica que me había llevado desde Puebla a México, la que había sido mi supuesta maestra.

Y Carolina era la que me había llevado al callejón de Santo Tomás, donde estaba la Pancha.) La verdad es que eso me sacó de onda. El comandante añadió: «Vamos a hacer un convenio. Ese muchacho que ves sentado ahí se hace pasar por abogado, pero no es abogado. Supuestamente te quiere ayudar. Le van a dar cierta cantidad de dinero para que tú salgas y luego te llevará con los padrotes. Quiero que nos ayudes para seguirte y detener a tu padrote y a todos los demás». Yo le dije que sí y le di todos los datos que pude. Estaba muy enojada; me decía que denunciaría a ese estúpido y que la cosa no se quedaría así, ¿cómo podía ser que también fuera el padrote de la Carolina y la Lucero?

Entonces me fui con el abogado. Me dijo que me llevaría a Circunvalación y que allí estaría Carolina. Pero ¿qué crees? Llegamos y no estaba Carolina, sino otra chica; y el comandante a quien quería era a Carolina. Entonces el abogado llamó por teléfono a Carolina y me la pasó. Yo le preguntaba por el padrote y ella no me decía nada hasta que de repente el padrote, desesperado, le quitó el teléfono para decirme: «Chingada madre, que te vayas para Puebla, ¿no ves que te están siguiendo? Métete en el metro y ve a la central a comprar un boleto para Puebla, pero no des tu nombre». Él estaba en ese momento con Carolina escondido en Circunvalación y veía cómo me seguía la policía. Lo sé porque justo después de colgar vi pasar al padrote por allí a lo lejos. Se lo dije a la policía y lo persiguieron, pero no pudieron atraparlo porque se metió súper rápido en el metro.

Una vez finalizado el borlote, el comandante se llevó a la muchacha que había mandado Carolina. Tuvieron dificultades para entrevistarla, porque la chava no sabía ni cuántos días tenía una semana, mucho menos cuántos meses el año. Estaba muy perdida; había estudiado muy poco, unos años de la primaria nada más.

El asunto es que al día siguiente dijo que la estaba llamando su padrote. Cuando sonaba el celular vi el número y me di cuenta de que era el mismo que el del mío. Me dio mucho coraje otra vez. Ella puso el altavoz y yo escuché lo que él le decía: «Hola, mi amor, recuerda que tienes que venir temprano para Puebla, porque tienes que lavar tu ropita y por la tarde vamos a salir por unos pantaloncitos —luego le preguntó por la bruja (la bruja era yo), y ella le dijo que no sabía dónde me había metido—. La hija de su madre se tiene que haber metido entre las piedras», añadió, y luego se rió. Después de eso, el comandante se llevó a la chica a Puebla porque tenía que estar a una hora adecuada para reunirse con el padrote y que lo atrapara la policía. Y así fue como lo detuvieron y lo trajeron al DF. No pude verlo en persona porque me dijeron que era peligroso, pero me lo pusieron en la cámara de Gessel y lo reconocí de inmediato.

Entonces me enteré de que el padrote no se llamaba Alex Guzmán Herrera y que tampoco era de Querétaro ni tenía veinticinco años. Se llama Arturo Galindo Martínez, tenía treinta y cinco años y era de San Pablo del Monte, Tlaxcala.

Algo mexicano

Han pasado cinco años desde entonces y si hoy vas a La Merced, las jóvenes siguen en los callejones. Sobre Circunvalación y la calle que va hacia Arcos de Belén. Ahí están paradas todavía. No se trata de criminalizar a la mujer, porque la prostitución no es ilegal, pero ahí siguen. Y todas, las grandes inclusive, son víctimas de la explotación sexual. Aunque hay quienes dicen que no es cierto, pero la prostitución protege, promueve y fomenta la trata de personas. Ése es el problema.

Y no es cierto que haya policías que protegen estas redes. A estas redes las protegen también las autoridades judiciales, administrativas, de salud, de desarrollo urbano y una larga lista. Llevan 30 años trabajando en la zona. Hay quienes dicen —y no en broma— que las niñas de La Merced ya son patrimonio cultural de la Ciudad de México. Lo dicen de verdad. Dicen que es «pintoresco» y folclórico que esas chicas estén ahí. Que es algo mexicano.

Pero eso no tiene nada que ver con la cultura. Es un negocio. Una chica como Lily reunía de 3000 a 4000 pesos diarios, un mínimo de 20000 pesos semanales. El padrote de ella tenía otras cuatro chicas más, o sea que ganaba unos 400000 pesos mensuales, una enorme cantidad de dinero.

La Merced es el prostíbulo más grande de América Latina. Son muchísimas las mujeres que hay allí. En los pasillos de la Procuraduría dicen que unas 5 000 en total. Si es así, el negocio mensual sería de unos 400 millones de pesos. Por eso digo que esto no tiene nada que ver con la cultura.

Dios como psicólogo

Lily es bonita y núbil. Tiene una mirada brillante en sus ojos y un cuerpo moreno, tan macizo y estoico como suele permanecer un pájaro cuando no está en el aire. Su voz emite una rabia solemne cuando me relata su historia, cuando la canta.

—A lo largo de todos estos días, mientras me has contado lo que sucedió, te he visto fuerte, Lily. ¿Platicaste con psicólogos o qué hiciste? —le pregunto.

—No, no necesité de psicólogos, jamás fui con la psicóloga. Mi único psicólogo fue Dios.

El escape

Cuando Lily te dijo que no vio a una psicóloga después de lo que sucedió es porque la base del modelo de atención de la fundación es el aspecto espiritual. A las chicas no las puedes forzar para que se sometan a una terapia psicológica, pero lo que hacemos es involucrarlas en lo que nosotros hacemos, en la parte espiritual, que es tener una relación personal con Dios. Dios tiene algo que opinar, algo que decir, Dios está ahí para escucharte, Dios está ahí para sanarte, para cuidarte, para protegerte, para reintegrarte, para todo, pero ¿cómo lo descubres? Teniendo una relación personal con Él, no a través de ninguna persona. Eres tú con Él.

El encuentro con Dios te va fortaleciendo para que no te vuelva a suceder lo que te ocurrió, para que no tengas ese problema de autoestima y entonces venga alguien y vea que tienes una necesidad o vives una circunstancia difícil. ¿Qué hiciste para acabar en esa situación? No estoy justificando el mal que los padrotes producen, ya que su proceder es incorrecto, pero ellas tenían una situación vulnerable y acabaron siendo víctimas de esos tipos y, bueno, nuestro modelo de atención se basa en trabajar ese aspecto.

Muchos critican lo que hacemos con las chicas. Dicen que somos demasiado religiosos, que somos de ultraderecha y cosas por el estilo, pero nosotros sabemos lo que estamos haciendo y ayudamos a muchas chicas como Lily a escapar de las redes de trata de personas en México, no sólo físicamente, sino también espiritualmente.

Sabaneta vieja, Sabaneta chica

Cuando era niña vivíamos en una ranchería apartada que se llama Sabaneta Vieja, y si querías ir a una ciudad tenías que caminar media hora hasta Sabaneta Chica, donde pasaba un camión hasta Tres Valles, el pueblo grande de la zona. El recuerdo más bonito de mi vida es cuando mi papá me llevaba de niña a la escuela. Iba siempre cargándome la mochila y yo era la niña más feliz del mundo. Un papá es lo mejor que le puede pasar en la vida a una niña.

El naufragio de las mandarinas*

EMILIANO RUIZ PARRA

La noche del lunes 22 de octubre de 2007 Alfredo de la Cruz vio un reportaje sobre los accidentes en las plataformas petrolíferas de la Sonda de Campeche. Unos días antes, informó la televisión, había muerto un trabajador en el incendio de una barcaza. Alfredo, a quien lo conocían como Pensamiento desde hacía una década, se fue a dormir con la seguridad de que a él nunca le ocurriría un accidente de esa naturaleza.

Los trabajadores del departamento de mantenimiento se reunían en el camarote del ingeniero José Ramón Granadillo para platicar o ver televisión. La charla era su recompensa después de 12 horas de trabajo intenso a bordo de la plataforma autoelevable Usumacinta, que unos días antes se había situado a 18 kilómetros al norte de Tabasco, en la Sonda de Campeche del golfo de México, para intervenir los pozos KAB-101 y KAB-121.

Después de ver el noticiario, a Pensamiento le entraron ganas de irse a dormir. Cuando estaba en altamar en los sueños se encontraba a su mujer, a sus hijos y nietos y a su primer bisnieto de un año. Ni él ni ninguno de los 73 trabajadores de la Usumacinta se imaginaban que estaban a unas horas de convertirse en náufragos.

Granadillo les había avisado que el frente frío número cuatro se acercaba al golfo de México. De acuerdo con las prácticas de Pemex y la capitanía de puerto, los frentes fríos no eran motivo de desalojo de las plataformas petrolíferas. Sólo los huracanes ameritaban la evacuación de los 18 000 obreros que trabajaban mar adentro.

---

* Publicado en el suplemento *Enfoque* del diario *Reforma*, México, 10 de febrero de 2008. (*N. del E.*)

71

En la Usumacinta —de la empresa Perforadora Central, contratista de Petróleos Mexicanos (Pemex)— se trabajaba en jornadas de 12 horas y turnos de 14 días de trabajo por 14 en tierra (aunque algunos trabajadores temporales llegaban a acumular 38 días en altamar). Los obreros, conocidos como ATP (ayudante de trabajo de perforación), servían de siete de la mañana a siete de la tarde, o de siete de la tarde a siete de la mañana. Los trabajadores especializados, como los mecánicos o los electricistas, debían estar disponibles las 24 horas aun cuando hubieran cumplido con su jornada diurna.

La Usumacinta disponía de un módulo habitacional con cuartos colectivos para los obreros y habitaciones individuales para los oficiales, un helipuerto, cuatro horarios distintos en el comedor y un sistema de potabilización del agua salada. Una vez a la semana un barco la surtía de alimentos congelados que la cocinera María del Carmen Aguilar guisaba con buena sazón. La plataforma navegaba por las aguas del Golfo hasta instalarse como una isla flotante para perforar o dar mantenimiento a los pozos petrolíferos. El jueves 18 de octubre había llegado al KAB-101 para terminar de perforar uno de sus tres pozos, y desde el domingo 21 había desplegado una trompa de acero llamada cantiléver, desde donde se hacían los trabajos de perforación. Sin embargo, había batallado inusualmente para asentarse porque el suelo marino no se correspondía con lo que reportaban los planos, y buzos y barcos remolcadores tuvieron que hacer ajustes durante tres días.

A las nueve de la mañana del martes 23 la sacudió el golpe del frente frío. Sergio Córdoba, el Negro, sintió el movimiento oscilatorio, el temblor suave que provocaba el golpe de las olas y el sonido metálico de las cuñas de acero que rozaban las patas de la plataforma.

Granadillo y el Negro acudieron al cuarto de radio. No había dudas, el frente frío entraba con la fuerza de un huracán de categoría uno: la máquina registraba rachas de viento de 136 kilómetros por hora. El jefe de mantenimiento ordenó a sus trabajadores evitar las labores en la cubierta y reunirse en los cuartos de trabajo.

—¡Hay una fuga de gas sulfhídrico en el contrapozo! —gritó el soldador Guadalupe Momenthey pasadas las once de la mañana.

El olor a huevo podrido no tardó en llegar al módulo habitacional. El Negro vio una cortina de humo blancuzco y amarillento que salía del pozo y soplaba como una manguera de aire comprimido.

Pensamiento temió que el gas sulfhídrico, más pesado que el aire, se concentrara debajo de la plataforma y la volara en pedazos con una chispa. Al mismo tiempo recordó que una breve exposición al gas sulfhídrico podría ser mortal. Eso mismo lo sabían todos los tripulantes de la Usumacinta.

La alarma de Momenthey fue el inicio del caos. Los obreros dejaron sus herramientas y corrieron al helipuerto, la zona segura de la plataforma en caso de fuga o incendio. El Negro y su ayudante, Rigoberto Mendoza, desenergizaron la plataforma y se colocaron a la espalda sendos tanques de aire, conocidos como «equipos de respiración autónoma». El Negro alcanzó a ver que dos trabajadores bloqueaban la salida del módulo habitacional.

—¡Déjenlos salir, no se queden ahí, acuérdense de la Piper Alpha! —gritó. La Piper Alpha era una plataforma situada en el mar del Norte donde murieron asfixiadas 62 personas en el módulo habitacional.

Los trabajadores sintieron la furia del viento. En pocos minutos se escucharon gritos y llantos.

—¡Nos vamos a morir! —gritó alguno.

—¡Este tanque está vacío y la cascada no tiene aire! —se quejó un trabajador de su equipo de respiración autónoma.

La empresa de seguridad industrial Vallen había abandonado la plataforma cuatro días antes porque se había agotado su orden de servicio y, con el corte de energía eléctrica, se había inhabilitado el sistema de relleno de los tanques de aire, conocido como «cascada». Dentro de los procedimientos de Pemex, no se requerían los servicios de esta empresa durante los traslados o posicionamientos de la plataforma. Los contratistas de Vallen habían bajado de la Usumacinta pero habían dejado su equipo a bordo.

La población de la Usumacinta se concentró en el helipuerto. Los trabajadores se acostaron o se arrodillaron, aferrados a la malla dispuesta en el piso para amortiguar el descenso de los helicópteros.

La fuga de aceite y gas provocó una crisis de casi tres horas. El helipuerto se convirtió en un escenario de gritos e imploraciones.

Del tercer nivel de la plataforma, donde se concentraron los superintendentes, llegaban algunas noticias parcialmente tranquilizadoras: «Viene el apoyo en camino».

Al filo de las dos de la tarde las máximas autoridades de la plataforma, los superintendentes Miguel Ángel Solís, de Pemex, y Guillermo Porter, de Perforadora Central —ambos morirían en la mandarina dos— ordenaron cerrar la válvula de tormenta, que era la última opción para controlar la fuga. Un equipo de seis obreros con tanques de aire a la espalda arriesgó la vida para detener el flujo de gas y aceite que brotaba del subsuelo marino. Treinta minutos duró una operación que les implicó colgarse en el aire para cortar las tuberías, en medio de rachas de viento de 136 kilómetros por hora. Allí vieron que el cantiléver había «degollado» el árbol de válvulas.

El cierre de la válvula fue exitoso, y le devolvieron el alivio a la población de la Usumacinta. Los que estaban hincados o acostados se pusieron de pie, agradecieron a Dios que la fuerza de los vientos dispersara el olor a podrido y regresaron al trabajo. El Negro y Rigoberto empezaron limpiar las manchas de aceite de la máquina auxiliar. Pero la tranquilidad no duraría ni dos horas.

—Oye, Negro, ¿esto es normal? —preguntó el cabo Nicolás González cuando vio una exhalación de gas en el pozo.

—No, no es normal, avísale al Viejo —respondió. El Viejo era Guillermo Porter, de setenta y tres años.

En pocos minutos la desesperación volvió a la plataforma. Al filo de las tres y media de la tarde se descubrió una segunda fuga, procedente del pozo 121.

—Negro, ya no hay control, es la última válvula... —le dijo Granadillo.

Una convicción se apoderó de los superintendentes, de los intendentes, del capitán de la plataforma, de los ATP, de los mecánicos y los electricistas, los cocineros y los meseros: después del cierre de la válvula de tormenta no existía una segunda oportunidad sobre la Usumacinta.

Y abajo, la violencia del mar, las olas de ocho metros, las rachas de viento.

El helipuerto se volvió a llenar de trabajadores; en el caos se revolvieron los tanques de oxígeno y se iniciaron las voces de alerta, algunas ciertas y otras equivocadas.

—¡Yo no sé nadar! —vociferó la cocinera.

—¡Ya agarró fuego! ¡Ya agarró fuego! —alarmó falsamente un obrero.

A lo lejos apareció el barco *Morrison Tide*, que acudía al rescate. Pensamiento meditó sobre las dificultades: un helicóptero no podría acercarse: los vientos lo zarandearían como a un mosquito. El barco tampoco tendría éxito porque podría chocar contra las patas de acero de la plataforma. Lanzarse al mar en los botes de salvamento, conocidos como mandarinas, tampoco garantizaba la supervivencia, pues igual que la embarcación podrían estrellarse contra las patas de la plataforma apenas cayeran al mar. Pero quedarse en la plataforma significaba morir como ratas.

El tiempo de pensar se terminó cuando el viento cambió de dirección y lanzó el gas hacia el helipuerto. Los trabajadores se aterrorizaron. Un obrero amenazó con arrojarse al mar. El superintendente de Pemex dio la orden de abandonar la Usumacinta.

MANDARINA UNO

El Negro ya había pilotado el bote salvavidas número uno. Dos meses atrás había asistido a un curso y de vez en cuando tomaba el timón del bote en los simulacros de rutina. Pero esos ejercicios se hacían siempre en aguas mansas. Si el mar estaba picado se posponía hasta que la superficie semejara el espejo de una laguna.

No era el caso del martes 23 de octubre, cuando el frente frío azotaba con vientos de 136 kilómetros por hora y marejadas de 8 metros de altura. Sergio verificó que se siguieran los procedimientos del manual de seguridad; el grupo abordó en orden, uno a estribor y otro a babor para equilibrar el peso. Se contaron hasta sumar 41. El ingeniero de la plataforma, Éder Ortega, confirmó por radio que con el bote dos estaban completos y no quedaba nadie en la Usumacinta.

Sergio dio la orden de soltar el gancho al ayudante de mecánico Juan Gabriel Rodríguez y en unos segundos la mandarina bajó 10 metros. Al golpe con el agua dio varias vueltas sobre su eje y quedó en dirección a los pozos. Una ola los empujó debajo de la plataforma y el bote se libró por unos centímetros de chocar contra una de las patas de acero. Sergio recordó que debía virar el timón 180 grados a babor y 180 a estribor para mantener la dirección al frente. El petróleo que regaba el viento había manchado la ventanilla del piloto y le impedía la visibilidad.

Desde la popa, un canal de agua se metió en la mandarina y serpenteó entre los pies de la tripulación. A los pocos minutos el chorrito se había convertido en un charco. Los tripulantes recogían las piernas para no mojarse las botas.

—¡Entra más agua de la que sale —se oyó un grito al interior.

El Negro avistó al *Morrison Tide*.

—Ya vienen por nosotros, tranquilos, ahí viene el barco. Ustedes achiquen el agua con la bomba, que el bote resiste.

A veces ocultado por las olas, a veces montado en una cresta, la imagen del barco alegró a los pasajeros del bote. Juan Gabriel Rodríguez, segundo al timón, abrió la escotilla para esperar la cuerda salvadora del remolcador. En la segunda lanzada Juan Gabriel sujetó la cuerda y la atoró al gancho de arriado. Pero la emoción duró los pocos segundos que tardó en formarse una montaña de agua que embistió el bote. Juan Gabriel se quedó con un extremo de la cuerda en las manos y el otro extremo se perdió como un latigazo en el aire.

La ola se metió dentro del bote y los inundó hasta las rodillas.

—¡Aquí nos vamos a ahogar!

—¡Hay que salir porque de aquí no escapamos vivos!

El grupo prefirió abandonar la mandarina igual que minutos antes había optado por dejar la plataforma. Cada decisión desesperada buscaba incrementar las probabilidades de supervivencia. Fuera del bote los aguardaba la furia del océano. Ellos desconocían el mar. Eran expertos en soldar, operar grúas y motores, perforar, preparar cementos o alimentar a la legión de trabajadores. El mar representaba para ellos una capa más entre el petróleo y la compañía. Algunos no sabían nadar. Otros tenían nombramiento de «capitán» cuando carecían de formación naval. Plataformeros, los llamaban en Ciudad del Carmen.

Ya no había orden sino desesperación. Lo urgente era escapar. Una vez afuera, los trabajadores se pararon sobre un borde de la mandarina y se sujetaron a un tubo de aluminio. El Negro apagó el motor antes de salir por la escotilla. El *Morrison Tide* estaba cerca, cada vez más, y hacía esfuerzos por lanzar otra cuerda, que nunca llegó.

El mar se abalanzó sobre el barco con una ola que barrió la cubierta y arrojó a dos marineros al agua. Un tercer tripulante murió súbitamente al ser arrojado contra el malacate del remolcador. El *Morrison Tide* tenía que ocuparse ahora de sus propios náufragos.

La fuerza de un nuevo muro de agua impactó sobre la mandarina. Por más energía que imprimieron en cerrar los puños y aferrarse al tubo, el agua los arrojó lejos del bote. El Negro sintió por primera vez la revolcada de una ola monstruosa. El golpe de agua que le arrancó las manos del tubo le abrió la boca, invadió sus fosas nasales y lo hizo dar vueltas. Cuando regresó a la superficie vio a lo lejos el bote virado, con la propela hacia el cielo y el techo hacia el fondo marino y desistió de regresar a ella.

El Negro se quitó las botas al perder de vista al barco, preparándose para una larga jornada en el agua. Ubicó a más compañeros y formó con ellos una flor de 14 náufragos que entrelazaron las piernas o los brazos. Les dijo que un barco rescataría al grupo más grande. Pero las oleadas los dispersaban. El Negro sintió a dos de sus compañeros colgados de sus hombros y los arrastró unos metros, hasta que pensó que tendría que deshacerse de ellos o lo hundirían en el mar.

Alrededor del grupo nadaba Francisco Abreu, un obrero alto y fortachón de cuarenta y siete años. En la plataforma era de los hombres más serenos, pero entre las olas la ansiedad lo hacía nadar en círculos, sin pausa, deteniéndose sólo unos segundos cuando sus compañeros le pedían que parase.

Cayó la noche. El Negro miró su reloj y se preocupó porque no estaría en la plataforma para recibir una llamada de su esposa, que esperaba a las siete de la tarde. La sal empezó a estragar su visibilidad. A lo lejos vio tres fulgores y pensó que serían tres barcos que iban en su rescate. Consideró que, si ninguno de ellos los rescataba, a mediodía del miércoles estarían en tierra.

El sonido de una hélice revivió el ánimo en el grupo, que se había reducido a seis.

—¡Ya vienen a rescatarnos, son tres barcos y un helicóptero! —celebró.

Pero el helicóptero no bajó nunca. Los vientos de más de 100 kilómetros por hora le alteraban el equilibrio. Apuntaba su luz hacia los grupos de supervivientes, los acompañaba durante un rato y se iba.

Un barco se acercó. Era el *Far Scotia*, de mayor calado que el *Morrison Tide*. Les lanzó cuerdas y escaleras. El Negro trató de pescarlas dos veces, pero los vientos las lanzaban lejos. Sentía en el cuerpo la batalla contra las corrientes subterráneas y el ventarrón iracundo, con sus dos rémoras, pataleó en dirección de la nave. Cuando ya estaban a unas brazadas una ola levantó el *Far Scotia* y empujó a los tres obreros debajo del barco. El Negro levantó la mirada y vio la quilla encima de su cabeza como una guillotina a punto de partirlo en dos. En segundos pasó su vida frente a sus ojos. Pensó en Dios. Y la embarcación, en vez de caer con furia, descendió por el aire con la suavidad de una hoja de papel. La misma ola que los había metido debajo del barco los sacó del punto donde el *Far Scotia* reventó sobre el mar.

Minutos después la cuerda ondeó nuevamente sobre sus cabezas y Jorge Arturo la pescó en el aire. El Negro se sujetó y la tripulación los jaló hasta la cubierta, donde los esperaban con un cobertor y una taza de chocolate caliente. El Negro miró su reloj: eran las nueve y cinco de la noche. En el transcurso de una hora subieron 11 de los 14 que habían formado la flor después de que la primera ola los dispersara de la mandarina.

Francisco Abreu, el obrero robusto y desesperado, se aferró a la cuerda y empezó a ascender. Pero a un metro de alcanzar la cubierta estiró la mano para que el marinero le diera el último tirón y se quedó a unos centímetros. Como si lo hubiera alcanzado un rayo, se congeló en esa posición y, con el mismo gesto y el brazo extendido, cayó de espaldas al mar. Tampoco subieron el médico ni el gruyero de la Usumacinta.

—Tres compañeros de ustedes no la hicieron —les relató un marinero—; a uno grandote de overol naranja le faltaban tres o cuatro escalones, pero se quedó con la mano extendida y se fue para atrás. El otro era de camisa blanca. Nada más levantaba la cabeza y movía el brazo y ya no hizo más, ahí se quedó. El tercero sujetó la cuerda, pero cayó otra vez al agua y suponemos que lo agarraron las hélices.

El relato fue interrumpido por una radio de onda civil: «Acabamos de rescatar un cuerpo y su identificación nos dice que es Allende

Alcudia Olán», informaba un componente del equipo de salvamento de otro barco.

Uno de los 11 supervivientes era su hijo Allende Alcudia Sánchez. Mientras estaban en medio del mar, Alcudia Sánchez fue dos veces a por su padre cuando las olas lo habían separado del grupo. En la tercera ocasión su padre levantó el brazo e hizo una señal que pareció de despedida.

Mandarina dos

La mandarina número dos cayó al mar y dio un brinco suave. Pensamiento encendió el motor y comenzó a navegar. El viento del norte y la fuga del pozo habían bañado de petróleo la superficie del bote, por lo que dejó abierta la ventanilla y su cinturón de seguridad desabrochado. Por ser el mecánico titular de la Usumacinta le correspondía el timón.

Se había ganado años atrás el apodo de Pensamiento por una ocasión en la que debía operar una grúa y mover una carga con extremo cuidado.

—¡¿Qué hacemos?! —lo urgían sus trabajadores mientras lo veían reflexionar.

—Espérense, que estoy pensando —les respondió.

La tarde del miércoles 23 de octubre, al mando de la mandarina, Pensamiento volvía a meditar: debía alejarse de la plataforma lo más rápido posible y evitar así un choque con las patas de acero, que habría sido mortal. Pero no estaba convencido de acelerar el motor hacia la costa. Prefería mantenerse cerca de la Usumacinta y del barco que maniobraba para acercarse.

El bote sucumbía a la furia del mar. El viento y las olas lo lanzaban por los aires y lo recibían con una patada en la anarquía del agua. Dentro olía a huevo podrido. El gas que había bañado al bote durante horas provocó el pánico en el interior: «¡Nos vamos a ahogar!», exclamó uno de los plataformeros. Tras los gritos, seis obreros vomitaron. Pensamiento alcanzó a ver que el *Morrison Tide* se empeñaba en el rescate de la mandarina uno, y lo fue perdiendo de vista hasta desaparecer.

El acuerdo fue navegar hacia la costa. Pensamiento aceleró el motor. Rigoberto le pidió que le cediera el timón en virtud de que había crecido en una familia de pescadores y ya había escapado de dos huracanes en lanchas de pesca. Rigoberto conocía el camino a tierra firme porque era oriundo de Emiliano Zapata, una colonia costera en la península de Atasta, pero Pensamiento le respondió que no y le pidió que estuviera pendiente de la brújula.

El joven pescador alcanzó a ver una línea de ola tan alta que no dio crédito a sus ojos. Toneladas de agua cayeron sobre el bote y lo hicieron desaparecer de la superficie como si el mar se lo hubiera tragado de un bocado. La ola revolcó la mandarina, la hundió varios metros y la hizo dar vueltas. Pensamiento pudo ver una sucesión de brazos y pantorrillas que no terminaban de caer cuando empezaban a elevarse de nuevo. Sintió los golpes en el cuerpo y en la cabeza, se cayó, se levantó, se aferró a los bordes de los asientos. Oyó el sonido de un tanque de oxígeno que golpeó las paredes y los cuerpos, y que se había colado de manera irresponsable en el interior del bote.

Fue la primera de varias veces que Pensamiento se sintió al borde de la muerte. En esos largos segundos se agotó su convicción de que cada uno de los pasajeros a su cargo llegaría sano y salvo a tierra. Después de la última vuelta la mandarina quedó a oscuras y empezó a subir con lentitud, pero con cada metro que ascendía se filtraban lenguas de agua en el interior.

Cuando el bote reapareció en la superficie, Pensamiento entendió la expresión «tener el agua al cuello». Jaló aire de un pequeño espacio que quedó libre de agua. Entre sus brazos, flotando, sintió los cuerpos inmóviles de sus compañeros, bocabajo, con los brazos en cruz, arrojando las burbujas de los últimos alientos. La mandarina estaba virada, con el techo en el fondo marino y la propela hacia la superficie como un escarabajo acostado de espaldas.

Leopoldo Cuarenta, un mecánico que estaba a prueba en la plataforma, alcanzó a abrir las llaves de oxígeno. Con la cara hacia arriba en busca de aire, palpó con los pies el techo convertido en piso, descifrando con desesperación su estructura a fin de encontrar una salida.

Al sentir el hoyo de la escotilla se zambulló y se impulsó al fondo del bote, salió de él y pataleó hacia arriba.

Al llegar a la superficie, Pensamiento vio que una veintena de sus compañeros se aferraba al borde mientras otros trepaban a la base del bote. En ese momento se percató de que no vivía un sueño, sino que estaba allí, perdido en medio del mar, sin barcos cerca y atenido a sus fuerzas. Recordó que estaba a punto de cumplir sesenta años, que le faltaban seis meses para la jubilación, le vino a la mente su bisnieto y el coche que apenas había sacado de la agencia.

—Dios mío, si tú lo puedes todo, haz que amainen los vientos —pidió.

Se subió a la base de la mandarina, donde ya estaban algunos de sus compañeros. No se había dado cuenta de que la revolcada le había cortado el pabellón de la oreja y le había abierto una herida de cinco centímetros en el cuero cabelludo, de donde le salía sangre y se le iba la fuerza.

Del mar vio emerger a su jefe y amigo José Ramón Granadillo sin chaleco salvavidas. Le dio la mano y lo ayudó a subir. El viento le quitaba volumen a sus voces y las convertía en susurros.

—¿Qué te pasó, por qué te sacaste el chaleco? —le preguntó Pensamiento.

—Me lo tuve que quitar porque no me dejaba salir.

Su jefe era esbelto y bajito. Cuando estaba dentro de la mandarina, se clavó dos veces al agua para escaparse por la escotilla, pero el chaleco lo botaba de regreso al interior. En la tercera zambullida logró salir porque se despojó del chaleco. Pensamiento y Rigo amarraron a Granadillo al tubo perimetral de la mandarina. Los chalecos salvavidas se habían equipado con una lámpara, un silbato y una tira de seda que en caso de naufragio serviría para amarrarse unos con otros.

Los muros de agua persistieron en sus embestidas contra los obreros. «¡Aguas!» era el grito más recurrente en las largas horas. Las olas los barrían de la superficie del bote, los hacían desaparecer entre los pliegues del mar, los revolcaban hacia el fondo y de regreso a la superficie. Una de esas olas rompió la cuerda que ataba a Granadillo y lo alejó del grupo. Pero el jefe de mantenimiento se empeñó en regresar al bote. Rigoberto lo arrastró y lo ayudó a subir. Minutos después, otra ola gigante los barrió de la mandarina. Granadillo volvió a patalear. El golpe del agua sacó del interior dos chalecos salvavidas que aparecieron flotando entre las aguas. Granadillo se quedó a tres metros de uno de los chalecos y a la misma distancia del bote. No titubeó. Prefirió asegurar su regreso al bote que arriesgarse por el chaleco.

El mar devoró uno de los chalecos en segundos. El otro se quedó flotando alrededor del grupo a sólo tres metros de distancia. Era el chaleco que le hacía falta a Granadillo. Los náufragos lo miraron flotar varios minutos en la superficie. Estaban agotados, casi sin hablar, reservando las energías para la siguiente ola y el próximo golpe de viento. Al cabo de un rato el chaleco comenzó a alejarse, a tomar su camino hasta desaparecer.

Granadillo no pudo regresar de una tercera embestida del mar. La muralla de agua se abalanzó sobre la mandarina regando a los trabajadores en diferentes direcciones. La furia de la ola golpeaba al náufrago, que debía conservar el aire, aguantar la penetración de agua contra su nariz y boca y nadar de vuelta a la superficie. Pensamiento y Rigo lo vieron salir exangüe de la revolcada, dar algunas brazadas y abandonarse en el desierto de agua.

Pensamiento vio partir así a siete compañeros. Uno de los obreros de Perforadora Central, Carlos Gurrión, trató de atar uno de los cadáveres al tubo del bote. No lo consiguió. Horas después él también sería vencido por el mar.

Más que las olas, los mataba el cansancio. Había un rictus que antecedía el momento de la muerte. La resignación aparecía en sus rostros morados y tras ella se apagaba la energía para regresar al bote.

La alegría, sin embargo, llegó a los náufragos con el sonido de las hélices. Estaba a punto de atardecer y Pensamiento contó a 11 compañeros cerca de la mandarina, algunos esforzándose por acostarse en la superficie y otros aferrados al tubo perimetral.

Primero fueron dos helicópteros de Pemex los que se acercaron a seguirlos. Los supervivientes acordaron que el primer rescatado sería Pensamiento. La herida de su cabeza no dejaba de sangrar a pesar de que las aguas del Golfo la habían lavado y salado mil veces. La palabra rescate se convirtió en el aliciente en la lucha contra los golpes de la naturaleza. Pero los helicópteros se fueron. Los vientos los zarandeaban y les impedían llegar más abajo. Después se acercó una tercera nave, ahora de la Armada de México, y la única que contaba con un malacate para asistir náufragos.

Una de las cientos de olas que los embistieron había alejado del bote al cocinero de noche, que nadaba a la deriva. Sujeto al malacate, un buzo bajó hasta la superficie del mar, lo abrazó por la espalda y lo sacó del agua. Ambos empezaron a subir hacia el helicóptero tirados por el motor del cabo.

El marino, sin embargo, no soportó el peso del hombre robusto y agotado del cocinero de noche, que ya llevaba el rictus de la desesperanza. Unos metros antes de subir se le escapó de los brazos. Sus compañeros sólo alcanzaron a ver el hoyo que se formó en el agua. Los helicópteros no intentaron otro rescate de esas características.

Pero no se fueron. La noche cayó sobre el mar picado y las naves siguieron a los supervivientes en las largas horas de vida y muerte. Desaparecían unos minutos y regresaban. La luz de sus reflectores alumbraba las gotas de lluvia que bailaban al ritmo de las rachas de viento.

—Diosito, Señor, si tú puedes todo, haz que amainen los vientos —suplicó Pensamiento por segunda ocasión.

La luz de los reflectores se volvió lejana, tenue. La sal del mar había debilitado la vista de los supervivientes. Las lámparas y los silbatos que portaban en los chalecos hacía muchas horas que los había dispersado la marejada. Con el embate de cada ola los náufragos se esforzaban por volver al bote. Se identificaban a gritos en medio de la noche y con la visibilidad casi a cero.

—¡Pensamiento!

—¡Rigo!

—¡Cuarenta!

—¡Aquí estoy!

—¡Aquí estoy!

—¡Aquí estoy!

Pensamiento se subió al bote y oyó un «toc, toc, toc». Respondió con los nudillos: «toc, toc, toc». Pegó la oreja sana pero no escuchó voces, sólo los golpes del interior de la mandarina. Había supervivientes dentro del bote abatido cien veces por la ira del mar.

Dentro, Maribel Bolaños, empleada de Servicios de Comisariato (Sercomsa), permaneció a oscuras casi 12 horas. El agua le llegaba a los hombros y el golpe de las olas más altas la hundía por completo. Escuchó las últimas palabras de sus tres compañeros:

—No sé nadar... —le dijo la cocinera.

—No puedo más, estoy muy cansado... —sollozó un rato después un trabajador— no tengo fuerzas...

—Nadie va a venir a rescatarnos —lamentó el tercero; su respiración se convirtió en un llanto y se apagó.

—No se preocupen, vamos a rezar, vamos a pedir a Dios que nos ayude —alcanzaba a responder Maribel.

Después del silencio del último, Maribel se quedó en ese vientre de fibra de vidrio y agua salada sólo acompañada por los cadáveres.

Con los ojos entrecerrados Rigoberto divisó dos luces ya entrada la madrugada. Eran los faros de la barra del río San Pedro y San Pablo, la división natural de los estados de Tabasco y Campeche. El faro del norte indicaba el inicio del pueblo de San Pedro en el territorio tabasqueño, y el faro del sur, el de Nuevo Campechito, el poblado vecino de su natal Emiliano Zapata.

—¡Cálmense, ya me ubiqué, ya sé dónde estamos! Un ratito más y llegamos, ya está cerca el río —animó Rigoberto.

En menos de una hora la marejada los condujo a las costas de Nuevo Campechito. El bote salvavidas, virado, golpeado y roto arribó pasadas las tres de la madrugada. Rigo se soltó del tubo del bote y sintió el suelo bajo sus pies.

El helicóptero de la Armada aterrizó en un claro de la playa a 250 metros del punto de arribo de la mandarina. Eran 12 los supervivientes que recalaron en una playa atiborrada de mangles. Temblaban de frío, estaban casi ciegos y sordos por la sal y los golpes. Se abrazaron en un solo cuerpo para darse calor, boca con oreja y pecho con hombro. Le dieron gracias a Dios por estar vivos y le pidieron por sus compañeros que se quedaron en el camino.

Pensamiento se apoyó en Rigo. Estaba exhausto. Había perdido conciencia de la herida que le marcaba la cabeza.

—Déjame aquí, ya no puedo más —le imploró el mecánico.

—Tanto nadaste para que en la orilla te mueras —le reprendió el joven ayudante de electricista, y lo llevó hasta el helicóptero.

El grupo decidió que sólo ocho se subirían a la nave. Los otros cuatro regresaron al bote a tratar de virarlo para rescatar a Maribel. Consiguieron acercarlo tres metros a la playa. Aprovecharon el impulso de las olas para darle la vuelta pero les faltó un empujón, una poca de la fuerza que habían dejado en la lucha contra la rabia del Golfo.

Rigoberto encontró un hueco y metió la mano, pero la sacó de inmediato, instintivamente, al sentir una pierna sin vida. Un segundo helicóptero aterrizó a los pocos minutos y un marino les ordenó que lo abordaran. Venía en camino una tercera nave al rescate de la superviviente atrapada en el interior de la mandarina.

El pescado

A raíz de la muerte de 22 personas —20 trabajadores de la plataforma Usumacinta, y dos más del barco *Morrison Tide*— Petróleos Mexicanos encargó al premio Nobel Mario Molina que integrara una comisión investigadora, y pidió otro estudio a la consultoría estadounidense Instituto Batelle, ésta para indagar la causa raíz del accidente. La Comisión Molina apuntó hacia la cadena de negligencias que arrojaron a los obreros al mar embravecido: a pesar de que se disponía con mucha anticipación de datos sobre la peligrosidad del frente frío, la calidad y la precisión de los pronósticos fueron inadecuadas; aun cuando el frente frío tenía características de huracán, no se ordenó el desalojo de las plataformas; no se tuvo en cuenta que plataformas anteriores habían modificado el suelo marino, razón por la cual los planos no coincidían con la realidad y causaron la inestabilidad en la Usumacinta; el personal no estaba capacitado para una emergencia, y los barcos que asistieron el rescate tampoco contaban con capacitación ni equipo adecuado.

El Instituto Batelle le lavó las manos a Pemex; según su informe, las muertes se debieron a las decisiones que tomaron los trabajadores: «La decisión de abrir una o más escotillas fue la causa raíz del estado fallido y de los decesos relacionados»; ésa es la conclusión del reporte de 900 páginas, aun cuando reconoce, por ejemplo, que los materiales de la mandarina dos eran inferiores a lo esperado. «La expectativa errónea de que la transferencia [de las mandarinas a los barcos] pudo haberse realizado a salvo en aguas tempestuosas fue el origen del intento de transferirse y de los decesos resultantes», dice en una prosa redundante y burocrática. En pocas palabras, la culpa fue de los muertos y de los supervivientes.

De manera opuesta, la Comisión Nacional de los Derechos Humanos (CNDH) reportó en la recomendación 014/2009 violaciones a los derechos a la vida, la integridad física, la seguridad jurídica y a la legalidad por omisión de Pemex, debido al incumplimiento de las normas y los reglamentos de seguridad, la deficiente capacitación y el equipo en mal estado, sumado a la falta de embarcaciones de salvamento en la zona. Según los testimonios recabados por la CNDH, muchos trabajadores jamás habían asistido a un simulacro, los equipos de respiración autónoma estaban encadenados y no pudieron ser usados, las alarmas nunca sonaron, se bloqueó deliberadamente las puertas de la zona habitacional y una de las mandarinas tenía pegotes de silicón que se botaron tras el embate de la primera ola. Pemex, afirma la CNDH, conocía de múltiples quejas de trabajadores y no actuó para remediar los problemas de seguridad.

«Se acreditan violaciones a los derechos humanos en agravio de las 22 personas que perdieron la vida el 23 de octubre de 2007 en la Sonda de Campeche, así como de las 68 personas que resultaron lesionadas, toda vez que los servidores públicos de Pemex toleraron que la plataforma Usumacinta funcionara en condiciones que no garantizaban cabalmente la integridad física y la vida de los trabajadores.» A pesar de la denuncia de la CNDH, ni un solo funcionario de Pemex fue juzgado por las omisiones que causaron el accidente. Tampoco hubo dimisiones.

Después del accidente, Pensamiento notó que se convertía en pez. La piel se le endureció y se hizo escamosa. Las administraciones de suero se volvieron una batalla para los médicos, que no sólo no encontraban las venas, sino que no podían insertar los catéteres.

La noche del miércoles 24, cuando estaba en el hospital del Seguro Social de Ciudad del Carmen, Pensamiento se resignó a esperar en urgencias a que se desocupara una cama, lo que ocurrió el viernes 26.

La herida de cinco centímetros en el cuero cabelludo se había infectado y debió permanecer ingresado 14 días. De la oreja derecha quedó sólo el lóbulo, y se acostumbró a que una de las patas de los anteojos se fijara con un vendolete blanco. A pesar de que la prueba de audición demostró que había perdido el 50 por ciento en el oído derecho, los médicos le dijeron que podía volver a trabajar.

Después de que la piel se le pusiera escamosa, Pensamiento la mudó como si fuera una serpiente. Al amanecer notaba que las escamas aparecían en montoncitos al pie de la cama. Una capa nueva y delgada de epidermis surgió de abajo de los pellejos que fue dejando con el paso de los días.

Pero si bien la piel de pescado se cayó de su cuerpo, a Pensamiento le quedaron las huellas del naufragio adheridas al alma. Uno de sus placeres era acostarse a dormir y disfrutar de los sueños, en los que aparecían su familia o los buenos momentos del día. Sin embargo, la furia del mar invadió ese territorio antes inexpugnable con lagunas, plataformas hundiéndose, cadáveres y marejadas. Una noche de noviembre, de camino a Mérida, Pensamiento se alarmó cuando un pescado del tamaño de un hombre se atravesó en la carretera caminando sobre la cola.

Las horas del exterminio*

La desaparición de los 43 estudiantes en Iguala, Guerrero

Anabel Hernández

(Los hechos que se narran aquí fueron reconstruidos por la autora a partir de testigos presenciales, los videos filmados por los estudiantes durante el ataque, el testimonio del estudiante superviviente Fernando Marín a la autora en una entrevista realizada en julio de 2015, y la reconstrucción de los hechos que la organización no gubernamental Tlachinollan Centro de Derechos Humanos de la Montaña llevó a cabo con los supervivientes en el lugar de los hechos, así como documentos obtenidos por la autora durante su investigación.)

El estudiante Fernando Marín está fuera del camión de pasajeros Estrella de Oro 1568 bañado en su propia sangre, sometido en el suelo como sus otros compañeros de la Escuela Normal Rural Raúl Isidro Burgos. El balazo que le han disparado unos minutos antes casi le destroza el antebrazo derecho y los tendones reventados son tiritas blancas que salen de su cuerpo. La herida aún está caliente y todavía no duele tanto. Respira agitadamente, a sus veinte años de edad no le cabe la menor duda de que se va a morir.

Son cerca de las diez y media de la noche del 26 de septiembre de 2014 y la calle Juan N. Álvarez, en Iguala, Guerrero, está desierta aunque se halla a unos metros del centro de la ciudad. Comerciantes y clientes están apertrechados detrás de las cortinas metálicas de sus negocios, que cerraron en cuanto comenzó la balacera. Los que pue-

* Publicado por Anabel Hernández y Steve Fisher en la revista *Proceso*, n.º 2029, México, 19 de septiembre de 2015. (*N. del E.*)

den corren hacia otras calles. Los vecinos, los ancianos, los adultos y los niños, están aterrorizados y tirados pecho a tierra dentro de sus propias casas. Tiemblan y les parece que en vez de ladrillo las paredes son de papel. Las mismas balas que atacan a los estudiantes pueden atravesar el muro y herirlos también a ellos. En la oscuridad detrás de las ventanas, algunos se atreven a asomarse de vez en cuando.

«¿Sabes qué? ¡Te vas a la chingada!», espeta un policía estatal a Fernando Marín en un tono que parece más un ladrido que un grito. «¡Mátalo de una vez, por qué está herido ése, ya mátalo de una vez!», lo alienta uno de los policías presentes. En ese momento Fernando, a quien sus compañeros apodan Carrillas, siente el metal frío del arma en la sien justo arriba de la oreja izquierda. Sí, esa noche lo van a matar, se repite a sí mismo.

Policías estatales, municipales y civiles armados tienen acorralados en la esquina de Juan N. Álvarez y Periférico a tres camiones en los que viajan estudiantes de la Escuela Normal de Ayotzinapa. Unas cuadras atrás la Policía Federal desvía hacia otras calles el tránsito y a los curiosos. Quieren hacer la operación sin testigos.[1]

Como si fuera obra de un milagro, el policía aparta el arma de la cabeza de Carrillas y se hace a un lado. En vez de disparar llama a una ambulancia para que vayan a recoger al estudiante herido. Los rescatistas no querían acercarse porque tenían miedo de que los estudiantes que estaban en el otro extremo de la calle fueran a disparar. «¿Cómo les van a disparar mis compañeros si no tenemos armas, no tenemos nada?», piensa Carrillas.

Lo último que ve mientras lo suben a la ambulancia es a sus compañeros del tercer camión Estrella de Oro número 1568 tirados en el suelo por la Policía Municipal y estatal de Guerrero. Desde esa noche no los ha vuelto a ver, ni él ni nadie. Son cerca de veinte. Todos están desaparecidos, forman parte del grupo de 43 estudiantes de la Normal, los normalistas, de los que no se ha vuelto a saber más. Carrillas es el único superviviente de ese autobús y esa carga le pesa en el pecho como un yunque. «... Quizá Dios no quiso que a mí me llevaran, o quién sabe. No sé qué se le vino al policía, en realidad no sé. Soy el único», señala con dolor meses después. Carrillas no era muy creyente, pero no duda que un poder supremo lo salvó esa noche fatal.

Si los últimos instantes de vida son cronometrados por un destino fatal, la cuenta atrás de los estudiantes de Ayotzinapa se inició en el momento en que Carrillas y sus compañeros salieron de su escuela hacia Iguala para robar unos autobuses y usarlos en sus tradicionales protestas. Iban directos a una emboscada.

17.59. SALIDA DE AYOTZINAPA

Fernando Marín ingresó en 2013 en la Escuela Normal Rural Isidro Burgos, como habían hecho sus primos y sus hermanos. Son casi las cinco y cuarto de la tarde del viernes 26 de septiembre de 2014 y se encuentra con su amigo Bernardo Flores Alcaraz, alias Cochiloco, en las modestas canchas deportivas de la Normal. Los dos son alumnos de segundo año y tienen cargos de responsabilidad dentro de la escuela. Carrillas es el responsable del orden y la disciplina; Cochiloco se encarga de la cartera de lucha; su tarea es conseguir autobuses y gasolina para la escuela. Son muy amigos, inseparables.

Bernardo lo invita a ir a un «boteo» —colecta de dinero—, y a por unos camiones para ir a la marcha del 2 de octubre en la Ciudad de México. Para Carrillas es una petición de su mejor amigo y no puede negarse.

Junto con cerca de 100 estudiantes, la gran mayoría de ellos de primer curso, Cochiloco y Carrillas suben a los camiones Estrella de Oro 1568 y 1531 que habían robado días atrás en Chilpancingo, la capital del estado de Guerrero, una ciudad ubicada a apenas hora y media de Iguala.

Desde el momento en que los dos autobuses salen de la escuela todos los mandos del gobierno son notificados a través del Centro de Control, Comando, Comunicaciones y Cómputo (C4) de Chilpancingo, según la tarjeta informativa 02370 de la Secretaría de Seguridad Pública de Guerrero a la que se tuvo acceso. E informan inmediatamente al C4 de Iguala. El gobierno estaba en alerta.

Los camiones van llenos, recuerda Fernando Benítez. «Mis compañeros de primer grado iban con sus teléfonos hablándole quizá a su mamá, a sus hermanos o sus novias... todos íbamos contentos.»

Han trascurrido casi tres horas de camino cuando el camión 1531 para en Huitzuco, en la comunidad Rancho del Cura. El 1568, en el que viajan Carrillas y Cochiloco, continúa el trayecto y se detiene en la caseta de peaje Iguala-Puente de Ixtla, un punto situado a 15 minutos de Iguala.

La estrategia está planteada. Deben tomar en la carretera el mayor número de camiones posible. Necesitan conseguir 20, y en los días anteriores apenas habían logrado capturar ocho. Es necesario tener todos los camiones a más tardar a finales de septiembre para que alumnos de otras normales rurales se concentren en Ayotzinapa y viajen juntos a la Ciudad de México con el fin de participar en la tradicional protesta del 2 de octubre, que todos los años se lleva a cabo para honrar a los estudiantes masacrados por el ejército mexicano en 1968, en Tlaltelolco. Jamás hubieran imaginado que ese día los masacrados serían ellos, a manos de agentes del Estado mexicano.

19.30. Las primeras acciones policiales

Carrillas y Cochiloco están en la caseta y de pronto llegan patrullas de la Policía Federal (institución policial del gobierno federal en México) y de la Secretaría de Seguridad Pública de Guerrero (institución policial del gobierno de Guerrero). Al mismo tiempo arriba una motocicleta roja con un solo tripulante que no va uniformado.

En el marco de las investigaciones que llevaría a cabo la Procuraduría General de la República (PGR) sobre la desaparición de los 43 estudiantes, el coronel Pérez Rodríguez, comandante del 27.º Batallón de Infantería ubicado en Iguala, reveló que dentro del ejército mexicano hay un grupo llamado Órgano de Búsqueda de Información (OBI) que viste de civil y hace operaciones encubiertas. Según él, la noche del 26 de septiembre mandó uno a la caseta para vigilar a los estudiantes.

De manera inexplicable, como parte del encubrimiento del Estado, la PGR nunca investigó las operaciones militares de esa noche. «... La motocicleta empezó a patrullar, allí donde estábamos nosotros daba vueltas», recuerda Carrillas. Después de la motocicleta llega otro vehículo civil y comienza a dar vueltas vigilando con mucha obviedad a los normalistas.

Al ver el movimiento Carrillas piensa que ya no podrán conseguir camiones. Están a punto de abortar la misión y regresar a Ayotzinapa cuando inesperadamente llega la llamada de los estudiantes del camión que se ha quedado en Rancho del Cura; les alertan de que unos compañeros que han logrado tomar un camión están atrapados dentro de la central camionera de Iguala. En ese momento, los dos camiones, cada uno desde el punto donde se encuentran, salen veloces al rescate de sus compañeros. En el camino se juntan y entran en Iguala.

21.16. La central

A su llegada a la central camionera, la mayoría de los normalistas llevan el rostro cubierto con su camiseta o un trapo. En las cámaras de seguridad queda constancia de que ninguno va armado. El rescate de sus compañeros resulta sencillo, y Bernardo Flores, que está al mando del plan de secuestrar autobuses, sugiere aprovechar la oportunidad para llevarse tres autobuses; eligen tres al azar y los 100 estudiantes se distribuyen entre los cinco camiones. Nadie se fija en quién va en cada camión por la urgencia de huir de allí lo antes posible.

Por un una puerta de la central sale un autobús Estrella Roja y el Estrella de Oro 1531 y logran tomar una vía rápida hacia Ayotzinapa. Dos autobuses Costa Line y el Estrella de Oro 1568, donde viajan Carrillas y Cochiloco, se equivocan y salen a la calle de Galeana, en el centro de Iguala, donde quedan varados en medio del tráfico ante los ojos de cientos de testigos y rodeados por la Policía Municipal de Iguala.

«... Lo curioso es que cuando ellos llegan a la terminal salen inmediatamente, y en cuestión de diez minutos ya la Policía Municipal está afuera. Eso permite concluir que ya los venían siguiendo, pues no se pudo armar un operativo en diez minutos», explicó en una entrevista Vidulfo Rosales, abogado de la organización no gubernamental Tlachinollan Centro de Derechos Humanos de la Montaña, que lleva años denunciando la represión del Estado contra los estudiantes de la Escuela Normal Rural Raúl Isidro Burgos.

Algunos de los estudiantes que viajan en los tres camiones se bajan en la plaza central para abrir paso a los vehículos entre el tráfico. Los policías municipales les apuntan con sus armas para obligarlos a descender de las unidades. «Somos estudiantes. ¿Por qué nos apuntan? ¿Por qué tenemos que bajarnos?», grita a los policías el estudiante de segundo año Ángel de la Cruz, que viaja en el primer autobús de ese convoy. A pedradas logran hacer que las patrullas se abran y no les bloqueen el paso.

En el zócalo se oyen las primeras detonaciones sobre la calle de Bandera Nacional y Galeana. El ruido hace que la gente que se encuentra en el centro corra en estampida en diferentes direcciones sin comprender si lo que oyen son fuegos artificiales o balas. Nadie resulta herido.

21.30. El primer ataque

Los comerciantes y los clientes de la esquina conformada por las calles Juan N. Álvarez y Emiliano Zapata, a una cuadra de la plaza central, no se enteran de lo que pasa hasta que ven a un joven con el rostro cubierto con un pañuelo parado en medio de la calle que mira en todas direcciones. Viste con pantalón de mezclilla y una camisa desgarrada por la parte de atrás como si hubiera participado en una trifulca. Se ve visiblemente alterado.

En ese momento llega una camioneta Suburban (SUV) de color oscuro, y una patrulla. De la camioneta bajan cuatro o cinco hombres armados vestidos de civil con el rostro descubierto. A los testigos les llama la atención que todos tienen el pelo muy corto tipo militar. «Yo lo que pensé es que eran militares, veían a la gente muy feo, uno era barbón», señala una de las personas que atestiguó ese suceso. En la patrulla van a bordo seis policías de negro, con chalecos antibalas y equipo antimotines. «¡Párense cabrones!», grita un policía a uno de los sujetos de la camioneta. Ahí comienzan nuevos disparos. Un testigo graba el audio con su teléfono. Se escuchan más de 14 disparos secos y con una breve pausa entre ellos.

«¡Ya se van, ya se van!», dice una mujer entre el griterío. Nadie resulta herido, pero hay tres coches con impacto de bala. Algunos de los hombres de la camioneta se van corriendo tras el joven con el rostro cubierto y otro se lleva el vehículo. Van en dirección al Periférico, mientras los policías los persiguen. En ese momento ante las miradas de los testigos pasan tres autobuses donde viajan estudiantes de la Normal con el rostro cubierto.

Después del incidente llega al lugar un automóvil Focus azul marino sin placas y desciende un tipo también de aspecto militar; sospechosamente, recoge los casquillos que quedan en la escena. ¿Qué grupo del crimen organizado hace eso? Ninguno. Hasta ahora ninguna autoridad ha ido a investigar qué pasó en esa esquina como parte de las deficiencias de las investigaciones realizadas por la PGR.

«Los puestos cerraron porque fueron varias las detonaciones que se hicieron allí en el zócalo», recuerda Ángel de la Cruz, estudiante del segundo año que iba en el primer camión.

«¿Cómo logramos salir a Chilpo (Chilpancingo)?», pregunta uno de los estudiantes a un transeúnte, desesperado por no poder salir de allí. La persona les indica que si siguen todo recto saldrán al Periférico y que desde ahí todo recto llegarán a la capital del estado.

21.40. ACORRALADOS

Los tres camiones están a punto de lograr salir al Periférico cuando policías municipales de Iguala atraviesan una patrulla en medio de la calle frente al primer autobús y se bajan; al menos tres patrullas bloquean la retaguardia de la caravana. Los estudiantes podrían empujar la patrulla con el camión, pero no quieren lastimar a nadie. «... Allí fue cuando ya no pudimos avanzar a otra parte», dice Carrillas.

Cinco estudiantes se bajan del camión que va a la cabeza para mover la patrulla, entre ellos Ángel. «... La íbamos a empujar, pero en ese momento empezaron los disparos hacia nosotros», señala. Los estudiantes de la Normal están entre dos fuegos; hay Policía Municipal, Policía Estatal, personas vestidas de civil y militares encubiertos cuando comienzan los disparos directos contra los autobuses. En ese momento estalla el terror; testigos de ello son los vecinos y los clientes de los locales de comida y de la tienda Aurrera. Los puestos de pollo, tacos, y tiendecitas de abarrotes cierran inmediatamente las cortinas metálicas para resguardar a sus clientes.

«¡Ya mataron a uno!, ¡Ya mataron a uno!», gritan los estudiantes del primer camión cuando ven al estudiante de primer año Aldo Gutiérrez tirado en el pavimento mientras aún se convulsiona y la sangre brota de su cabeza. Hasta la fecha sigue en estado de coma. Jonathan Maldonado recibe un disparo en la mano y pierde de manera instantánea varios dedos. «¡Bájense!», grita otro, y los estudiantes se bajan y se refugian entre el primer y el segundo camión. Aldo sigue en el suelo agitando los brazos en el aire. Los estudiantes del tercer autobús se quedan aislados, solos.

Transcurre más de media hora de disparos. Dentro de los comercios la gente llora, los estudiantes que están en la calle también.

Los normalistas de los primeros autobuses que tienen en la mano sus teléfonos móviles comienzan a llamar a los compañeros que se encuentran en Ayotzinapa, en las instalaciones de la Escuela Normal, para pedir refuerzos. «¡Llamen a la ambulancia!, ¡llamen a la ambulancia!», gritan los estudiantes con pavor.

Julio César Mondragón, también de primer año, es el primero en comenzar a grabar con su teléfono las imágenes del ataque. Horas más tarde aparecerá torturado, asesinado y desollado cerca de ese lugar.

Vecinos y comerciantes testigos de los hechos observan que no sólo los policías municipales uniformados disparan contra los estudiantes, sino también personas vestidas de civil. Los estudiantes de la Normal no disparan un solo tiro, pues no van armados.

Aterrorizado, un vecino ve cómo una de las camionetas de la policía que tiene encima el aditamento para una metralleta comienza a disparar. Ninguna patrulla de la Policía Municipal tiene ese aditamento. El sonido de los R15 de los policías resuena en la calle. Segundos después se escuchan ráfagas de mayor poder, de armas de más calibre y potencia. Los vecinos que estaban asomados por sus ventanas se arrojan al suelo. «¡No tenemos armas! ¡No disparen!», gritan los muchachos.

A bordo del tercer camión, Carrillas puede ver con claridad que entre sus atacantes hay policías municipales y estatales. Distingue bien los logotipos en la parte trasera de los uniformes. Los municipales usan su traje de policía normal y los estatales llevan equipo antimotines y lucen la leyenda de policía estatal en la parte trasera de sus uniformes. Disparan ráfagas contra las llantas y los vidrios del tercer camión. Prácticamente todo el fuego se concentra allí. «Los policías trataban de matarnos a todos», recordaría meses después.

A pesar del testimonio de Fernando Marín, el Secretario de Seguridad Publica de Guerrero, el teniente Leonardo Vázquez Pérez declaró a la PGR que su personal no salió esa noche porque no había suficientes elementos y supuestamente se quedaron a proteger su cuartel.

Dentro del tercer camión, los normalistas se arrojan al angosto pasillo para salvar sus vidas. Carrillas piensa que si no hace algo pronto los masacrarán a todos; entonces toma el extintor y baja del autobús para intentar replegar a los policías, que le disparan. Pese a la lluvia de balas consigue arrojarlo contra los policías; cuando el extintor explota uno de los disparos impacta en su brazo y cae al suelo. Consigue volver a subir al camión, pero a su paso deja un reguero de sangre. «En ese momento, pensé que ya no tenía salvación. Me dije: "Si a mí me dieron en el brazo, pues a mis compañeros los van a matar..."»

Carrillas le sugiere a su amigo Cochiloco que llame a David Flores, alias la Parca, que es el secretario general de la escuela y se había quedado en Ayotzinapa. Un compañero de primer año, Miguel Ángel Hernández Martínez, el Botas, espantado, le hace una especie de torniquete en el brazo para detener la hemorragia. Al ver a su amigo desangrándose, Cochiloco toma la decisión de rendirse. «¿Sabes qué? Hay que darnos por vencidos porque al Carrillas ya lo balearon, ya no va a poder acompañarnos, apoyarnos», le dice al chófer del autobús Estrella de Oro 1568, y le pide que baje para intentar negociar con los policías. Al bajar e identificarse como el conductor, los policías le gritan con desprecio: «¡A nosotros no nos importa quién seas tú! Tú eres uno de ellos. Tú eres igualito que ellos... eres también ayotzinapo».

En ese momento los policías comienzan a bajar del autobús a todos los estudiantes, a quienes obligan a poner las manos detrás de la nuca; los pasan a la acera del lado izquierdo y los acuestan en el piso boca abajo en una especie de callejón que se forma en el garaje de una de las casas. Carrillas observa que quienes los ponen en el suelo son los mismos policías estatales y municipales, aproximadamente unos 20. Uno de esos policías le dice que lo va a matar y apunta el cañón frío de su arma en su nuca.

Ángel de la Cruz, que está en el otro lado de la calle en el primer autobús alcanza a ver con sus compañeros cómo los policías bajan a los del tercer camión, pero no ven más porque los policías los ciegan con los faros de sus patrullas y las lámparas que llevan en la mano.

Cochiloco se resiste a tirarse al suelo. «¿Sabes qué? Yo no me voy a acostar», le dice a uno de los uniformados, y éste le pega salvajemente en la sien con la cacha de su arma dejando la pared salpicada de sangre. Lo somete y tira al suelo junto con los demás. Al ver caído a su líder, ningún estudiante de la Normal protesta ni se resiste, ya no intentan gritar o escapar aunque no están amarrados.

El Botas uno de los estudiantes más jóvenes; no puede contener el pánico y comienza a llorar. «¿Qué vamos a hacer? ¿Por qué hacen esto?», le dice entre lágrimas a Carrillas. «Tranquilo compa, ahorita vienen nuestros camaradas a sacarnos. No te preocupes, no te agüites», le responde para darle algo de esperanza, aunque a él ya no le queda ninguna. En el suelo Carrillas se retuerce por el dolor. Mientras tanto, le han dado patadas en las costillas y la cara. Después, señala, llegaron más policías. Para su suerte en ese momento llega la ambulancia y lo traslada al hospital general de Iguala.

Por la parte de Periférico llegan más ambulancias para llevarse a los estudiantes heridos y a un tercero que ha tenido un ataque de asma. Hasta ese instante aún no se había decidido exterminar a los normalistas.

22.30. La Policía Federal

Un vecino que vive en las calles aledañas sale de su casa y toma el camino rumbo a la calle Juan N. Álvarez, donde está ocurriendo el ataque. Su hermano lo llamó de emergencia para pedirle ayuda, ya que estaba dentro de uno de los locales de comida cuando se inició la balacera. Al llegar al cruce de Juan N. Álvarez con la calle Revolución se topa de frente con un retén de la Policía Federal. Las unidades de la Policía Federal no tienen la torreta encendida, pero se encuentran a escasos metros de distancia y distingue claramente los logotipos de las unidades estacionadas formando una V y las insignias de su uniforme. Los federales están armados.[2]

Desesperado por ir a rescatar a su hermano, da un rodeo por las calles aledañas; pero tampoco puede tomar Juan N. Álvarez porque las calles que desembocan también están cerradas por patrullas. Toda la periferia donde ocurre la agresión contra los estudiantes se halla custodiada. No puede acercarse más y llama a su hermano, que sale de una casa a la que pudo correr cuando comenzaron los disparos y donde le permitieron refugiarse. Su hermano le platica que vio pasar autobuses y coches de civiles disparando contra los autobuses.

Aproximadamente a las 22.30 la Policía Federal está presente en otro ataque contra los estudiantes en la carretera Iguala-Chilpancingo a la altura del Palacio de Justicia. Allí detienen un camión Estrella Roja en el que viajan normalistas que han logrado salir del centro de Iguala y van rumbo a Chilpancingo. Dicho autobús nunca sería reportado en los peritajes de la Procuraduría General de Justicia de Guerrero (PGJG). «Los policías federales los encañonan, les intentan disparar, les marcan el alto, ellos bajan, les avientan piedras, se enfrentan con los federales y ellos [los normalistas] corren por los cerros», señaló en entrevista el abogado Vidulfo Rosales, que logró reconstruir los hechos con los estudiantes supervivientes.

Unos metros más adelante de ese punto, los cerca de 20 estudiantes que viajan en el camión Estrella de Oro 1531 son sacados del autobús. Desde entonces nadie sabe su paradero, y forman parte de los 43 estudiantes desaparecidos. En el lugar sólo quedaron piedras y ropa ensangrentada. «El cuarto camión Estrella de Oro está rodeado de policías municipales; atrás, como respaldo, están los policías federales», afirmó Rosales en base a los hechos reconstruidos.

Meses después de la masacre, el comandante del 27.º Batallón de Infantería declaró a la PGR que estaba presente, supuestamente sólo observando, cuando supuestamente la Policía Municipal sacó a los estudiantes del camión Estrella de Oro 1531 cerca del Palacio de Justicia, pero omitió señalar que también estaba la Policía Federal.

De acuerdo con los documentos oficiales hay identificados al menos dos de los policías federales que operaron esa noche: Luis Antonio Dorantes Macías, comandante de la base de la Policía Federal en Iguala, y el suboficial Víctor Manuel Colmenares. Dorantes renunció a la PF días después de los eventos, y Colmenares fue trasladado a otra base de la PF.[3]

1200. EL ÚLTIMO ATAQUE

Los testigos de la calle Juan N. Álvarez ven que los estudiantes permanecen tirados en el suelo durante más de media hora. En el video que uno de los vecinos graba aparecen las patrullas hasta las 11.11 de la noche, después la calle se queda vacía: policías estatales, municipales y personas vestidas de civil se van. Los estudiantes del tercer camión se esfuman con ellos, pero nadie ve con claridad en qué vehículos los sacan de la calle.

Minutos después llega un vehículo Chevy y una camioneta Urban blanca con estudiantes a bordo. Son los normalistas que recibieron las llamadas telefónicas de auxilio, pero han llegado demasiado tarde. Los supervivientes del primer y el segundo camión se reúnen con ellos y les cuentan lo que ha sucedido, los periodistas llegan poco a poco mientras dentro de sus posibilidades los estudiantes intentan preservar la escena del crimen y van juntando los casquillos de las armas disparadas.

Aunque a unos cuantos metros del lugar está el 27.º Batallón de Infantería, la base de la Policía Federal y la Base de Operaciones Mixtas de la Procuraduría General de la República, ninguna autoridad, ninguna, llega a protegerlos. Al contrario.

Aún en estado de shock los *ayotzinapos*, como los llama la gente, improvisan una rueda de prensa. Un periodista que se encuentra por allí cubriendo la historia identifica entre los otros periodistas a una persona que trabajaba para el Centro de Investigación y Seguridad Nacional (CISEN) del gobierno federal y también ve a gente del ejército infiltrados vestidos de civil. No tiene dudas de quiénes son porque los conoce bien en otro contexto.

Documentos del CISEN obtenidos después del ataque confirman que por los antecedentes de vínculos con guerrillas la Escuela Normal de Ayotzinapa es monitoreada de manera permanente. A 400 metros del Palacio de Justicia, donde desapareció el otro grupo de estudiantes hay una casa que sirve como base del CISEN en Iguala.

Los estudiantes están denunciando lo ocurrido a los periodistas en la esquina de Juan N. Álvarez y Periférico cuando sus palabras son interrumpidas por una lluvia de plomo. Un grupo armado vestido de color oscuro desciende de vehículos civiles. Primero disparan al aire y luego un fuego directo contra la concentración humana. Hay una estampida, las balas pasan silvando por todas partes. Periodistas y estudiantes son blanco por igual. El comando armado avanza hacia los que huyen. No se contentan con dispersar a la multitud, sino que van tras ellos en franca cacería y se meten por las calles aledañas. En ese instante dos estudiantes quedan tendidos en el asfalto aún con un último aliento de vida. Son Julio César Ramírez y Daniel Solís, quien gritó «¡Ayuda!» mientras el disparo le entraba por la espalda. Los demás estudiantes se dispersan corriendo. En la huida un estudiante heroicamente salva la vida de una reportera echándosele encima para que no le den las balas.

12.50. «¡Por favor, ayúdennos!, ¡nos están matando!»

«¡Ayuda, nos están matando, ayuda!», gritan los estudiantes mientras corren despavoridos por Juan N. Álvarez en dirección contraria al Periférico. Los persiguen los sonidos de las metrallas, secos, constantes, inmisericordes.

Nadie les abre la puerta, la vecina que mira por la ventana tampoco tiene el valor, sus ojos están llenos de terror y su corazón de culpa. No puede hacer más, en su casa están sus nietos y teme que si abre la puerta quienes asesinan a los estudiantes también la maten a ella y a su familia.

En la desolada noche comienza a llover. Algunos estudiantes están heridos. Entre ellos se encuentra Omar García, líder del Comité de Orientación Política e Ideológica que se desplazó desde Ayotzinapa para salvar a sus amigos y cayó en la misma trampa. Junto con otros compañeros va cargando el cuerpo de Edgar Vargas, que está herido en la boca y se desangra. Desde su ventana unos vecinos les gritan que un poco más adelante se encuentra el hospital Cristina, y entran allí. Otros tocan desesperados las puertas de las casas aledañas y unos más saltan las bardas para salvar sus vidas.

Testigos en las calles paralelas que oyen la balacera ven circular una Suburban oscura como con una burbuja de vidrio en el techo; de ella bajan hombres de tipo militar vestidos de civil, y también cazan normalistas. La desaparición de algunos de los 43 estudiantes ocurrió en esos momentos. La persecución se lleva a cabo sin que ninguna autoridad lo impida.

Un grupo de ocho estudiantes se agazapa y esconde entre los coches de una calle perpendicular a Juan N. Álvarez y a lo lejos ven a su compañero Julio César Mondragón, el mismo que había estado grabando el ataque con su teléfono móvil. En ese momento por fin se abre la puerta de una casa y los dejan entrar; le hacen señas a Julio César para que vaya con ellos, pero no los ve y sigue corriendo.

A esa misma hora del último ataque el escuadrón del capitán José Martínez Crespo circula por Iguala y pasa por la calle Juan N. Álvarez. De lejos un reportero ve claramente que él y sus hombres se bajan de la unidad militar y patean los cuerpos de Daniel Solís y Julio César Ramírez; según las necropsias, al menos uno de ellos seguía vivo pero no los auxiliaron.

Con actitud criminal continúan su camino hacia el hospital Cristina, donde están Omar García y su compañero herido. Tocan a la puerta y entran cortando cartucho. El pelotón registra todo el hospital y concentra a los normalistas, incluido el joven herido, en la sala de espera. Les toman fotografías y los registran para comprobar si tienen armas. «Tengan huevos para enfrentar las cosas así como los tienen para armar sus desmadres», dice uno de los militares en tono amenazante. Omar piensa para sus adentros: «Ahorita el ejército va a hacer con nosotros lo que quiera. No vamos a tener chance ni de oponernos». «Denme sus nombres reales, no quiero que me den nombres falsos porque si me dan un nombre falso, nunca los van a encontrar», les advierte el capitán Martínez Crespo. Omar y sus compañeros no sabían hasta ese momento que 43 de los normalistas ya habían desaparecido.

Los estudiantes suplican atención médica para su compañero porque en el hospital no quieren dársela, los militares les dicen que llamarán a la Policía Municipal para que vengan por ellos y salen del hospital para regresar a la esquina donde están los cuerpos abandonados. Sólo a las 2.40 un cabo del pelotón llama a la Fiscalía General de Guerrero para denunciar el hallazgo de los cuerpos ya sin vida.

Tras la trágica noche, al despuntar el sol los normalistas caen en la cuenta de que varios de sus compañeros han desaparecido y presentan la denuncia formal ante el gobierno de Guerrero, cuya policía ha participado en la desaparición.

Son más de las nueve de la mañana del 27 de septiembre cuando el teniente de infantería Jorge Ortiz Canales reporta al ministerio público el hallazgo de un cuerpo masculino con playera roja tipo polo, pantalón de mezclilla negro y tenis blancos con negro y gris, abandonado en la calle Industria Petrolera, donde se encuentran las instalaciones del C4 de Iguala desde donde todos los niveles de gobierno, estatal y municipal, monitorearon a los normalistas. Se trata de Julio César Mondragón, que presenta claros signos de tortura y, como muestra de la brutalidad de las horas de exterminio, tiene fracturado el cráneo y su rostro está desollado.

En la masacre de Iguala fueron asesinados 3 estudiantes y 3 civiles. Al menos 29 personas resultaron heridas por arma de fuego, entre ellos al menos 10 estudiantes. Y 43 normalistas desaparecieron. Durante las negras horas de cacería, miedo y desolación en Iguala, mientras elementos del Estado mexicano atacaban, mataban y desaparecían a los normalistas, hubo 8 familias que esa noche abrieron las puertas de sus casas a los normalistas y lograron salvar la vida de al menos 60 estudiantes; gracias a eso pudieron contar lo que pasó esa noche en Iguala, Guerrero, México.

Notas

1. La autora tiene en su poder las declaraciones ministeriales de estudiantes que señalan la presencia de la Policía Federal en ese lugar, así como un testimonio videograbado del testigo que vio a la Policía Federal bloqueando la calle.

2. *Ibid.*

3. En marzo de 2016 la Comisión Nacional de los Derechos Humanos (CNDH) consideró que hay pruebas suficientes para ordenar el arresto de al menos dos policías federales que participaron en los ataques y la desaparición de los normalistas, y envió un escrito solicitando a la PGR girar orden de aprehensión contra dichos policías. La autora tiene una copia de dicho documento.

Yo soy culpable*

DIEGO ENRIQUE OSORNO

El viernes 5 de junio de 2009, Roberto Zavala Trujillo y su esposa Martha Dolores Lemas Campuzano dudaban sobre la conveniencia de practicarle la circuncisión a su hijo. En Sonora lo más común es circuncidar a los niños por motivos de higiene y prevención de enfermedades. Sin embargo, Roberto no estaba del todo convencido y había pedido permiso en su trabajo para salir un momento a acompañar a su esposa a una plática que les daría sobre el tema un médico del Instituto Mexicano del Seguro Social (IMSS). Roberto había entrado a trabajar a las seis de la mañana. A las ocho se desprendió de la careta, el chaleco, los guantes y los lentes del equipo de seguridad necesarios para trabajar en el área de mantenimiento de PGG Industries, entre tanques gigantes de ácido sulfúrico y calderas que hervían y emanaban vapor.

Cuando el sol todavía no calentaba en Hermosillo, a las nueve en punto, Roberto estacionó su coche Chevy fuera de la casa. Su esposa y su hijo acababan de levantarse. La idea era dejar en ese momento a Santiago —que ese día cumplía dos años, un mes y diez días— en la ABC, una guardería situada cerca de la casa donde estaba inscrito hacía más de un año. Pero al llegar Roberto se enteró de que ya habían servido el desayuno. Decidió llevarse a Santiago a que comiera algo con él, mientras su esposa entraba en la consulta del médico. El doctor le explicaba a Martha los pros y los contras de la circuncisión del bebé, mientras Roberto y Santiago bebían jugo de naranja y comían

---

* Publicado en la revista *Gatopardo*, México, junio de 2010. (*N. del E.*)

pingüinos y gansitos en el coche. Al terminar la charla, los tres regresaron a casa. Roberto tenía que volver a su empleo y Martha debía entrar al suyo en un Call Center, donde trabajaba haciendo llamadas. Cerca del mediodía salieron y pasaron por la Guardería ABC. Roberto bajó y entregó en la puerta principal a su hijo, se despidió de él, y luego volvió al coche para llevar a su esposa al trabajo.

Aunque su hora de salida era a las dos de la tarde, Roberto decidió quedarse más tiempo para estar en una de las juntas de reflexión que se hacían frecuentemente, con el fin de mejorar la productividad y el buen ambiente laboral. Poco antes de las tres de la tarde Roberto salió apresurado de la planta. Mientras se dirigía hacia su coche distinguió en el cielo soleado de la ciudad una torre de humo.

—Mira, fíjate allá. ¿Qué se estará quemando? —le preguntó a un compañero.

Dentro del coche, Roberto tuvo un presentimiento extraño y cambió su rutina. La ropa con la que salía del trabajo solía estar impregnada de olores y sustancias químicas, por lo que primero iba a su casa, se duchaba y cambiaba y luego iba a buscar a su hijo a la guardería ABC. Sin embargo, esa tarde decidió ir directo a la estancia infantil. Conforme se acercaba en el Chevy a la guardería se daba cuenta de que la torre de humo salía precisamente de allí, una zona ubicada al poniente de la ciudad. Cuando estaba a dos kilómetros de distancia, se topó con el sonido del tráfico colapsado y las calles de acceso bloqueadas por patrullas con las torretas encendidas. Desconcertado, decidió saltarse el camellón e ir en sentido contrario por una avenida que también daba a la guardería. Al llegar estacionó el Chevy cerca de una fábrica de llantas vecina. Lo primero que vio fue que el humo salía de un almacén del gobierno de Sonora que compartía paredes con la guardería. Eso lo alivió. Supuso que el incendio estaba ocurriendo ahí, y que los niños estarían resguardados en alguna casa vecina.

Pero al dar vuelta para llegar a la entrada principal de la guardería se topó con una escena de caos. Una vieja camioneta estaba ensartada en la pared, con su conductor desmayado sobre el volante, rodeado por una nube de humo que salía del hoyo que el vehículo había hecho en la construcción para improvisar una salida de emergencia, porque la verdadera nunca había funcionado. Roberto corrió hacia la escena del caos y agarró de los hombros a una de las maestras que estaba gritando cosas poco entendibles con la vista al cielo.

—¿Dónde está Santiago, Santiago Zavala? —la increpó.

—Allí hay unos niños, en aquella casa —respondió señalando una vivienda a 100 metros de distancia en la cual había cerca de 20 niños tirados en el suelo, llorando desesperadamente mientras eran consolados por educadoras y desconocidos. Roberto corrió hacia allí, miró con detenimiento pero no encontró a su hijo entre el grupo de pequeños rescatados.

—¿Y dónde está Santiago? —preguntó a la siguiente maestra con la que se topó.

—No sé, no sé qué pasó.

Sin pensarlo más, Roberto entró a la guardería en la que aún había zonas incendiándose. Caminó entre el humo buscando la sala en la cual había dejado horas antes a su hijo, pero no consiguió ver nada. Tras cinco minutos de desvarío, salió. Se topó con la maestra que había visto al llegar. Ella estaba cada vez más desesperada.

—Oye, tranquila ¿en qué clase está Santiago Zavala?

—En la B-1

—¿Dónde está la B-1?

—Allí, junto al baño al fondo.

Roberto entró de nuevo y se metió en la que hasta esa mañana había sido la clase B-1. El humo se hacía más denso conforme se acercaba al sitio indicado. Cuando llegó a la clase, Roberto tuvo que empezar a caminar de cuclillas, tocando con las manos el suelo con la esperanza de toparse con su hijo en medio del ambiente sofocante. Al poco tiempo el humo lo asfixió. Salió de la guardería, se quitó la camisa que llevaba y la mojó con agua de un garrafón que un vecino había llevado para las labores de auxilio. Se amarró la camisa humedecida a la boca y entró de nuevo. A esas alturas ya había más personas que también buscaban niños en la penumbra. El equipo de rescatistas, conformado lo mismo por bomberos que por cholos del barrio, se topó con un plafón, mochilas y colchonetas, pero no encontró a ningún niño. En otro de los cuartos de la guardería una voz avisó que estaban sacando a los niños que faltaban de la última clase.

Al salir, Roberto vio con desesperación a un par policías estatales en posición de guardia, con ametralladoras en la mano.

—¿Qué pasó aquí? —les preguntó.

—No lo sé.

—Entonces, ¿por qué llevas esa arma?

—No, no sé qué pasó.

Sobre la banqueta de enfrente de la guardería había varios niños tendidos. Un grupo de socorristas con los cuerpos sudorosos trataban de reanimarlos mediante la respiración boca a boca. Roberto se acercó con esperanza y temor para ver si entre ellos estaba Santiago. Ninguno era su hijo. Un policía le puso la mano en el hombro y le dijo que fuera al Centro Internacional de Medicina (CIMA), un hospital privado de las cercanías adonde habían llevado a la mayoría de los niños heridos. Roberto se subió de nuevo a su Chevy y comenzaron los pitidos, los acelerones, las mentadas de madre de ventanilla a ventanilla de un vehículo a otro y los atajos por colonias perdidas. Pero antes pasó a buscar a su esposa; sin embargo, ella no estaba en el trabajo. Martha se había enterado de lo sucedido y había ido en busca de Santiago.

Roberto fue uno de los primeros padres en llegar al área de urgencias del hospital CIMA. El recepcionista aún no se daba cuenta de la gran tragedia que estaba ocurriendo en la ciudad y actuaba con el desdén que suelen actuar los fastidiados empleados de hospital.

—¡Eh, eh, reacciona! Estoy buscando a un niño, a Santiago de Jesús Zavala, de la guardería ABC —gritó Roberto.

—Ah, sí, mire, pase por allí.

Otro empleado de la clínica le confirmó que las salas de terapia intensiva estaban atiborradas de niños de la guardería con intoxicaciones y quemaduras en su cuerpo. Por el momento no podía dar más detalles. Al poco tiempo llegó Martha y otros padres.

El director del hospital se acercó a ellos y les dijo en tono pausado que habían fallecido algunos pequeños y que otros se encontraban muy graves.

A las cinco de la tarde, Roberto decidió ir a buscar a su hijo en otros hospitales. Fue al del Desarrollo Integral de la Familia (DIF), en donde a las siete de la tarde le permitieron entrar a ver a un bebé que había allí y que aún no había sido identificado. Roberto entró y vio a un pequeño envuelto en un montón de vendas que apenas dejaban ver el rostro. Preguntó el tipo de sangre y el doctor le dijo que era A positivo, lo cual descartaba que fuera Santiago, cuya sangre era O negativo. En las siguientes horas, Roberto recorrió sin suerte todos los hospitales de la ciudad. El último que le faltaba por visitar era el del Instituto de Seguridad y Servicios Sociales de los Trabajadores (ISSSTE), donde acababan de notificar que había otro niño superviviente que hasta el momento no había sido identificado por sus familiares. Al llegar a la recepción, Roberto vio colgada una camisetita que le recordó una de las que solía ponerle a Santiago. Para agilizar el reconocimiento de los pequeños pacientes, en las entradas de los hospitales del Hermosillo, el 5 de junio se colocaron tendederos de ropa infantil con los cuales se tenía la intención de que los padres ubicaran más fácilmente a sus hijos. Tras toparse con la camisetita, Roberto albergó la esperanza de que su hijo estuviera allí. Ésa era la última oportunidad que tenía de encontrarlo con vida.

Una vez que la enfermera lo condujo a la sala de terapia intensiva se paró delante de una cuna. Había un bebé con la piel enrojecida y un tosco aparato de respiración asistida en su diminuto rostro. Lo vio durante un minuto con los ojos ya cansados y luego dijo:

—Sí, él es mi hijo.

Su hermana Jessica entró después para mirar también al bebé.

—¿Estás seguro de que es él, Roberto?

—Sí, Jessica. Míralo bien. Es él, pero está quemado.

Luego entró Martha.

—No es —dijo contundentemente la esposa de Roberto.

—Sí es, Martha.

Las dudas de la pareja acabaron cuando supieron el tipo de sangre del bebé.

El servicio médico forense era el siguiente lugar al que debían ir. En la entrada de la morgue, un empleado con rostro serio les mostró varias fotografías de los niños que estaban ahí. En una de ellas aparecía su hijo Santiago. Tras darles el pésame, el empleado forense los llevó a una oficina del sitio en donde estaban el procurador de justicia de Sonora, Abel Murrieta, y el arzobispo de Hermosillo, José Ulises Macías. El prelado le tomó la mano a Martha y empezó a hablarle de resignación. Roberto había pasado de la tristeza a la furia.

—No diga nada —le pidió.

—Es que, hijo...

—No, no diga nada, quédese callado. ¡Cállese!

—Pero, hijo, comprende que...

—¿No entiende lo que es quedarse callado?

El arzobispo se calló por completo.

—¿Cuántos niños han muerto? —preguntó Roberto volviéndose hacia el procurador.

—No se lo puedo decir. Es una información confidencial.

—¿Cómo chingados va a ser confidencial?

Después de unos minutos, ante la insistencia de Roberto, el funcionario estatal le dijo que habían muerto 12 niños.

Era medianoche y, en realidad, la cantidad de fallecidos era mucho mayor de las que se reconocían públicamente. En medio de la confusión, las autoridades trataban de controlar el impacto que el incendio tendría en el cambio de gobierno estatal, previsto para un mes después. Esa noche, Roberto y Martha no regresaron a su casa. Estaban destrozados y la mamá de Roberto los convenció de que durmieran en la de ella.

Al día siguiente por la tarde, mientras el cuerpo de su hijo era llevado a una funeraria local, donde sería velado y después trasladado a un nicho de la iglesia de Fátima, Roberto decidió ir a su casa con el pretexto de acarrear algo de ropa. Al llegar al número 30 de la calle Moctezuma, en la Colonia Perisur, Roberto se quebró. Bajó del coche, abrió la cerradura del barandal y dudó seguir en dirección a la puerta principal. Cuando estuvo frente a la puerta se armó de valor y entró. Durante unos instantes vio algunas cosas de Santiago: un triciclo marca Apache, un camioncito amarillo de la construcción Tonka, ropa de Batman, una sillita para comer, fotos colgadas en la pared, juguetes de la película *Cars* y una playerita de las Chivas del Guadalajara. La sensación de soledad era abrumadora.

Al poco rato Roberto estalló. Comenzó a patear objetos y a dar puñetazos en las paredes. Apretaba sombras con la mano. El nacimiento de Santiago había significado un cambio radical en su vida y su muerte anunciaba otro. Tiempo después, Roberto se asustaría de la cantidad de locuras que pasaron por su cabeza aquel sábado 6 de junio mientras contemplaba la cuna donde su hijo dormía antes de morir en una de las mayores tragedias ocurridas en la historia reciente de México.

El lunes 8 de junio a las nueve de la mañana Roberto Zavala se dirigió a la imponente oficina del procurador Abel Murrieta lo recibió inmediatamente. Algunos funcionarios tenían la orden del gobernador de Sonora, Eduardo Bours, de atender a las familias de los 49 niños muertos para tratar de aminorar el impacto inevitable de la tragedia hacia su administración, responsable del almacén donde había comenzado el incendio. Roberto volvió a preguntarle quién era el culpable del incendio. El funcionario le respondió que no lo sabía, pero le pidió que confiara en él y en que se harían bien las cosas.

—¿Cómo chingados crees que podemos tener confianza en ti. ¿Cómo? ¡Dímelo! —respondió Roberto, tempestuoso.

El funcionario le aseguró que en las horas siguiente llegarían tres peritos independientes para que el esclarecimiento del incendio se hiciera de forma transparente. Roberto regresó a la casa de su madre y se encerró allí con su esposa.

El miércoles 10 de junio, un pequeño grupo de auténticos dirigentes sociales, así como operadores tanto del Partido Revolucionario Institucional (PRI) como del Partido Acción Nacional (PAN) que respectivamente pretendían manejar la tragedia con fines electorales, convocaron a una marcha de protesta. Más de una veintena de padres y familiares respondieron a la convocatoria. Roberto y Martha no. Todavía no podían salir a la calle.

Pero la conferencia de prensa que posteriormente dio el procurador Murrieta provocó el enojo de Roberto y lo convenció de que debía hacer algo. Murrieta anunció ante reporteros locales, nacionales e internacionales que habían llegado para cubrir el suceso que, según la investigación de los peritos independientes, el responsable del incendio era un cooler, como se llama en Sonora a los aparatos de aire lavado, un sistema para enfriar el aire. Además, el gobernador Bours Castelo, un político de aires napoleónicos, había tenido que reconocer, en una entrevista con Carmen Aristegui, que Marcia Matilde Altagracia Gómez del Campo Tonella, una de las socias de la guardería subrogada del IMSS, era prima de él y de Margarita Zavala, la esposa del presidente Felipe Calderón. También aceptó que dos funcionarios de alto nivel de su administración eran accionistas de la estancia infantil siniestrada, junto con sus respectivas esposas. Más tarde, investigaciones de los diarios *Milenio* y *El Universal* demostraron que la guardería subrogada por el IMSS operaba pese a no cumplir con las medidas de seguridad básicas, e incluso que se le había otorgado la renovación del contrato a los dueños al inicio de la administración del presidente Calderón, mediante un oficio firmado el 29 de diciembre de 2006 por el entonces director del Seguro Social, Juan Molinar Horcasitas.

—Que su puta madre. Ahora sí, vamos a la marcha —le dijo Roberto a Martha una noche después de ver en la televisión las noticias sobre la tragedia.

El segundo acto de protesta por el siniestro de la guardería ABC fue el sábado 13 de junio. Cerca de 10 000 personas caminaron desde las trastocadas instalaciones de la estancia infantil hasta las puertas del palacio de Gobierno de Sonora.

Mientras marchaba en silencio por las calles de Hermosillo con una fotografía de su hijo en las manos y los hombros heridos, Roberto no cesaba de pensar sobre quién era el culpable de lo que había ocurrido en la guardería. En los medios de comunicación se habían dado a conocer evidencias de negligencia por parte de los influyentes dueños de la guardería, del IMSS, del gobierno estatal que rentaba el almacén aledaño donde se originó el incendio y de protección civil municipal, que había otorgado el aval para que la guardería siguiera operando pese a tener una lona inflamable que disimulaba el techo de lámina y no contar con una salida de emergencia adecuada. «Todos somos culpables de esta pinche tragedia», se dijo Roberto.

Al llegar a la plaza Zaragoza, algunos padres empezaron a lanzar sus reclamos. Martha exigió justicia por la muerte de Santiago y después le pasó el micrófono a Roberto, quien no tenía la intención de hablar en público pero encaró la situación. Roberto ni siquiera sabía cómo agarrar correctamente un micrófono. Una vez que acomodó el aparato comenzó a hablar en voz baja, usando cierto tono pedagógico.

—Entre el IMSS —arrancó—, los socios de la guardería y la persona que rentaba la bodega a Hacienda, ninguno ha aceptado su parte de culpa, pero hay un responsable que sí acepta la culpa y la lleva en las espaldas: ése soy yo.

—¡Tú no lo eres, los culpables son esos corruptos! —gritó contradiciéndolo alguien entre la muchedumbre.

—Sí, dicen que son esos corruptos... Pero yo soy el principal responsable, por ser una persona honrada que tiene un empleo, por tener que cumplir con un horario de trabajo, por tener la Seguridad Social que me dio la oportunidad y me dio la elección de que mi hijo entrara a esa guardería donde me dijeron que contaban con todas las medidas de seguridad. Yo tengo la culpa por confiar en ellos, yo tengo la culpa por pagar mis impuestos, yo tengo la culpa por ir a votar. ¡Yo soy el responsable de la muerte de mi hijo!

En ese momento la plaza Zaragoza estalló. Los gritos a favor y en contra de lo que decía Roberto se confundían. Roberto detenía un poco su reflexión hecha con voz tranquila y subía el tono. Empezaba a gritar, temblando de coraje.

—Señor gobernador, ¡aquí está uno de los responsables que está buscando! ¡Venga por mí! ¡Aquí lo estoy esperando! ¡Venga por mí! ¡Estoy harto! ¡Es demasiado que se estén burlando de todos nosotros! Que nos digan que todo está bien, cuando sabemos que México es una basura. Todo en las noticias: corrupción, narcotráfico. ¡Ellos se burlan de nosotros! ¡Yo soy culpable por dejarlos!

A principios de los ochenta, cuando Roberto cumplió cuatro años, su padre fue trasladado de Hermosillo a un destacamento de la Policía Federal de Caminos en Guadalajara, donde la familia Zavala Trujillo aumentó al nacer Jessica, la única hermana que tiene Roberto. Tres años después, el padre de Roberto fue comisionado a Ciudad Guzmán para que vigilara el camino de ésta a Guadalajara. En 1992, en medio de un ambiente de guerra por la disputa de los sicarios de los hermanos Arellano Félix con los de Joaquín «el Chapo» Guzmán, el padre de Roberto recibió un tiro en la espalda mientras se enfrentaba con un convoy del narco en la carretera. El padre de Roberto sobrevivió, pero perdió la movilidad en las piernas. Por su acción, fue ascendido de capitán a segundo comandante.

Semanas después, la familia Zavala Trujillo regresó a Hermosillo. Su padre empezó a hacer labores de oficina en la comandancia de la Policía Federal de Caminos, mientras que la madre de Roberto ocupó de nuevo el puesto de secretaria administrativa en la oficina donde había conocido a su esposo.

Los constantes cambios de residencia hacían que Roberto tuviera problemas para adaptarse en las escuelas, donde sus compañeros lo veían con extrañeza por ser el nuevo. Al volver a Hermosillo sus padres lo inscribieron en una escuela de Las Isabeles, un barrio bravo de la ciudad donde las peleas a golpes fueron diarias durante las primeras semanas. Después pasaría a la Escuela Técnica número 6, en la que la vida escolar resultaría menos convulsa.

Al salir de la secundaria ingresó en el Colegio de Bachilleres Norte, donde sólo estuvo hasta el cuarto semestre, cuando tuvo que darse de baja a causa de las malas calificaciones. Una vez que dejó los estudios inició su vida laboral trabajando en La Macedonia, una de las pizzerías más antiguas de Hermosillo, ubicada en la Colonia Las Granjas y famosa no sólo por sus pizzas sino también por sus raspados de hielo con jarabes dulces, tan necesarios como deliciosos en los calurosos veranos de la ciudad. En cuestión de horas aprendió a conducir una motocicleta y al día siguiente ya recorría en ella las calles, entregando pizzas y espaguetis. Aunque los accidentes viales eran comunes entre sus compañeros, él nunca tuvo ninguno.

De La Macedonia se fue a trabajar a una agencia de viajes como mensajero. Allí se dio cuenta de lo difícil que sería la vida realizando arduos trabajos a cambio de bajos salarios. Con el apoyo de sus padres, a los dieciocho años reanudó sus estudios de preparatoria, sólo que esta vez se inscribió en una escuela privada, la Preparatoria Regional del Noreste, donde tuvo que iniciar el curso desde el primer semestre. Uno de sus profesores notó que Roberto era un árbol torcido: tenía poca disciplina para estudiar y mucha rebeldía a la hora de las clases. Cierta mañana, el profesor abordó a Roberto.

—¿Qué es lo que buscas?

—Es que no estoy de acuerdo con cómo se hacen las cosas.

A esa edad, Roberto se consideraba una especie de anarquista, ya que siempre estaba en contra de las reglas. Su influencia anarquista, más que política o literaria, era musical. Escuchaba bandas españolas como Ska-P, Sin Dios y Reincidentes. Roberto entró en contacto con esos grupos poco difundidos en las estaciones comerciales del país mediante una emisora de Hermosillo: La Bemba, con la cual volvería a tener un vínculo especial años después. Tras escuchar las bandas anarquistas en la radio comunitaria, Roberto empezó a buscar más música de ese estilo en internet, a través de Youtube y en programas especiales de descarga de música.

El maestro le respondió a Roberto.

—Mira, entonces estás en contra del sistema, ¿verdad?

—Pues la verdad es que sí.

—Así que quieres cambiar las cosas, ¿no?

—Sí, me gustaría mucho, o sea, vivir en un país distinto.

—Pues métete en el sistema. Cuando estés dentro del sistema, cámbialo; si estás fuera del sistema nunca podrás hacer ningún cambio, sólo te quedarás gritando; si quieres hacer algo realmente, métete en el sistema, interactúa con él, y cuando tengas suficientes herramientas entonces empieza a cambiar las cosas de verdad.

Esa charla conmovió a Roberto. Siguió siendo rebelde, pero hacía los deberes y consiguió un trabajo de media jornada en Domino's Pizza, donde empezó como repartidor y meses después llegó a ser el encargado de una sucursal situada en la zona Satélite de Hermosillo. Por esos años Roberto llevaba el cabello cortado al rape, vestía ropa de colores oscuros, usaba zapatos de casquillo y de su cinturón colgaban candados y adornos de metal. Sin embargo, nunca le gustaron los *piercings*. La relación con su padre, un heroico policía federal, fue difícil por esos años, y una de las razones era precisamente el tipo de ropa que Roberto usaba. Su madre solía decirle: «Si te vistes como la gente normal, te compro un carro». Roberto no tuvo coche a esa edad. Su vestimenta era un código que proclamaba: «Soy un indomable».

La persona que sí pudo cambiarlo fue Martha, una vieja amiga de la escuela preparatoria con la cual se reencontró tiempo después. Se hicieron novios. A causa de su enamoramiento, Roberto empezó a usar de vez en cuando alguna que otra camisa de colores claros y dejó de llevar los zapatos de casquillo todos los días. Cuando estaba a punto de finalizar la preparatoria, Martha le dio la noticia de que estaba embarazada.

Roberto le pidió que se casaran. Los padres de él acababan de mudarse de casa y habían dejado la otra, adonde terminaron mudándose Roberto y Martha para esperar el nacimiento de su hijo. Roberto dejó después su trabajo en Domino's, donde ganaba sólo 1 700 pesos por quincena, pese a que ya era encargado de una sucursal. Por fortuna, consiguió un empleo mejor ganando el doble en Henkel, la empresa química que hacía jabones para la Ford. Roberto se encargaba de cambiar los filtros, limpiar los tanques y checar la presión de la línea de producción.

El 21 de octubre de 2005 nació su primer hijo en una clínica particular. Cuando vio lo grande que era el bebé, el médico bromeó: «De aquí se va directo al kínder». Unas horas más tarde, el bebé comenzó a tener fiebre y días después falleció a causa de un paro cardíaco. Roberto y Martha prefieren no hablar mucho de Daniel Guadalupe, el nombre que le habían puesto a su primer hijo.

Al año siguiente, en 2006, Henkel, la empresa donde trabajaba Roberto, perdió su contrato con la Ford y tuvo que cerrar su planta en Hermosillo. PPG Industries, la compañía a la cual la empresa automotriz había decidido darle ese año el nuevo contrato, empleó a Roberto. Unos días después, Martha le dijo que estaba embarazada de nuevo. Con el cheque de la liquidación de Henkel, Roberto le compró un seguro de gastos médicos mayores a su esposa y pagó el nacimiento de su hijo en la clínica Licona, donde un ginecólogo hacía revisiones mensuales a su esposa y constantemente le realizaban pruebas médicas y ultrasonidos de cuarta dimensión para ver cómo crecía su hijo en el vientre materno. «Este lo vamos a esperar como si fuera niño rico», le anunció Roberto a su esposa.

El 26 de abril de 2007 nació sin complicaciones Santiago de Jesús Zavala Lemas. Tras una noche en la clínica, Martha y el niño llegaron a la casa de la Colonia Perisur, donde la pareja había colocado una cuna junto a su cama y pintado las paredes de la habitación con colores vivos. Pusieron juguetes, pañales y ropita en unas repisas especiales que permitían tenerlo todo a mano. El nacimiento de Santiago hizo que Roberto decidiera estudiar en la Universidad de Sonora por las tardes, para tener en el futuro una situación económica mejor que ofrecerle a su hijo. Después de los primeros cinco meses en los que Santiago se despertaba constantemente por la madrugada, Roberto inició las clases. Los días de Roberto comenzaban a las cinco de la mañana, cuando abría los ojos para prepararse e irse al trabajo. Al terminar la jornada laboral, a las dos de la tarde, se iba directo la escuela. Acababa poco antes de que cayera la noche, cuando se reencontraba con su esposa y su hijo en casa.

Pero al poco tiempo surgieron complicaciones en las finanzas familiares. La casa en la que vivían los Zavala Trujillo era propiedad de los padres de Roberto. Ellos pagaban al banco una mensualidad, que de repente ya no pudieron seguir cubriendo a causa de una enfermedad que dejó incapacitado durante nueve meses al padre de Roberto, que entonces era comandante de la Policía Federal en Nayarit. Roberto acudió al banco en nombre de sus padres e hizo las gestiones necesarias para cubrir la deuda de la casa con su crédito laboral del Infonavit. Al final, el banco aceptó y, cuando empezaron a descontarle una parte del salario para pagar la deuda, Roberto decidió suspender sus estudios. Para mejorar la situación económica del hogar, Martha empezó a trabajar en un Call Center. Durante esos días comenzaron a buscar un lugar seguro donde dejar a Santiago mientras ambos trabajaban. Primero, una hermana de Martha cuidaba del pequeño Santiago. Luego una amiga le recomendó a Martha que inscribiera a Santiago en la ABC, que se encontraba cerca de la casa. Al principio, Roberto dudó, pero después aceptó. Le tranquilizaba saber que la guardería infantil tenía muchas recomendaciones y que además el pequeño no iría muchas horas, ya que Martha trabajaba solamente los fines de semana, por lo que de lunes a jueves el niño no tendría que ir necesariamente a la guardería. Para que no perdiera su plaza a causa de la inasistencia, Roberto llevaba a Santiago tres horas a la guardería, tres días a la semana. El viernes era el único día en que Santiago pasaba el día completo en la estancia infantil, donde había otros 200 niños inscritos.

Por la tarde, al salir del trabajo, Roberto recogía a Santiago y como Martha no estaba en casa, solían pasar la tarde juntos. Si se quedaban en casa, Roberto le ponía canciones como «Basket Case», del grupo Green Day, o alguna otra de The Offspring. En el menú de actividades posibles estaba también ver el canal Discovery Kids. Cuando salían, su lugar favorito era el zoológico de la ciudad. La primera vez que fueron, ni los leones ni los monos ni las jirafas cautivaron tanto a Santiago como los cuervos. En cuanto llegaron a la jaula en la que estaban, Santiago empezó agitarse y a señalarlos para que su padre mirara las aves con la misma emoción que él. Esa noche Roberto le dijo a su esposa que quizá Santiago fuera en realidad el pequeño Demian, amigo de los cuervos.

El nacimiento de Santiago había cambiado radicalmente a Roberto, que antes de que su hijo naciera solía agarrarse a golpes por cualquier pretexto. Santiago despertó en Roberto un sentido de la protección desconocido. Roberto evitaba ahora meterse en problemas, las habituales discusiones en medio del tráfico, e incluso empezó a leer con sumo detalle las indicaciones de seguridad de los productos que solía manipular en su puesto de trabajo en PPG Industries.

Después de aquella marcha en la que Roberto se culpabilizó a sí mismo, los padres comenzaron a hablar de la necesidad de organizarse para impedir que la muerte de sus hijos permaneciera impune. Emiliana de Zubeldía, una plaza pública que huele a *hot-dogs* y está frente a la zona universitaria, se convirtió en el sitio donde los familiares de los niños fallecidos y espontáneos ciudadanos construyeron un altar en honor de las pequeñas víctimas. Tras varios días de discusiones, en las cuales llegaron a participar hasta 40 parejas de padres, se creó el Movimiento Ciudadano por la Justicia 5 de junio. No todos los padres se incorporaron a él. Cuatro parejas decidieron tratar de olvidarse por completo de lo sucedido y encomendaron a Dios el destino de las investigaciones y la impartición de justicia. Otros pocos prefirieron establecer una negociación económica con las autoridades a cambio de no protestar.

El día 5 de cada mes, los padres del movimiento emprenden algún tipo de acción de protesta. Lo mismo marchas que mítines, o bien juicios ciudadanos en contra de los dueños de la guardería o de los funcionarios involucrados. Normalmente, sus manifestaciones tienen un aire como de peregrinación espiritual. Son silenciosas y al frente van madres y familiares con las carriolas vacías de sus hijos fallecidos, para dar pie después a un contingente de familiares que llevan fotos de los niños de la guardería como si portaran jirones de luz en las manos. Se usan tambores que marcan el ritmo de la marcha de una multitud bañada en sudor, y en ocasiones se oye a través de un celular la voz grabada de alguno de los bebés de la guardería. Canciones de cuna como «Pin Pon es un muñeco» son entonadas de repente como un canto de protesta.

Al igual que otros padres, Roberto Zavala ve la situación del país de manera distinta tras la muerte de su hijo. Antes, cuando Roberto veía en las noticias que había una protesta en Oaxaca o en el Distrito Federal, le decía a su esposa: «Ay, pinche gente. ¡Cuánto alboroto! Así estamos en México, así no se puede arreglar nada, siempre estaremos igual de jodidos». Nunca imaginó que pronunciaría un discurso de protesta ante unas 20 000 personas. Después de la muerte de Santiago ya no tiene sentido del ridículo ni siente temor de sufrir represalias. Tras varios meses de compañerismo y lucha al lado de los otros padres del Movimiento por la Justicia, empezó a tener nuevos sueños y algo de esperanza. Uno de ellos es que cuando consigan que vayan a la cárcel los responsables de la muerte de todos esos pequeños y se modifique el sistema actual de guarderías nacionales, el Movimiento Ciudadano por la Justicia siga ayudando a otras personas cuyos derechos también hayan sido atropellados. Roberto anhela que dentro de 50 años aún exista el Movimiento Ciudadano por la Justicia 5 de junio, con gente completamente nueva, jóvenes que aún no habían nacido cuando ocurrió la tragedia de la guardería ABC.

La tarde de un sábado de marzo de 2010, Roberto miraba a Diego, el hijo de su hermana Jessica, mientras éste jugueteaba con la hija de Julio César Márquez y otros niños en el patio de la preparatoria Paulo Freire, donde se celebraba un *baby shower*, al cual asistían la mayoría de los padres que conforman el Movimiento por la Justicia.

Eran padres satisfechos. Nueve meses después, sus acciones habían logrado ya que la Suprema Corte de Justicia de la Nación (SCJN) encargara investigar el caso a un grupo de magistrados, quienes en su informe preliminar concluían que se habían cometido violaciones graves a las garantías individuales por parte de los más altos funcionarios del IMSS, y de los gobiernos estatal y municipal, así como la ilegalidad del esquema de subrogación mediante el cual operaba la ABC y otras 1 400 guarderías infantiles del Seguro Social.

Roberto estaba recargado en una pequeña fuente mientras miraba con detenimiento a su sobrino Diego, quien pese a ser el más pequeño de edad y estatura del grupo de niños, era el que los lideraba. Roberto veía a Diego y recordaba, con esa fugitiva tristeza que va y viene, cómo a veces el pequeño hijo de su hermana menor llegaba y desordenaba los juguetes que su hijo Santiago trataba de acomodar en el suelo cuando jugaban juntos. Pese a las buenas noticias que aparecían en su vida, era inevitable que Roberto tuviera esos altibajos. Era un esfuerzo permanente por intentar salir adelante. A esas alturas, el grupo de padres en lucha había conseguido, además del informe preliminar de la Suprema Corte de Justicia a su favor, el apoyo de miles de personas en todo el país. Actos de respaldo a su causa se habían celebrado lo mismo en el Distrito Federal, que en Monterrey, Guanajuato, Villahermosa, Guadalajara y Tijuana. Comunicadores respetados a nivel nacional como Katia D'Artigues, León Krauze, Ricardo Rocha, Olivia Zerón y Epigmenio Ibarra, entre otros, hacían un seguimiento puntual a sus acciones. El reconocido activista Daniel Gershenson, impulsor de la incorporación de las acciones colectivas a las leyes nacionales, se había convertido en un activo integrante del Movimiento, participando en actos públicos y a través de Twitter, donde convocó con éxito diversas acciones de apoyo a los padres. En Sonora, Mari G. Escalante, propietaria de la preparatoria donde se celebraba el *baby shower*, era una de las personas que se habían adherido con más pasión al movimiento de los padres, al igual que Claudia Díaz Symonds, el profesor Rubén Duarte, la periodista Silvia Núñez y el abogado Lorenzo Ramos.

Y lo más importante, Roberto estaba viviendo en el aspecto personal un momento de gran ilusión. La fiesta que se celebraba en la preparatoria Paulo Freire era en honor de su esposa Martha, que estaba a punto de dar a luz al tercer bebé del matrimonio, una niña que nacería unos días después, el 29 de marzo, en el hospital San José y a quien llamarían Ana Victoria Zavala Lemas. Roberto estaba contento, pero tenía una cicatriz en su interior. Pensaba en una fecha próxima: el 26 de abril de 2010, cuando su pequeño Santiago habría cumplido tres años de edad. Para esa fecha, junto con su esposa Martha, Roberto pensaba realizarle un homenaje especial a Santiago. Consistiría en colocar una foto gigante de su hijo en un anuncio panorámico del transitado bulevar Rodríguez, cerca de unas oficinas del IMSS y a unos metros del despacho privado del ex gobernador Eduardo Bours. Junto a la enorme foto, Roberto y Martha pedirían que se colocara el siguiente mensaje: «La corrupción no me dejó cumplir tres años este 26 de abril. Santiago de Jesús Zavala Lemas. 26 de abril de 2007-5 de junio de 2009. ¡JUSTICIA!».

El 30 de abril de 2010, en medio de las celebraciones del día del Niño, el entonces presidente Felipe Calderón Hinojosa recibió a los padres que perdieron a sus hijos en el incendio de la guardería ABC pero que no formaban parte del Movimiento Ciudadano por la Justicia 5 de junio. Al término de la cita no se hizo un anuncio de compromiso para impartir justicia en un caso en el que hay 49 niños muertos y ningún funcionario o particular en la cárcel. Lo único que hubo fue una fotografía del mandatario con los familiares de los niños.

Roberto estaba ese día en la Ciudad de México junto con otros padres que habían sido citados un día antes por Arturo Zaldívar Lelo de Larrea, el ministro de la SCJN que llevaba el caso que sería valorado por el pleno del máximo tribunal de justicia del país el verano de 2010. Tras confirmar la noticia, Abraham Fraijo, el papá de Emilia, escribió en su cuenta de Twitter: «Qué pena por las familias que se prestan a ser objeto de burla por parte del presidente»; mientras tanto, Julio César Márquez, padre del pequeño Yeyé, escribió: «Jamás vuelvo a llamarlo presidente. ¿No le da vergüenza? Ha acabado usted con la poca fe de muchos mexicanos escudándose en su cobardía».

Roberto no tiene cuenta de Twitter, pero el comentario que pensó sobre el presidente Calderón no era más suave que el de sus compañeros.

El 6 de mayo de 2010, un día después del más reciente acto de protesta del movimiento en la plaza Zaragoza de Hermosillo —un juicio ciudadano contra los funcionarios responsables del siniestro—, Roberto fue al hotel Kino para reunirse con el fotógrafo Rodrigo Vázquez, con quien había acordado encontrarse para que éste le hiciera un retrato. Cuando llegó, el fotógrafo de la Ciudad de México estaba viendo en su ordenador unas imágenes que había captado horas antes en el almacén de la Secretaría de Finanzas del Gobierno de Sonora donde comenzó el incendio que se propagó a la vecina guardería ABC. El fotógrafo, acompañado por un colega local, Jorge Moreno, había logrado burlar la vigilancia de las dos patrullas que aún se encuentran resguardando el edificio calcinado y había logrado captar una serie de imágenes del interior. Roberto se acomodó junto al ordenador y miró un rato las fotos sin mostrar una emoción en especial. En algún momento mientras pasaban las imágenes, dijo: «Ése es el pinche cooler», mientras señalaba unos fierros sin forma achicharrados por el fuego.

Roberto y el fotógrafo salieron del hotel unos minutos después. Visitaron la antigua casa de Roberto, en la cual había vivido su hijo Santiago y donde aún se encontraban algunas cosas de éste, como su cuna y sus juguetes. Tras la sesión de fotos, se dirigieron a las instalaciones de la guardería ABC. Mientras Rodrigo tomaba nuevas fotos del exterior, aprovechando la luz de la tarde, Roberto se situó enfrente y se quedó mirando el bodegón improvisado como guardería. Para Roberto, el lugar donde murió su hijo y otros 48 niños no es un lugar sagrado, como sí lo es para cierta gente en Sonora. Lo que Roberto quisiera es que ese horroroso sitio fuera derribado lo más pronto posible y pusieran en su lugar una cosa bonita.

IMPACTO

IMPACTO

Anamorfosis de la víctima*

SERGIO GONZÁLEZ RODRÍGUEZ

Para el sistema del derecho, la víctima suele ser uno de los agentes que están presentes o convergen en un acto violento. Su existencia está incluida en una trama policial-jurídica que la dirimirá como conflicto y medirá el daño que se le ha infligido a ella.[1] Desde el punto de vista legal, la víctima es parte de un edificio (el de la ley) que se expresa bajo un diseño lineal y verticalista, cuyo símbolo implica lo mismo una balanza, la diosa Temis que sostiene una balanza o una cornucopia, o bien traduce la imagen de la pirámide del derecho.[2] En estas figuraciones, la víctima aspira a ser vista y considerada como una persona que adquiere corporeidad en su relación espaciotemporal con la esfera del derecho.

La víctima se sabe fuera de un edificio vasto y laberíntico, y a la vez cercano; e indefensa, como en la parábola de Franz Kafka «Ante la ley»:[3] un campesino, víctima de alguna injusticia, se halla frente a la puerta de la ley cuyo guardián tiene que impedirle el acceso y hacerle perder su tiempo en una plática dispersa que desata preguntas y respuestas sin fin. Exasperantes. La víctima escucha al guardián decir: «Si tan grande es tu deseo de entrar, inténtalo. Pero recuerda que soy muy poderoso. Y el último de los guardianes. Entre salón y salón hay otros guardianes, cada uno de mayor poder que el anterior. El tercer guardián es tan terrible que yo no puedo mirarlo siquiera». Pasan los

---

* Este texto es un capítulo del libro *Campo de guerra*, de Sergio González Rodríguez, que obtuvo el Premio Anagrama de Ensayo en 2014. (*N. del E.*)

años y la víctima envejece. Ya moribunda, sólo le resta una cuestión: ¿por qué en todos esos años nadie más que yo pretendió entrar? El guardián responde: «Nadie podía pretenderlo porque esta entrada estaba destinada sólo para ti. Ahora la cerraré».

Ante la imposibilidad de acceder a la justicia, la víctima sólo tiene una certeza: gravitar en torno a la ley. Su expectativa de ser escuchada es incierta y su misma identidad como persona refiere a un molde que la unificará con otras semejantes. La conformación y la conformidad de la víctima hacen proclive su devenir en una mera cifra al lado de otras en algún registro oficial.

El trayecto de las víctimas obliga a rememorar lo único que puede contrarrestar la homogeneidad que promete y cumple la ley: su vivencia extrema ante la violencia, la especificidad intransferible de su cuerpo y el entendimiento en el trance de ser víctima de un delito, un abuso, una atrocidad. La alteración de la estabilidad cotidiana de las personas por un hecho violento, lo que aquí se denomina anamorfosis[4] de la víctima, se contrapone a la simetría de la ley y las instituciones encargadas de hacer valer los derechos de ella a través de mecanismos, medidas y procedimientos. Denota y describe la experiencia directa de algún daño, algún menoscabo, algún peligro, algún riesgo o circunstancia atentatoria a sus derechos humanos.

La diferencia entre lo acontecido a la víctima y el derecho que le asiste muestra dos realidades opuestas: la primera se vive como una anamorfosis, es decir, una imagen, representación o memoria deforme y confusa, o nítida y exacta, según desde dónde o cuándo se la evoque; la segunda se muestra proclive a la simetría. Entre ambas está el umbral en el que lo político funciona como bisagra o punto de ensamble de un conflicto cuya virtualidad es permanente: una herida, una huella, una grieta que, conforme las instituciones de apoyo son incapaces, se abre cada vez más y nunca cierra. Ante este desgarramiento, la víctima se disgrega. Esta disgregación la devuelve a la experiencia originaria del trauma: su adhesión continua a la anamorfosis de lo irracional, lo *arracional*, el horror, el pánico de revivir lo indecible. Lo desordenado de una vez para siempre.

La condición de víctima sólo puede superarse como intercambio simbólico respecto de la muerte. Y aun así la víctima reaparece como anamorfosis de su propia memoria: rota, deformada, inscrita en una representación anómala de lo conocido, donde lo propio se vuelve ajeno, alienado, distante, ignoto, y lo afectivo cae en lo atroz y en la crueldad a manos de otros. Se impone el mundo como anamorfosis: el trazo siniestro. Una alternancia entre la norma y la anomalía. Y, en medio, la víctima: sus vivencias crónicas en el umbral de lo peor.

La víctima suele aparecer como parte de una indagatoria judicial que confiere una identidad que enlaza su experiencia en el linde entre la vida y la muerte y la revisión institucional, sujeta al accidente y las eventualidades de lo probable. Su acontecer se incorpora a la lógica de lo cronológico y la urgencia de ir cada vez más hacia atrás (los antecedentes) para esclarecer la verdad de lo acontecido. Y aunque la víctima se halle fuera del orden judicial, su estancia en el mundo encarna la potencia de ser incorporada a la lógica del documento y la indagatoria judicial, donde el fenómeno humano puede ser letra y acaso cifra ulterior que a su vez engrosará columnas de datos en registros disciplinarios.

Si en vez de comprender a la víctima sólo bajo su aparición en un recuento cronológico, que la traduce como un grano de arena en el gran reloj de la existencia compartida, o como muesca en la línea temporal, se la aprecia desde su corporeidad, su presencia en un espacio dado, su conversión en trayectoria en un ámbito tridimensional (o de cuatro dimensiones si se añade la esfera conceptual), su humanidad en medio de las características morfológicas, geográficas y transgeográficas (cuando se consideran las telecomunicaciones y su territorio intangible, Ciberia) el resultado podrá ofrecer mejores indicios sobre la persona y su devenir en víctima. Al incluir a la víctima en un espacio, al hacerla espacio, surge un cuerpo personal en medio de un cuerpo social: una topografía cultural, una perspectiva espacial de tipo crítico.

La cartografía de las víctimas reubica el daño, el menoscabo y el agravio. Un cuerpo es una persona. La vida en su propia indefensión ante el poder que la somete y aniquila: la nuda vida.[5] Para comprender mejor la anamorfosis de la víctima, hay que aproximarse a ejemplos esclarecedores acerca de la influencia del espacio y la nueva cartografía del campo de guerra en quienes la padecen a nivel civil en diversas localidades y situaciones.

Cuerpo/persona de Adriana Ruiz:[6] modelo y animadora deportiva en la ciudad de Tijuana, madre de un niño y a cargo del resto de su familia. Se desempeña en el medio de las relaciones públicas. Como parte de su trabajo, se publicita en redes sociales: difunde su imagen y su experiencia profesional. Ha participado en algún certamen de belleza y en campañas comerciales. La empresa que la ha contratado como animadora pertenece a un grupo de poder local. Un sábado es secuestrada por un grupo armado en la puerta de su casa. La familia denuncia el secuestro. Los medios de comunicación divulgan la noticia. Presionan a las autoridades. Cuatro días después, la policía anuncia el hallazgo del cuerpo de la víctima y la detención de los responsables del asesinato. El cuerpo de la muchacha está semienterrado un metro bajo tierra en un basurero de la Colonia Altiplano, en el extrarradio de la ciudad. Decapitada. Presenta huellas de tortura: le han arrancado las uñas de los pies y un dedo de cada pie. Los inculpados confiesan: su jefe del grupo criminal les ordenó secuestrar, interrogar, torturar y decapitar a la víctima, como advertencia «a las demás». El grupo criminal (que se desplaza por todo el tejido urbano) cree que ella es una delatora, puesto que otras mujeres cercanas al grupo la han acusado de serlo. La policía encuentra en poder de los asesinos el teléfono móvil de la víctima: con su cámara grabaron imágenes de la decapitación. Las autoridades resaltan los nexos de la víctima con sus victimarios. La familia los niega. En la prensa se denuncia el apremio de la policía por detener a los responsables de los hechos, así como las diversas contradicciones y las lagunas del boletín oficial. La policía responde que ha desmantelado a un grupo criminal de alto impacto en la ciudad. El jefe de la policía ya ha sido expuesto en los medios de comunicación como protector de algún grupo criminal para favorecer a otro.

Tijuana, con 5 millones de habitantes, pertenece a la urbe transnacional conformada también por Rosarito, Tecate y San Diego, en Estados Unidos, y presenta una asimetría vasta respecto de la frontera estadounidense: ha crecido en un valle, una meseta y a lo largo y ancho de cerros, cañones, barrancas, arroyos y canales. Su signo preponderante son los pliegues del territorio. Adriana Ruiz entrecruzó su trayecto de vida con el del crimen organizado, que posee, al menos en parte, el territorio urbano, mediante sus negocios ilícitos. El impacto de lo mediático (prensa, radio, televisoras) y lo transmediático (internet, redes sociales) se presenta como una forma de establecer conexiones comunitarias que aplanan aquel territorio lleno de pliegues y detona una reacción simultánea, ubicua, inmediata de los agentes institucionales. La formalidad de las instituciones se ve relegada por la urgencia alegal que desata la desconfianza de la opinión pública. El asesinato de la víctima ocurre más de una vez: en la realidad y después, como noticia sensacionalista y en la potencia de la reproducibilidad a partir de lo grabado por los criminales. La víctima entra en un círculo de revictimización continua. El trayecto de la víctima conduce desde un centro de la sociedad en Tijuana hasta los márgenes; de hecho, culmina en un basurero periférico.

Cuerpo/persona de Genaro Macías:[7] propietario de un negocio de compraventa de automóviles en Zamora y padre de dos niños. En los últimos años, ha mejorado su situación económica. Dos de sus hermanos, Ulises y Pedro, participan en su negocio. Un día que circula en su coche es secuestrado. Lo llevan a una casa de seguridad en un domicilio desconocido. Su familia negocia el rescate. Un mes después del secuestro, la víctima es liberada. Se refugia con familiares en la misma ciudad, quienes le instan a que abandone el país. En Estados Unidos podrá encontrar refugio. La víctima se niega. Al cabo de varias semanas en las que permanece escondido, se aliña, se despide de sus hijos, su esposa y sus demás familiares. Afuera, en la calle, ya le esperan unos sujetos. Lo secuestran de nuevo. Al poco tiempo su cuerpo es hallado en un paraje en el extrarradio de la ciudad, cerca de la carretera que va a Guadalajara. Está amontonado con los cuerpos de sus dos hermanos. Las víctimas presentan el torso desnudo y huellas de tortura. A Genaro Macías le han dado un tiro en la cabeza y en la frente lleva grabada una letra Z. La policía informa a la prensa de que se trata de asesinatos perpetrados por el grupo criminal los Zetas, que ejecutaron a las víctimas por haberlos traicionado y tener tratos con el grupo rival en la región: la Familia.

Zamora, en el estado de Michoacán hacia el occidente de México, se ubica en un valle y es un polo de producción económica dedicado al cultivo y la exportación de frutos, sobre todo zarzamora y fresa; cuenta con una población de 300 000 habitantes y una intensa actividad de servicios. Su toponimia, de procedencia ibérica, alude a una ciudad amurallada; en la actualidad, Zamora es una zona de tránsito abierto entre Guadalajara y Morelia, ciudades capitales. El signo de Zamora es la fluidez territorial, sólo interrumpida por las tácticas de bloqueo del tránsito en polos urbanos que realizan los grupos criminales en pugna para coaccionar a las autoridades. La víctima y sus hermanos incurrieron en la convergencia empresarial con el crimen organizado: la compraventa de vehículos automotores representa una de las formas habituales para blanquear el dinero de procedencia ilícita. Al adherirse la víctima a la fluidez ilegal, su trayectoria se volvió de alto riesgo.

Cuerpo/persona de Daniel Arteaga:[8] originario de Córdoba, Veracruz, reside en el estado de México, y es padre de una hija universitaria que estudia en Europa. Se dedica a realizar y analizar operaciones de inteligencia civil del Estado mexicano. Su experiencia y honestidad en el trabajo son reconocidas por sus compañeros, civiles y militares, y por agencias de inteligencia de Estados Unidos, Europa e Israel. El desmantelamiento de los organismos de inteligencia de la primera década del siglo XXI en México y su reconfiguración en torno a la Secretaría de Seguridad Pública (SSP) al frente de la guerra contra el narcotráfico a partir de 2007 ha ocasionado que, a pesar de su experiencia y honestidad, sea relegado poco a poco de sus funciones. En el desempeño de su trabajo descubre diversos actos de corrupción, negligencia y omisiones criminales por parte de policías y funcionarios del más alto nivel en la SSP. Decide denunciar los hechos y dirige una carta al presidente de la República. La respuesta es el silencio. Un día llaman a la puerta de su casa. Al abrir, el funcionario descubre una maleta. La abre y está llena de dinero. La toma y se dirige a la oficina de quien sospecha que se la ha enviado: un superior en la línea de mando. Le entrega la maleta al sujeto, quien lo amenaza con una disyuntiva: o bien recibe el dinero, o renuncia y calla bajo la amenaza de matarlo a él y a sus familiares. El funcionario presenta su renuncia. Se dedicará a ser consultor independiente de inteligencia para los gobiernos de los estados.

La corrupción del área de seguridad e inteligencia del Estado es uno de los impedimentos para que México mejore. Esta dificultad implica su disfuncionalidad en todo el país. Por sus cualidades y su trayectoria, un funcionario como Daniel Arteaga representa un obstáculo en el auge alegal de la nueva arquitectura de la seguridad pública: ha pasado de estar en el centro de las tareas de inteligencia a los márgenes institucionales, mientras han crecido las anomalías de los aparatos de control, vigilancia y policía en el país. La degradación institucional es completa, y está lejos de ser focalizada y corregida: la SSP es un organismo viciado de origen. En los márgenes, el funcionario tiene los días contados.

Cuerpo/víctima de Elías Castillo:[9] periodista político e invierte su dinero en negocios ocasionales, reside en el Puerto de Veracruz, frente al golfo de México. Conocido en los círculos políticos de la localidad, un día es secuestrado en la vía pública. Lo conducen a una casa de seguridad desconocida, donde un sujeto dialogará con él, siempre encapuchado, a lo largo de varios días. Su familia y sus amigos negocian el rescate. Los secuestradores conocen cada uno de los hábitos de la víctima a través de la vigilancia e intercepción de sus comunicaciones electrónicas y correo postal. Además del pago de un rescate, le piden que les entregue la casa en la que vive. La víctima les responde que está hipotecada; de cederles la escritura de la propiedad, sólo adquirirían un adeudo. La noticia del secuestro trasciende a la prensa. La familia y los amigos de la víctima reúnen dinero para el rescate. Los secuestradores lo liberan. Un encapuchado le dice a la víctima: «Te soltamos sólo porque tenemos los mismos amigos en el medio político». La víctima sabe que podrán secuestrarle de nuevo, por lo que considera salir de la ciudad.

Los espacios de los criminales son ya indistinguibles de los de la clase política. Por el conocimiento del campo de explotación y de la reserva humana y de bienes que tiene el crimen organizado, las víctimas virtuales están sujetas a un plan sistemático de búsqueda y ataque, cuya expansión es centrífuga. La indistinción entre lo legal y lo ilegal absorbe el trayecto de quienes incurren en el crimen; o en la política. La víctima atestigua una contracción de su espacio vital que es correlativa a la amplitud creciente del espacio criminal. Donde dominan los delincuentes, desaparece la división entre lo público y lo privado. La víctima accede al estatuto de presa; o de persona en libertad condicional otorgada por el crimen organizado.

Cuerpo/persona de Jesús Torrijos:[10] después de medianoche, varios soldados entran en su vivienda en Ciudad Juárez, Chihuahua, sin mediar una orden judicial de allanamiento ni aprehensión; saquean su casa, roban dinero y lo apresan. Su esposa levanta una denuncia ante la Comisión Estatal de Derechos Humanos de Chihuahua y entrega unas imágenes de video tomadas con un teléfono móvil que muestran los destrozos militares. El ejército afirma que la detención se realizó tres días después de la fecha auténtica; el informe declara que los soldados se acercaron a Torrijos en la calle y lo vieron arrojar una bolsa con marihuana en el suelo; entonces lo arrestaron de inmediato. Torrijos es acusado de «delitos contra la salud» y «posesión con fines de venta». En el juicio son patentes las incoherencias del relato del ejército. Tres meses después, la víctima es liberada. El juez omite ordenar una pesquisa sobre los presuntos delitos de los soldados: abuso de autoridad, robo, golpes, tortura. El fiscal de turno soslaya lo mismo: indagar a los responsables.

La violación de los derechos y las garantías de las víctimas por parte de los militares abre la dimensión de lo alegal hacia la convergencia con el crimen organizado. El orden constituido desaparece como una realidad para las víctimas, que se encuentran entre la violencia extrema de las fuerzas armadas y la del crimen organizado. Este agostamiento de la legalidad escinde el estatuto civil de las personas. La omisión judicial de las propias autoridades colabora en el incumplimiento de la ley y la procuración de la justicia. El imperio de la ley adviene imperio del crimen.

Cuerpo/persona de Eliud Naranjo: treinta y tres años, policía municipal.[11] Es detenido a las 8.45 de la mañana por una veintena de policías y soldados que irrumpen en su vivienda en Huimanguillo, Tabasco, al sur del país. Las fuerzas de seguridad le golpean en presencia de su familia. Le vendan los ojos y se lo llevan en un vehículo no identificado a un lugar desconocido. Lo torturan hasta que acepta confesar que trabaja para la delincuencia organizada. Los informes policiales afirman que Naranjo fue detenido en «flagrancia» en un retén cercano a Cárdenas. En su «Acta narrativa de los hechos», la policía declara que lo vieron seguir en actitud «sospechosa» a un convoy policial y que, después de su detención, Naranjo confesó de manera «espontánea» que trabajaba como informante de criminales. Naranjo insiste en que fue forzado a firmar su declaración mediante torturas; impugna los cargos formulados en su contra: alega que fue detenido de forma arbitraria y torturado para obtener una confesión falsa. A pesar de esto, continúa en prisión a la espera de que se resuelva su apelación.

Las autoridades maquinan una «narrativa» que después de los hechos reelabora lo acontecido para ocultar las violaciones a los derechos de las víctimas. Dicha reelaboración es un *modus operandi* reiterado, por lo que las autoridades actúan en actos premeditados y concertados entre los agentes y mandos policiales y los fiscales a cargo de encausar los hechos. Al margen del respeto al principio de un debido proceso, el juez de turno se apega a la rigidez procesal sin considerar los aspectos sustanciales de imparcialidad, justicia y libertad. El edificio del derecho se vuelve una instancia tortuosa para las víctimas desde el primer momento en el que entran en éste.

Cuerpo/persona de José Barrera:[12] originario de Durango, en el norte del país, es dueño de una vidriería en un barrio periférico de Ciudad Juárez. Comienza su negocio hacia 1995 y puede adquirir una casa y alcanzar un nivel de vida superior al de sus vecinos. Congrega alrededor a sus familiares que han acudido a la frontera en busca de trabajo. Una mañana entran en su negocio unos pandilleros. Le extorsionan y la víctima se niega a darles dinero, como otras veces. Le disparan con armas de fuego, después de hacer lo mismo en una tienda y en una papelería cercanas. Al oír los disparos, su esposa corre desde su casa a la tienda, situada al lado. Cuando alcanza a su esposo, ya está muerto. La policía recupera el cuerpo de la víctima y tarda más de un día en entregárselo a la familia; los asesinatos de personas suelen ser vistos siempre como un asunto de vinculación con el crimen organizado que incluye a la víctima. Los seis hijos del matrimonio, todos menores de edad, al igual que su familia, tendrán que abandonar Ciudad Juárez tras cerrar la vidriería.

En Ciudad Juárez, los barrios son dominio de las pandillas, que cobran el derecho de paso y de piso a todos; la policía acepta y protege a cambio de dinero tal régimen, que funciona como un gobierno ilegal. La explotación del tránsito y el espacio y la realización de negocios ilícitos establecen las reglas de coexistencia en los barrios pobres de esa frontera. Los ciudadanos son insertos en un funcionamiento de apariencia normal pero en los hechos de índole carcelaria, ya que las avenidas y las calles de los barrios sólo son transitables con relativa calma durante el día. Por la noche, únicamente la policía y los pandilleros suelen transitar por sus calles y avenidas. Para el ciudadano común el riesgo nocturno es muy alto. El espacio privado ha dejado de existir como tal, pues los pandilleros penetran en éste en cualquier momento; no hay muro, barrera ni límite a sus actividades, lo privado es un corredor más para sus negocios ilícitos: saltan, destruyen u horadan paredes, puertas y alambradas. Lo ilícito devora a lo lícito, ya que la economía formal es absorbida por la economía subterránea e informal. Bajo el dominio del crimen organizado y el combate gubernamental a éste, el territorio urbano se transforma en una zona de guerra cotidiana equiparable a los conflictos de baja intensidad.

Cuerpo/persona de Rodolfo Nájera:[13] policía de Lerdo, Coahuila. En una red social aparece frente a la pantalla. Los Zetas le han grabado en un video; dos enmascarados con fusiles de asalto lo custodian. La víctima está arrodillada, con las manos atadas a la espalda, el rostro bajo muestra golpes y una fuerte hinchazón alrededor del ojo izquierdo. La oreja del mismo lado está semidesprendida. Una voz impersonal fuera de cuadro le interroga. La víctima confiesa que trabaja para unos narcotraficantes, opositores de los Zetas: el Pirata, el Delta. El interrogador le obliga a delatar a la red de policías y criminales a la que pertenece. La víctima cuenta hechos acontecidos en la ciudad de Torreón, Coahuila, frontera con Texas al norte del país; un grupo de sicarios ha atacado bares y fiestas privadas y asesinado y herido a decenas de personas. Después de consumar cada masacre, los asesinos regresan a la prisión en la que están. La directora del penal autoriza y protege las acciones criminales. En la imagen del video, la víctima reaparece en otra locación. Reinicia el diálogo. La voz pregunta si los sicarios prefieren matar inocentes porque son incapaces de encararse a los Zetas. La víctima responde: «Sí, señor». La voz insiste: «No nos pueden derrotar». La víctima asiente: «No». Los custodios se separan. Suena un tiro. La víctima cae al frente. Al día siguiente de divulgarse el video en las redes sociales, las autoridades aprehenden a la directora del penal y a los sicarios.

Los policías están expuestos al mejor postor en el delito. Los grupos criminales son un poder suprainstitucional, que lo mismo transita de un lado a otro que atraviesa los muros de las cárceles cuando lo desea. Las investigaciones sobre hechos delictuosos tienden a ser subsumidas por el propio crimen organizado, que rompe los límites institucionales e impone su propia Ley del Talión o justicia retributiva: *Lex Talionis*. La crueldad y la falta de respeto a los derechos humanos son la norma en el crimen organizado, por lo que el espacio legal es avasallado por el de tipo ilegal. El video aumenta el pánico de la víctima y la prepotencia de los victimarios, y el espacio transmediático multiplica las posibilidades agresivas del crimen organizado, que funde en una sola preceptiva, abyecta lo real, lo mediático y lo transmediático. Se impone a los espectadores la visión perversa, deformada, informe desde la indefensión de la víctima: la anamorfosis y lo indescriptible. Una involución del espacio cultural.

Cuerpo/persona de José Antonio Elena: dieciséis años de edad,[14] residente en Nogales, Sonora, frontera con Arizona. Es abatido por tiros de arma de fuego en un cruce urbano, colindante con la línea fronteriza. La Patrulla Fronteriza estadounidense afirma que el menor, junto con otros tres sujetos, introducían paquetes de marihuana en Estados Unidos. Al ser descubiertos, corrieron a refugiarse a su país. Detrás del muro que divide la frontera, en territorio de Estados Unidos, un agente de la Patrulla Fronteriza dispara ocho tiros contra la víctima, dos en la cabeza, cuatro en el tórax, los otros se incrustan en la pared de un consultorio médico cercano. El vocero de la Patrulla Fronteriza sostiene que el menor arrojó piedras a los agentes para distraerlos y fue contraatacado por uno de estos. Afirma: «Cuando una persona, un agente, piensa que está en peligro su vida o la de otro agente o de otra persona —léase ciudadano estadounidense— no hay línea, se borra la frontera».

La línea fronteriza está sujeta a la lógica de la guerra. En campo de guerra, un soldado o un agente de Estados Unidos tiene la obligación de defender su país y su modo de vida, de acuerdo con el Código de Conducta de las fuerzas armadas estadounidenses.[15] En vista de que el gobierno de Estados Unidos tiende a considerar que el tráfico de drogas es un delito equiparable al terrorismo, el terrorista carece de garantías de respeto a su persona, ya que se le considera un combatiente en acción y está fuera del estatuto que protege la Convención de Ginebra.[16] La simple presunción por parte de un soldado o agente estadounidense de apreciar un riesgo a la seguridad nacional de Estados Unidos basta para que se actúe en consecuencia, y sus resultados serán protegidos por el gobierno estadounidense. Por lo tanto, se impone el criterio que apunta *Inter arma silent leges*: «En tiempos de guerra la ley guarda silencio».[17] Sumisión, arrasamiento, exterminio.

Desde el punto de vista del campo de guerra, la realidad se interpone en las acciones militares con sus fuerzas, tensiones, presiones, acontecimientos, condiciones, factores y oportunidades. En el pensamiento militar ultracontemporáneo, hay dos ideas para conceptuar dicho problema: fricción, que describe lo que, a pesar de lo planeado, resiste en la realidad; y niebla, que refiere a la ambigüedad e incertidumbre de conocimiento que deben asumir los operadores frente una situación de batalla. De hecho, los operadores bélicos hablan de «niebla y fricción» de la guerra.[18] La anamorfosis de las víctimas provendría de tal situación fricativa y neblinosa, que refleja la experiencia del umbral entre la guerra y la no guerra. En el campo de guerra, la naturaleza, la especie misma es víctima virtual.[19] El planeta se halla sujeto a una situación bélica que se extiende sin fin: espacio, aire, mar, tierra, ciberespacio.

Para explicar el sentido de la anamorfosis, se puede imaginar a la víctima ante una situación bifurcada en dos fases: en primer lugar, la realidad habitual se quiebra debido al suceso traumático que, en los casos descritos, refiere a la intromisión en su vida de un agente criminal o un acto de guerra; en segundo lugar, la víctima comienza a percibir lo que acontece desde una visión deformada que la incluye: ya no es la persona que era antes de la irrupción criminal o bélica, aunque su memoria insista en indicarle lo contrario. Todo el episodio criminal o bélico en el que la víctima se ve inscrita, representa una anamorfosis. Su objeto de deseo suele ser que la normalidad se restituya. La mirada oblicua que le permite a un observador común disfrutar de una anamorfosis en un cuadro o pintura,[20] para ella resulta imposible, pues tendría que estar fuera de la escena. La víctima es ya una anamorfosis encarnada. Su deseo de restituir el tiempo y el espacio habituales expresa lo contrario: el anonadamiento, el filo del vacío, la nada que surge poco a poco de la deformidad extrema en la que vive antes de morir (aunque la muerte se suspenda o dilate por alguna contingencia o resultado inercial).

Si se compara la experiencia de la víctima con el ejemplo clásico de una anamorfosis, la pintura *Los embajadores* (1533), de Hans Holbein el Joven,[21] la víctima estaría dentro de la calavera cifrada a los pies de los retratados, que en el cuadro representa la supremacía de la muerte frente a la vanidad del mundo. En el caso de los asesinatos y las atrocidades grabadas o filmadas, la anamorfosis de la víctima se despliega como posibilidad para una variante de la escopofilia: la contemplación compulsiva y placentera de algo que se percibe como siniestro. Desde tal uso, la víctima de lo anómalo se desmaterializa en la fantasía, el morbo o la fijación del observador. La normalidad cotidiana se restituye a través del gozo, el ensimismamiento o el pánico del otro, el observador ulterior que vendría a estar siempre fuera de la escena.

Para el victimario, la anamorfosis es algo invisible, ya que los actos de crueldad y transgresión que comete son su mundo objetivo: la encarnación sombría. Desde su punto de vista, la víctima carece de valor alguno. Es un objeto que puede someter a las vilezas que ordene su deseo de supremacía. La teatralidad que constituyen sus actos de abuso y sacrificio dejan fuera cualesquiera consideraciones que no sean la depredación, el aniquilamiento o la cautividad de la víctima. Es una figura de anamorfosis incapaz de verse como tal. El único rasgo humano o de orden que le queda al victimario es su anonimato. El rostro sin nombre, bajo máscara o capucha, se refugia en la deformación, quiere borrarse, anularse. Es el temor punzante de ser descubierto y castigado.

Si la víctima se hunde en la anamorfosis que construye la violencia ejercida contra ella, el victimario busca volverse invisible como persona y mantenerse vivo como función de exterminio. Ambos están unidos por esa intersección que, en algún momento, los lleva a cruzar sus respectivos destinos o trayectos en un punto de ensamble aciago.

Los grupos criminales dedicados al tráfico de drogas y la explotación de otras industrias del crimen tienen dos ventajas estratégicas sobre las fuerzas armadas que los combaten y, desde luego, sobre sus víctimas potenciales: 1) la comprensión directa de los territorios que ocupan a partir de su saber y de su accionar: planifican o proyectan sus actos y, al mismo tiempo, aplanan o quieren aplanar la superficie en la que se desenvuelven; 2) desarrollan redes de guerra mediante las telecomunicaciones y los vínculos de clientela o empleo comunitario para mejorar la eficacia de sus operaciones logísticas y tácticas. El crimen organizado implica una variante de la guerra de cuarta generación (4GW, por sus siglas en inglés): «Usa todas las redes disponibles (políticas, económicas, sociales y militares) para convencer a quienes toman las decisiones del enemigo de que sus objetivos estratégicos son inalcanzables, o bien demasiado costosos respecto del beneficio percibido».[22]

La consecuencia de ambos aspectos reformula la idea del espacio y de los territorios que, en el paso, dominio o control de los grupos criminales se vuelve proteico, adquiere formas diversas a las habituales, por ejemplo, en el control de las entradas y salidas de alguna localidad. Los grupos criminales recurren al funcionamiento de bandas organizadas de amplia flexibilidad; desechan el tránsito lineal o establecido, o bien lo combinan con alternativas cambiantes en brechas y caminos inusuales, que incluyen el modelo táctico de enjambre (*swarming*): una multiplicidad difusa de unidades pequeñas, casi autónomas pero bajo una coordinación mutua, que operan en sinergia integral.[23] El resultado directo de este tipo de operaciones produce una maleabilidad espacial que afecta al territorio y las localidades bajo su influencia, hasta el grado de que el mapa convencional se ve alterado en sus fines, metas y objetivos, por ejemplo, cuando establecen cercos tácticos que aíslan y protegen a los grupos criminales en caso de posibles ataques de las fuerzas armadas, y en los que concurren sus redes humanas, comunicativas y de clientes o empleados.[24]

El campo de guerra es un médium transformado por sus operaciones, materia flexible, «casi líquida», que permanece sujeta a las contingencias y en un suspenso respecto de su condición convencional.[25] Una oscilación entre el reposo y el movimiento continuo, donde se impone la inestabilidad expansiva.

Tal imposición modifica también los usos y las costumbres comunitarios; las personas, víctimas potenciales, tienen tres opciones: la adherencia al grupo criminal, ya sea definitiva o temporal; la marginación; y, por último, el destierro. La guerra del narcotráfico tiende a producir cientos de miles de exiliados que huyen del dominio criminal. Y si el espacio cotidiano se ve deformado por el crimen, también su organización y manejo temporal, pues además del rebasamiento de muros, fronteras, límites, accesos y salidas, los grupos o bandas se fragmentan y actúan al mismo tiempo y en direcciones diversas, así como carecen de una cronología lineal: son imprevisibles, dispersos, inestables y se ven favorecidos por la asimetría, la sincronización y el caos.[26]

En sus operaciones, los grupos criminales actúan por sorpresa, lo que incrementa el factor de miedo en sus probables víctimas; el rumor, el escándalo, los ruidos acerca de sí mismos se unen en un bucle comunicativo que se parasita al repetirse una y otra vez.[27] La anticipación del miedo como elemento psicológico es parte de su arsenal, que se potencia por la ineficacia de las fuerzas armadas que los persiguen. El efecto inmediato, sobre todo si las fuerzas armadas carecen de respeto a los derechos de las personas, consiste en el rechazo de la población al poder constituido y la legalidad, lo que las convierte en adherentes virtuales al crimen organizado.

El aplanamiento de espacio y los territorios alcanza una gran sofisticación: los grupos criminales irrumpen, trazan una nueva lisura en el terreno, incluso en orografías agrestes al unir puntos estratégicos con sus propios medios de comunicación,[28] desdeñan los límites entre lo legal y lo ilegal y arrasan con las divisiones reales y simbólicas de lo público y lo privado. Por ejemplo, una serie de comandos suelen realizar operaciones de bloqueo del tránsito urbano: toman cruces o accesos/salidas de forma simultánea o sucesiva, roban vehículos automotores en cada sitio y los incendian, atraen la reacción de las fuerzas armadas y se enfrascan en tiroteos. Huyen y dejan una secuela de daños, escombros, víctimas y miedo. Paralizan zonas metropolitanas de miles y hasta millones de habitantes en Guadalajara, Monterrey, Nuevo Laredo, Torreón, Matamoros, Veracruz, Reynosa, etcétera. Las comunidades se ven inmersas de pronto en una homogeneidad y una planimetría emergentes.

Una zona bélica es un mandato de desposesión absoluta. En el extrañamiento de la experiencia, las víctimas se enfrentan al riesgo de la situación, el episodio anómalo o traumático. Conforme se establecen y normalizan la homogeneidad y la planimetría criminales o de las fuerzas armadas, surge una reducción de la realidad a sus signos elementales. Y la parte humana de las personas se objetiva en tanto activo de utilidad o inutilidad para la tarea del crimen o el daño colateral de las fuerzas armadas. La vida de las personas sujetas al dominio criminal o de combate al crimen tiende a vaciarse para ser llenada con imposiciones, reglas y gustos de los delincuentes. Sin semejante vaciamiento, sería imposible que se generara la anamorfosis de las víctimas, que desde el primer contacto, directo o indirecto, con la influencia del crimen o del poder público, advierten una amenaza. Y alienta el temor en su fuero interior, ya que se abre un pasadizo secreto en términos simbólicos que vincula realidad y subjetividad.

Frente a la amenaza de la violencia y el poder que rompen límites y carecen de contenciones, las personas presencian un cambio extremo: las ideas de tiempo y espacio se someten a un régimen inverso o perverso, origen de una arquitectura abyecta que altera los valores conocidos y establece una realidad de espacios contiguos, controlados y vigilados por el crimen organizado o las fuerzas armadas. Las personas están expuestas a la agorafobia (el peligro es externo) o la claustrofobia (la amenaza está en lo interior). El ciudadano carece de certezas ante sí mismo, y sólo vive en el trance prolongado de la incertidumbre: el ambiente de fricción y de niebla.

Mientras el campo de guerra lo permite, la persona es invisible, una vez que se vuelve visible y un objetivo, la persona entra en la anamorfosis, que tiene una cualidad adicional: expresa una desmesura. Frente a ésta, la persona se ve y se siente más indefensa. La desmesura o la quiebra del orden convencional es la fábrica de los monstruos y las monstruosidades.[29]

En particular, los criminales hacen de su planificación y aplanamiento del espacio y el tiempo un tipo de desmesura peculiar: la dotan con sus propios simbolismos, contenidos, mitos, imágenes, íconos, representaciones. Este conjunto de usos se apropia de las derivaciones de la cultura vernácula lo mismo que de la cultura de los medios de comunicación de masas: la música, el cine y la radio; y de los productos que circulan en las redes sociales: las exaltaciones del crimen, la jactancia de los delitos realizados, los testimonios de las sevicias cometidas, las reafirmaciones de lo ilegal, el festejo de las hazañas contra la ley, la memoria de la vida criminal, etcétera. La desmesura de las fantasías que celebran la liturgia contra el orden constituido invade el espacio real con sus aplicaciones prácticas, en las que se proyecta también el imperativo de lo homogéneo, lo planeado, la lisura, en suma, la realidad del crimen sin límite, y se incorporan las figuraciones de lo monstruoso: el carnaval cruel que invierte el mundo convencional.

Proliferan entonces la exhibición del poder bélico, las simbolizaciones de grupo o región, las apariencias peculiares, los distingos opuestos a los contrincantes, las formas y los modos que caracterizan a cada grupo criminal y los quieren diferenciar de las personas comunes, al igual que de las fuerzas armadas que los persiguen, las cuales practican, en sentido contrario, sus propios modos de imagen y propaganda, o aplanamiento comunicativo.[30]

El espacio real y simbólico es invadido por la desmesura criminal que produce, además de sus figuraciones (emblemas, uniformes, máscaras, tatuajes, etc.), utilidades, artefactos, vehículos, enseres, construcciones que llevan la marca de identidad de los distintos grupos del crimen. El valor de uso es dotado de un valor extra: las formas que le dan sentido o sinsentido al accionar transgresivo.

Cada objeto producido por los criminales lleva la huella de sus fundamentos, de ahí que los objetos criminales fusionen utilidad y ornato en la misma proporción. Y resuenan su origen: son desmesurados, monstruosos, presagios tangibles, intimidan desde su simple existencia. Su inmovilidad es amenazadora; su desplazamiento, letal. Frente a ellos, las personas ven representado el anuncio de la anamorfosis.

Un ejemplo está en el diseño de los vehículos automotores todoterreno que emplean los grupos criminales, en especial, aquellos que son transformados de su índole civil en una de tipo bélico. En talleres especiales elaboran blindajes, adiciones y adaptaciones diversas a un bajo costo (de 10 000 a 15 000 dólares).[31] El uso de carga o transporte genérico de dichos vehículos convierte camiones o camionetas en tanques de guerra para asalto o autotransporte blindado, que custodia efectivos o bienes criminales. El blindaje, que consiste en la adición de partes de hierro y láminas de acero que alcanzan un alto grado de resistencia (nivel 6, capaz de soportar disparos de bazuca), se complementa con el uso de neumáticos antibalas y ventanillas con cristal reforzado; asimismo se recurre a la instalación de faros nocturnos y plataformas en la parte superior del vehículo u orificios para piezas de artillería y otras armas de fuego. Los aparatos adquieren formas monstruosas que son una parodia de los vehículos industriales de guerra (tanques, tanquetas, anfibios), y asumen su procedencia artesanal-vernácula con la fantasía particular de los grupos criminales y sus simbolismos de poder, intimidación, eficacia, invulnerabilidad y reto a las normas de convivencia.

Ante la sola presencia de semejantes vehículos, la posible víctima columbra que incluso las fuerzas armadas podrían estar en desventaja en algún momento. Creados también para el combate contra grupos rivales, esos vehículos llegan a tener dispositivos como descargas electrificadas, o antipersecución (arrojan puntas de metal en el camino, aceite o gas pimienta). De acuerdo con las autoridades, la vulnerabilidad de los vehículos está en su lentitud (de 40 a 50 kilómetros por hora), su gran peso, sus neumáticos y su propio aspecto, detectable en la distancia mediante vigilancia terrestre o aérea.

En las zonas rurales, obtienen su mejor provecho en caminos o veredas llanas. En las zonas urbanas son difíciles de manejar, por lo que su existencia cumple a veces más un significado simbólico que una utilidad real. Son aparatos de intimidación y efecto psicológico que transmiten la percepción de un poder absoluto a partir de su aspecto escultórico de fuerza y energía masiva de la época industrial y las máquinas, la imaginería de la música y gráfica del heavy metal y las películas de contenido postapocalíptico y de terror.[32] La reducción de la realidad al mensaje de supremacía del más fuerte arroja a la víctima a la perspectiva de anamorfosis. El efecto de movilidad y de potencia que atraviesa los límites, termina por construir el pánico de las comunidades y, acaso, de los grupos rivales.

Si se examinan las formas de estos vehículos, construidos por varios grupos criminales, se hallan ciertas similitudes: alternancia de lo simétrico y lo asimétrico; las puntas y su evocación fálica; lo trapezoide; las torretas y su aspiración de fuerte móvil; la parte frontal como máscara atroz, la superficie oscura u oxidada, los acabados burdos. El conjunto de tales formas implica la concreción de las fantasías criminales y el imperativo de reducir su potencia bélica a un efecto apotropaico: el reemplazo de lo real por la fe en una defensa simbólica a partir de la superstición. Se trata del pensamiento premoderno que otorga a ciertos actos, gestos, rituales, objetos o frases litúrgicas la facultad de evitar, alejar, desviar el mal o alguna amenaza material o inmaterial.

A través de tales creencias, se trama un manto protector contra los espíritus o los demonios aciagos, o contra alguna acción maligna de orden mágico. Un vehículo blindado de los grupos criminales es un amuleto gigante y móvil que busca, además de su utilidad, la procesión de los temores que compendia y emite a su alrededor. Un juguete agresivo que alcanza su sentido supremo en el conjunto de las operaciones y el dominio del espacio y territorios del crimen organizado, en el impacto virtual ante las víctimas.

En la contraparte, las fuerzas armadas del orden constituido, impera la lógica del Estado fuerte o de terror. Y la guerra. En medio, permanece el cuerpo de las personas y su perímetro vulnerable.

Notas

1. José Zamora Grant, *Derecho victimal. La víctima en el nuevo sistema penal mexicano*, Ciudad de México, Instituto Nacional de Ciencias Penales, 2009, p. 215.

2. Alejandro Linares Zárate, *La Justicia. Su simbología y valores que concurren en su aplicación*, México, UAMEX, 2005, p. 10, <http://www.uaemex.mx/identidad/docs/JUSTICIA.pdf>, consultado el 4 de febrero de 2013. Sobre la concepción piramidal del derecho positivo, el cual considera que toda norma funda su vigencia en una norma superior, véase Hans Kelsen, *Teoría pura del derecho*, Ciudad de México, Éxodo, 2006, p. 174.

3. Franz Kafka, «Ante la ley», en *Cuentos,* Buenos Aires, Orión, 1974, s.f., <http://es.scribd.com/doc/96250/Franz-Kafka-ANTE-LA-LEY>, consultado el 4 de febrero de 2013.

4. Baltrušaitis escribe que «la anamorfosis —palabra que surge en el siglo XVII pero relacionada a composiciones previas— procede por una inversión de elementos y de funciones. En lugar de una reducción progresiva a sus límites visibles es una dilación, una proyección de formas fuera de sí mismas, conducidas de tal modo que se configuran hacia un punto de vista

determinado: una destrucción por un restablecimiento, una evasión que implica un retorno [...] La anamorfosis es un acertijo, un monstruo, un prodigio», cf. Jurgis Baltrušaitis, *Les perspectives depravées, Tome 2. Anamorphoses*, París, Flammarion, 1996, pp. 7-8.

5. Este argumento sigue la reflexión de Agamben, cuando afirma: «La nuda vida, es decir, la vida a quien cualquiera puede dar muerte pero que es a la vez insacrificable del *homo sacer* [...] Una oscura figura del derecho romano arcaico, en que la vida humana se incluye en el orden jurídico únicamente bajo la forma de su exclusión (es decir, de la posibilidad absoluta de que cualquiera le mate)», cf. Giorgio Agamben, *Homo Sacer. El poder soberano y la nuda vida*, Valencia, Pre-Textos, 2010, p. 18. Esta posibilidad de que «cualquiera le mate» es un hecho en la sociedad mexicana, cuyo índice de impunidad de los delitos es absoluto.

6. S. A., «Homicidas de edecán, al servicio de El Teo», *El Universal*, 8 de agosto de 2009. También en <http://blogs.periodistadigital.com/hermosillo.php/2009/08/07/p245576>, consultado el 4 de febrero de 2013.

7. Caso registrado por SGR; el nombre de la víctima es simulado para proteger su identidad.

8. Caso registrado por SGR; el nombre de la víctima es simulado para proteger su identidad.

9. Caso registrado por SGR; el nombre de la víctima es simulado para proteger su identidad.

10. Human Rights Watch, *Ni Seguridad, Ni Derechos. Ejecuciones, desapariciones y tortura en la «guerra contra el narcotráfico» de México*, Estados Unidos, 2011, p. 72.

11. *Ibid.*, p. 68.

12. Caso registrado por SGR; el nombre de la víctima es simulado para proteger su identidad.

13. Caso registrado en John Gibler, *Morir en México*, Ciudad de México, Sur, 2012, pp. 13-17.

14. Caso registrado por S.A., «Patrulla fronteriza mata a un mexicano», El Universal/lavanguardia.com.mx, 12 de octubre de 2012, <http://www.vanguardia.com.mx/patrullafronterizamataaunmexicano-1392881.html>, consultado el 4 de febrero de 2013.

15. U.S. Navy, *Survival, Evasion, Resistence and Escape Handbook*, Departamento de Defensa, 2011, edición kindle, pp. 36 y ss.

16. El artículo 3, 1.d., de la Convención de Ginebra, 1949, relativo al trato debido a los prisioneros de guerra afirma: «Las condenas dictadas y las ejecuciones sin previo juicio ante un tribunal legítimamente constituido,

con garantías judiciales reconocidas como indispensables por los pueblos civilizados», <http://www.icrc.org/spa/resources/documents/misc/treaty-gc-0-art3-5tdlrm.htm>, consultado el 4 de febrero de 2013.

17. Un análisis crítico del origen y el significado de la frase y sus usos actuales está en: Jimmy Sun, «Inter Arma Silent Leges», Estados Unidos, CS 199r Proyecto Final, 14 de mayo de 2007, s.f., <http://www.eecs.harvard.edu/cs199r/fp/Jimmy.pdf>, consultado el 4 de febrero de 2013.

18. Barry D. Watts, *Clausewitzian Friction and Future War*, Washington D.C., McNair Paper 52, octubre de 1996, p. 2 y ss., <http://books.google.com.mx/books>, consultado el 4 de febrero de 2013.

19. Nicolas Skrotzky, *La Terre victime de guerres*, Les Dossiers de l'écologie, Francia, 2002, p. 319.

20. Slavoj Žižek, *Looking Awry. An Introduction to Jacques Lacan through Popular Culture*, Massachusetts, MIT Press, 1992, p. 188.

21. Jurgis Baltrušaitis, «"Les Ambassadeurs" de Holbein», en *Les perspectives depravées, Tome 2. Anamorphoses*, París, Flammarion, 1996, pp. 125-160; Slavoj Žižek, «Looking Awry», *October*, 50, Massachusetts, otoño de 1989, pp. 30-55.

22. Para un estudio de las generaciones de guerra y en particular la cuarta generación o 4GW, véase Thomas Hammes, *The Sling and the Stone*, Saint Paul MN, Zenith Press, 2006, p. 336, cf., edición kindle, pp. 212-216.

23. Eyal Weizman, *A través de los muros*, Madrid, Errata Naturae, 2012, p. 22. Véase también Sean J. A. Edwards, *Swarming on the Battlefield. Past, Present, And Future*, Santa Mónica, CA, Rand Corporation, 2000, edición kindle, p. 93.

24. Sobre el efecto de las redes sociales en la guerra contra el narcotráfico en México, véase Andrés Monroy-Hernández, Emre Kiciman, Danah Boyd, Scott Counts, «Narcotweets: Social Media in Wartime», Estados Unidos, Microsoft Research, 2011, pp. 515-518, <http://research.microsoft.com/pubs/160480/ICWSM12-093.pdf>, consultado el 4 de febrero de 2013.

25. Weizman, *op. cit*, pp. 10-11.

26. Rubén Martín, «Narco y violencia en Guadalajara», *El Economista*, 12 de marzo de 2012, <http://eleconomista.com.mx/columnas/columna-especial-politica/2012/03/12/narco-violencia-guadalajara>, consultado el 4 de febrero de 2013.

27. René Ramón e Israel Dávila, *La Jornada*, 7 de septiembre de 2012, <http://www.jornada.unam.mx/2012/09/07/estados/032n1est>, consultado el 4 de febrero de 2013.

28. S. A., «Desmantelan una red de comunicación de Los Zetas», *Excélsior*, 24 de agosto de 2012, <http://excelsior.com.mx/index.php?m= nota&id_nota=855319&seccion=seccion-nacional&cat=1>, consultado el 4 de febrero de 2013.

29. Jean Clair, *Hubris. La fabrique du monstre dans l'art moderne*, París, Éditions Gallimard, 2012, p. 189.

30. Para una muestra de la propaganda oficial sobre la guerra contra el narcotráfico, véase Alejandro Poiré Romero, *¿Por qué el narcotráfico se hizo más violento en los últimos años?*, México, Gobierno Federal, 21 de agosto de 2011, <http://presidencia.gob.mx/blog/blog-alejandro-poire/>; véase también <http://www.youtube.com/watch?v=rPFR0imY1f4>, consultado el 4 de febrero de 2013.

31. Los datos para describir dichos vehículos provienen de: S. A., «Blindados del narco, monstruos inoperantes», *La Razón*, 18 de junio de 2011, <http://www.razon.com.mx/spip.php?article80753>, consultado el 4 de febrero de 2013.

32. Jameson apunta que las máquinas cómo íconos «son aún emblemas visibles, esculturales nódulos de energía que confieren carácter táctil y figurativo a las energías motrices», cf., Fredric Jameson, «La lógica cultural del capitalismo tardío», en *Teoría de la postmodernidad*, Madrid, Trotta, 1996, p. 344, <http://www.insumisos.com/lecturasinsumisas/logica_cultural_ capitalismo_tardio_Jameson.pdf>, p. 20, consultado el 4 de febrero de 2013; Deena Weinstein, *Heavy Metal: The Music And its Culture,* Nueva York, Da Capo Press, 2000, p. 368.

En las mazmorras del gobierno de México

La tortura en el caso de Iguala

ANABEL HERNÁNDEZ

Él no sabe si es de día o de noche. Su cuerpo está boca abajo en el suelo, amarrado de las manos e inmóvil; siente que su rostro roza con una alfombra. Tiene la certeza de que no está en un lugar clandestino, sino en oficinas de la Procuraduría General de la República (PGR) a manos de policías ministeriales federales de la Agencia de Investigación Criminal. Es el 15 de octubre de 2014, y hace unas horas lo detuvieron en un restaurante en la carretera Ciudad de México-Toluca, donde se encontraba junto a una mujer y un socio. La PGR lo acusa de estar implicado en el caso de los 43 estudiantes desaparecidos en Iguala, Guerrero.

Minutos antes, un hombre vestido con traje entró en el cuarto donde lo habían atado a una silla. Se acercó lentamente y le habló al oído diciéndole que lo enviaba el procurador general de la República Jesús Murillo Karam, el encargado de resolver el caso de los normalistas. Añadió que con él podía arreglar las cosas antes de que fuera «demasiado tarde».

«Tienes tres minutos para decidir», le advirtió, pero no había nada que decir, no sabía que había pasado la noche del 26 de septiembre en Iguala. En ese momento entró un grupo de siete agentes de la Policía Federal Ministerial con rollos de vendas, piezas de madera y metal como dildos y muchas bolsas de plástico negras de las que se usan para la basura. «Esta gente va a hacer que manifiestes lo que se te ordene, el procurador me autorizó», dijo el hombre del traje, y ordenó que comenzara el infame ritual y que no pararan hasta que dijera lo que el gobierno quería. Entonces, con habilidad de verdugos, los policías le

147

vendaron los ojos, lo acostaron boca abajo en el suelo y le ataron las manos con vendas.

Está tendido boca abajo y aún no comprende qué le espera. Los minutos se hacen eternos, en cada tictac hay un nuevo dolor. Lo voltean boca arriba. Su cuerpo es una marioneta que los agentes manipulan como les place. Uno lo jala de los brazos con dirección a la cabeza para que su espalda quede pegada al piso, otro se sienta sobre su estómago y le pone una bolsa de plástico en la cabeza, mientras otro se sienta sobre sus piernas para inmovilizarlo por completo hasta que pierde el conocimiento. Por unos instantes no tiene más sensación de dolor ni de vida hasta que lo reviven con golpes en el pecho.

«Como quiera te vas a morir», dice uno de los agentes. Él pide compasión, pero nadie le escucha. «Esto apenas es el comienzo», remachan.

Lo vuelven a voltear boca abajo y en ese momento le bajan el pantalón y el calzoncillo; le quitan las vendas con las que tiene amarrados los pies y le abren las piernas para echarle agua en los testículos, mientras con una bolsa de plástico lo vuelven a asfixiar; entonces un nuevo y siniestro objeto de hierro es introducido en su ano y lo desgarra lentamente. El dolor es indescriptible. Lo violan mientras unos lo ahogan con la bolsa de plástico y otros le aplican descargas eléctricas en los testículos, hasta que vuelve a desmayarse.

Lo reviven de nuevo. Como las vendas se han aflojado logra ver a un hombre presionando su pecho; está sentado sobre él, sudando, parece nervioso y agitado. «Este hijo de puta ya revivió», dice uno de los agentes de la PGR. Le ordenan que se levante y se suba los pantalones y él se da cuenta de que está todo mojado y siente un intenso dolor en el ano, en el ombligo y en el pecho, justo en el corazón.

El hombre que ordenó la tortura, el que dijo ser enviado por el procurador, le pregunta que si ahora va a decir lo que ellos quieren que diga, y responde que sí. «Haré todo lo que ustedes quieran pero no me torturen más, por el amor de Dios.» A continuación lo entregan a otros agentes que lo llevan a un nuevo calvario. Le duele cada parte de su cuerpo. Cuando lo dejan ir al baño se da cuenta de que está sangrando por el recto y tiene costras de sangre en medio de las piernas. Tiembla y está aterrorizado.[1]

Tras más de 24 horas de tortura física y psicológica, la madrugada del 17 de octubre la PGR obtuvo la firma de una declaración amañada en la que Sidronio Casarrubias Salgado se autoinculpaba. El gobierno lo acusaba de ser el líder del supuesto cártel Guerreros Unidos y de haber dado el aval para que los 43 estudiantes de Ayotzinapa fueran asesinados y quemados en un basurero en el municipio de Cocula, Guerrero. Según el testimonio firmado tras la brutal tortura, su hermano Mario Casarrubias Salgado era el jefe de la organización criminal Guerreros Unidos, a la cual pertenecían el alcalde de Iguala, José Luis Abarca, su esposa María de los Ángeles Pineda Villa y miembros de la Policía Municipal de Iguala. El gobierno de México también lo obligó a declarar que en los camiones en que viajaban los estudiantes esa noche iban miembros del grupo criminal los Rojos, y que Gildardo López Astudillo, alias el Gil, junto con la Policía Municipal y con el apoyo de Abarca habían atacado los vehículos para impedir que los Rojos invadieran Iguala.

Su testimonio fue usado por el gobierno de México para acusar al grupo criminal Guerreros Unidos y al alcalde de Iguala, José Luis Abarca, de haber perpetrado el ataque contra los normalistas y llevar a cabo la desaparición de los 43 estudiantes para así aplacar las protestas multitudinarias que gritaban a coro por las calles de México «¡Fue el Estado!».

Casarrubias no fue el único acusado del caso que sufrió tortura. Está probado que al menos otros 31 detenidos clave sufrieron golpes, asfixia y violencia sexual, como tocamientos, descargas eléctricas en los genitales e incluso penetración, amenazas de violación contra sus familiares y la consumación de algunas de ellas. Acciones cuyo propósito era obligarlos a autoinculparse de los hechos, imputar a otras personas y firmar declaraciones previamente redactadas por la PGR.

El gobierno de México amañó declaraciones bajo tortura y construyó la llamada «verdad histórica», en la que se afirma que los estudiantes fueron asesinados y quemados simultáneamente en un basurero cercano a Iguala y sus cenizas arrojadas a un río.

Lo cierto es que casi dos años después de la desaparición de los normalistas la PGR no tiene ni una sola prueba pericial o científica de que los estudiantes fueran calcinados en el basurero. De manera sospechosa, desde el inicio de la investigación la PGR ya tenía hecha su conclusión del caso: «[los estudiantes] al parecer fueron quemados hasta su total calcinación, por lo que es posible que si se llegaran a encontrar dichos restos sea imposible identificarlos», se señala en las primeras fojas del expediente obtenido en esta investigación periodística. Hasta ahora el gobierno de México no ha podido justificar cómo y por qué sabía que los 43 normalistas presuntamente habían sido quemados. Y la única prueba pericial de que uno de los estudiantes desaparecidos, Alejandro Mora, fue calcinado fue presuntamente sembrada por la propia PGR en un río cercano al basurero.[2]

La «verdad histórica» ha sido desmentida por la investigación periodística de la autora de este texto desde los primeros meses después de los hechos. Ha sido desmentida por dictámenes científicos que afirman que los cuerpos de los 43 estudiantes jamás fueron quemados en el basurero. Y también ha sido desmentida por la investigación del Grupo Interdisciplinario de Expertos Independientes (GIEI) que la Comisión Interamericana de Derechos Humanos (CIDH) envió a México a petición de los padres de los estudiantes para conocer la verdad.

El gobierno del presidente Enrique Peña Nieto no ha mostrado un verdadero interés de resolver el caso, sólo ha señalado culpables para intentar cerrar la supurante herida que ha exhibido ante el mundo el abuso de las fuerzas del orden y el fracaso del aparato de justicia de México.

Esta investigación periodística, los procedimientos especiales abiertos por diversas relatorías de las Naciones Unidas y el informe final del GIEI presentado en abril de 2016 han logrado documentar que al menos 33 detenidos clave usados por el gobierno para elaborar la «verdad histórica» fueron brutalmente torturados por el gobierno de México. De acuerdo a los documentos y los testimonios obtenidos, las oficinas públicas fueron convertidas en mazmorras, y los militares, marinos, policías federales y policías federales ministeriales actuaron como verdugos.

En base a los dictámenes médicos elaborados por la Marina, el Ejército y la PGR, y a testimonios directos la autora de esta investigación periodística fue la primera en revelar en diciembre de 2014 en la revista mexicana *Proceso* el uso de la tortura sistemática por parte del gobierno de México para «resolver» el caso.

A raíz de esa investigación, las graves violaciones de los derechos humanos comenzaron a ser investigadas por las Naciones Unidas mediante cinco relatorías especiales de la ONU: el Grupo de Trabajo sobre la Detención Arbitraria, el Grupo de Trabajo sobre las Desapariciones Forzadas o Involuntarias, la Relatoría Especial sobre la Independencia de los Magistrados y la Relatoría Especial sobre la Tortura y otros Tratos Crueles, Inhumanos o Degradantes.

Los relatores iniciaron procedimientos especiales ante las «serias» acusaciones de «detenciones arbitrarias, tortura, tratos crueles e inhumanos y degradantes» por parte de 13 detenidos del caso Ayotzinapa: Casarrubias Salgado, Marco Antonio Ríos Berber, Raúl Núñez Salgado, Agustín García Reyes, Jonathan Osorio Cortés, Patricio Reyes Landa y Carlos Canto Salgado, todos ellos detenidos y procesados por ser supuestamente miembros de Guerreros Unidos y haber participado en el ataque y la desaparición de los normalistas.

La ONU también inició procedimientos por las torturas de Verónica Bahena Cruz, Santiago Mazón Cedillo, Héctor Aguilar Ávalos, Alejandro Lara García, Edgar Magdaleno Cruz Navarro y Jesús Parra Arroyo, policías municipales de Iguala y Cocula acusados de participar en el ataque contra los normalistas y su desaparición.

Además de los 13 detenidos señalados por la ONU, la autora recibió denuncias de otros 11: los policías municipales de Iguala Honorio Antúnez y David Cruz Hernández, y los supuestos miembros de Guerreros Unidos Gildardo López Astudillo, Felipe Rodríguez Salgado, Eury Flores, Luis Alberto José Gaspar, Francisco Javier Lozano, Napoleón Martínez Gaspar, los hermanos Miguel Ángel y Osvaldo Ríos Sánchez, y Magali Ortega, asesora jurídica de la policía de Cocula.

En su primer informe presentado en septiembre de 2015 el GIEI, integrado por los investigadores Carlos Beristain, Ángela Buitrago,

Claudia Paz, Alejandro Valencia y Francisco Cox, informó de que de los 80 detenidos el 80 por ciento presentaba huellas de maltratos. En el informe final de sus investigaciones rendido el 24 de abril de 2016 afirmaron que en al menos 17 casos la tortura era evidente; 10 de ellos son diferentes a los casos documentados en la investigación periodística y la de la ONU: Miguel Ángel Landa Bahena, supuesto miembro de Guerreros Unidos, los policías de Cocula César Yáñez Castro, Roberto Pedrote Nava, Óscar Veleros Segura, Julio César Mateos Rosales, Alejandro Aceves Rosales, Alberto Aceves Serrano y César Nava González. Y de Iguala, Edgar Vieyra y Alejandro Mora Román.

Las 30 víctimas señalan entre sus agresores a policías federales, policías federales ministeriales, militares y marinos, con la presunta complicidad del procurador general de la República, Jesús Murillo Karam; el director de la Agencia de Investigación Criminal Tomás Zerón y el titular de la Subprocuraduría Especializada en Investigación de Delincuencia Organizada (SEIDO), Gustavo Salas Chávez. Ellos son los tres principales responsables de la investigación para localizar a los estudiantes y procesar a los culpables, pero en vez de hacerlo desviaron la investigación, amañaron testimonios e incluso sembraron pruebas falsas.

El caso de la desaparición de 43 estudiantes de la Escuela Normal Rural Raúl Isidro Burgos en Iguala, Guerrero, el 26 de septiembre de 2014 puso en evidencia de forma descarnada lo que los mexicanos viven a manos del Estado: desapariciones, muerte, corrupción e impunidad; así como el uso sistemático de la tortura como parte del operativo habitual de las fuerzas del orden y de la PGR para encarcelar a inocentes y proteger a culpables. Los crímenes ocurridos aquella noche han quedado ocultos en un pacto de silencio que el gobierno de México no ha querido romper. Los perpetradores guardan silencio para protegerse unos a otros y los testigos callan porque sienten un profundo temor. Ese silencio impide conocer el paradero final de los jóvenes estudiantes.

Aunque en México se han producido más de 25 000 desapariciones injustificadas durante los últimos 8 años, el caso de los 43 estudiantes no es uno más. La diferencia con los otros casos no es sólo el perfil de las víctimas —jóvenes, pobres entre los más pobres, apoyados por familiares y organizaciones civiles que valientemente se organizaron para luchar por que se conozca la verdad y su paradero—, sino que es el único caso de desapariciones masivas en el que hay una plena evidencia de que el ataque y el operativo corrió a cargo del Estado mexicano, ya que en la desaparición participaron el Ejército mexicano, la Policía Federal, la Policía Estatal y algunos elementos de la Policía Municipal de Iguala en un operativo coordinado a través del Centro de Control Comando, Comunicaciones y Cómputo de Iguala (C4) en el que los militares tenían la mayor jerarquía y tenían bajo su control las cámaras de seguridad de la ciudad cuyos videos más importantes fueron editados o borrados.

Conforme han transcurrido los meses las víctimas de los hechos del 26 y el 27 de septiembre de 2014 se han multiplicado: más de 100 estudiantes de Ayotzinapa atacados, de los cuales 43 desaparecieron. Se asesinó a 6 civiles: Daniel Solís, Julio César Rodríguez, Julio César Mondragón, Blanca Montiel, David Josué García y Víctor Manuel Lugo, los tres primeros normalistas. Asimismo fue atacado con balas el autobús en el que viajaba el equipo de jugadores de fútbol Avispones, que fue confundido con el de los normalistas; más de 20 personas resultaron heridas de bala. Y ahí no acaba el asunto: hay decenas de detenidos acusados sin pruebas de un crimen que afirman no haber cometido; estos últimos son las víctimas menos visibles hasta ahora.

Los espantosos relatos de las víctimas en las mazmorras del gobierno de México son una brutal muestra universal de que cuando las fuerzas del orden están entrenadas para infligir dolor en cada centímetro del cuerpo son peores que las hienas sobre su presa.

LOS SOBORNOS DEL PROCURADOR

Minutos después de ser violado y torturado, Sidronio Casarrubias fue conducido ante el jefe de la Agencia de Investigación Criminal (AIC),

Tomás Zerón, que se encontraba en las mismas oficinas; este lo llevó ante la mujer con quien supuestamente se encontraba cuando los detuvieron a ambos en un restaurante varias horas atrás. En presencia del jefe policial le ordenó que estableciera un diálogo con ella. La mujer se llamaba Dulce y no era la persona que lo acompañaba cuando fue detenido. Estaba temblando y muerta de miedo, y le dijo llorando que la habían torturado. Nunca más volvió a verla, y se desconoce su paradero.

Ante Zerón, los policías que habían torturado a Casarrubias lo amenazaron para que no denunciara lo que había pasado. «Si no, ya sabes lo que te podemos hacer a ti y a tu familia; recuerda a tus hijos, a tu esposa y a tus padres.»

Ya en las oficinas de la SEIDO, la madrugada del 17 de octubre el agente del ministerio público redactó su declaración. «Tú nomás la vas a firmar y poner tu huella», le dijo.

El mismo día que la PGR habría amañado la declaración de Casarrubias el procurador Murillo Karam y Zerón dieron una conferencia de prensa en la que anunciaron su captura. «Ayudará a resolver el caso de la muerte de seis personas en Iguala y la posterior desaparición de 43 estudiantes de la Escuela Normal Rural de Ayotzinapa», afirmó el procurador.

Días después Sidronio Casarrubias fue encarcelado en el Centro Federal de Readaptación Social n°. 1 (CEFERESO), un penal de máxima seguridad conocido como el Altiplano. Sus heridas aún no habían sanado y su infierno tampoco había finalizado.

Durante los primeros 30 días de prisión lo visitaron en tres ocasiones funcionarios de la PGR para presionarlo y obligarlo a ratificar ante el juez la confesión que había firmado bajo tortura. Una de esas visitas fue la de Murillo Karam.

—Soy el procurador general de la República Murillo Karam —le dijo una vez reunidos en una oficina de la prisión mientras fumaba nervioso—. Sé que fuiste torturado y quiero que me digas si puedes reconocer por medio de la voz a las personas que te torturaron, porque los que te hicieron eso son asimismo unos criminales. ¿También fuiste violado? —le preguntó el funcionario.

—Sí —respondió Casarrubias.

En ese momento el procurador le ofreció a Casarrubias 66 millones de pesos para que dijera dónde estaban los estudiantes, pero Casarrubias reiteró que no sabía nada.

—Te voy a refundir ochenta años en una celda solo, nunca vas a salir de la cárcel, sé que no eres culpable de los hechos... Por lo visto no te quieres ayudar, sé que no tienes dinero y necesitarás los mejores abogados que haya, pero por lo visto no vas a conseguir ninguno —dijo el procurador, y se retiró molesto.

El 25 de febrero de 2015 Sidronio Casarrubias denunció ante el juez el intento de soborno del procurador general. De repente, el 27 de febrero de 2015 Peña Nieto destituyó del cargo a Murillo Karam.[3]

En febrero y julio de 2015 Naciones Unidas envió al gobierno de México dos cartas firmadas por cinco relatores de la ONU en las que hacían constar las «serias» acusaciones de «detenciones arbitrarias, tortura, tratos crueles e inhumanos y degradantes» por parte de los detenidos del caso de Ayotzinapa, y añadían: «[...] quisiéramos expresar nuestra seria preocupación acerca de la detención, tortura, incluida la sexual, y la restricción del derecho de defensa sufrido por el señor Casarrubias Salgado», se afirmaba en la carta enviada el 25 de febrero firmada por Mads Andenas, presidente-relator del Grupo de Trabajo sobre la Detención Arbitraria; Ariel Dulitzky, presidente-relator de Grupo de Trabajo sobre las Desapariciones Forzadas o Involuntarias; Gabriela Knaul, relatora especial sobre la Independencia de los Magistrados; Chirstof Heyns, relator especial sobre las Ejecuciones Extrajudiciales, Sumarias y Arbitrarias; y Juan E. Méndez, relator especial sobre la Tortura y otros Tratos Crueles, Inhumanos o Degradantes. «También expresamos nuestra seria preocupación en relación con las alegaciones según las cuales la tortura y los malos tratos tuvieron el propósito de conseguir confesiones forzadas y amañadas. Tememos que el uso de estos métodos podría no ser un caso aislado, y que la investigación del caso de la desaparición de los 43 estudiantes de Iguala, podría estar asimismo basada en informaciones recabadas por medio de actos de tortura», añadían.[4]

Confesiones bajo tortura inconexas y absurdas

En el expediente de la PGR sobre el caso de los estudiantes 25 personas firmaron confesiones donde decían saber o haber participado en la desaparición de los normalistas. Pero en todas había serias contradicciones o historias muy distintas, incluso entre quienes confesaron supuestamente haberse llevado y matado a los estudiantes. La única constante en esas declaraciones era la tortura y un patrón de heridas infligidas a todos, según consta en los reportes médicos a los que se tuvo acceso directo.[5]

De los 25 testigos 10 son policías municipales de Cocula, 3 policías y 1 bombero de Iguala y 11 supuestos miembros de Guerreros Unidos. Entre esas declaraciones hay 8 supuestos asesinos confesos que declararon cuándo y cómo mataron a los estudiantes. Pero en esas confesiones refirieron cuatro lugares y formas totalmente distintos donde ocurrieron los hechos: en Pueblo Viejo, en el cerro la Parota, en un rancho en Loma de los Coyotes y en el basurero de Cocula.

Marco Antonio Ríos Berber, Martín Alejandro Macedo Barrera, Luis Alberto José Gaspar y Honorio Antúnez fueron detenidos el 3 y 4 de octubre de 2014 por policías ministeriales de Guerrero en un operativo conjunto con la Policía Federal y el Ejército implementado en Iguala a consecuencia de los hechos ocurridos el 26 de septiembre. De acuerdo con el parte policial, todos fueron detenidos mientras caminaban por la calle. Fueron los primeros supuestos miembros de Guerreros Unidos arrestados.

En su declaración ministerial del 5 de octubre, Ríos Berber y Macedo Barrera afirmaron con detalle que participaron en el ataque contra los estudiantes. Macedo Barrera dijo que cuando los estudiantes llegaron a Iguala iban armados, y que ellos y otros dispararon directamente contra los normalistas, que unos murieron allí y que se llevaron a 17 estudiantes en vehículos particulares a una casa de seguridad en Loma de los Coyotes, que allí mataron a 15 y los quemaron parcialmente en la fosa y a 2 no los quemaron. «[Los estudiantes] se pusieron muy violentos cuando estaban secuestrados y para que no estuvieran chingando se decidió matarlos; creo que utilizaron la excavadora para enterrarlos en el mismo rancho que tenemos —confesó supuestamente Macedo Barrera—. Yo participé matando a dos de los ayotzinapos dándoles un balazo en la cabeza y no son de los que quemamos.»

En cambio, Ríos Berber dijo que la Policía Municipal de Iguala trasladó a 20 estudiantes y se los llevaron a la comandancia, y que un criminal apodado el Choky se llevó por su cuenta a 3 normalistas en un Mustang negro. Según la declaración que firmó, en un cerro en Pueblo Viejo vio cómo mataron a los 3 estudiantes; él mismo cavó la fosa y allí los echaron y medio quemaron con gasolina; después se llevaron a otros 14 estudiantes en una *pick-up* blanca, mataron a 10 y a 4 los dejaron amarrados y golpeados, aunque luego el Choky los mató.

Según el gobierno, las declaraciones de ambos los llevaron a localizar fosas clandestinas en Pueblo Viejo, lugar en el que hasta donde se sabe se localizaron 28 cuerpos, si bien tras realizar análisis de ADN se supo que no eran los estudiantes.

Ríos Berber contó a Naciones Unidas cómo fue detenido sin orden de aprehensión y conducido a la Procuraduría en Guerrero; allí fue amenazado, desnudado y torturado. «En varios momentos los actos de tortura lo habrían llevado a la asfixia [...]» Al día siguiente fue trasladado a la PGR, donde firmó su declaración bajo amenaza.

ESTABA SENTADO EN LA BANQUETA

Luis Alberto José Gaspar tenía dieciocho años cuando fue arrestado. Declaró ante el juez que era ayudante de albañil y que de él dependían económicamente su esposa, un hijo y dos hermanos a quienes les pagaba la comida, el techo y los estudios. Señaló que cuando fue detenido en Iguala el 2 de octubre de 2014 estaba sentado en la banqueta frente a una escuela. «En relación a los hechos que me imputan yo no tengo nada que ver en eso de lo que me están acusando, soy un hombre de bien, de trabajo, soy inocente de lo que me acusan [...]», dijo desesperado ante al juez en audiencia el 25 de noviembre de 2014. Contó que lo detuvieron seis carros de la policía ministerial, quienes le dijeron que lo veían «sospechoso» y lo subieron a una de las unidades. Le preguntaron dónde estaba el 26 de septiembre y él respondió que en su casa. Entonces comenzó la golpiza y le pusieron una bolsa en la cabeza para asfixiarlo; sus torturadores le dijeron que era miembro de Guerreros Unidos, aunque él les dijo que no pertenecía a ninguna organización y que tenía pruebas para demostrar que era albañil. «No nos importan tus pruebas», le respondieron. Después lo llevaron a la Procuraduría de Chilpancingo para que prestara declaración.[6]

«[...]En la madrugada me sacaron, me vendaron los ojos y me llevaron a un lugar solitario; después me encueraron, me amarraron con una venda, luego me pusieron cinta en la cabeza y me amenazaron para que dijera qué era lo que sabía de los estudiantes; yo les dije que cómo les iba a decir si yo no sabía nada de los estudiantes, y ellos me dijeron que cómo no iba a saber nada si era de Iguala. Después me echaron agua en la cabeza durante cuatro horas y me golpearon en las costillas y en la cabeza [...]» Cuando lo llevaron para prestar declaración, él contó la forma en que lo habían capturado, pero ignoraron su relato y le ordenaron firmar una declaración que no dejaron que una abogada leyera antes de firmarla. En un principio él se negó, pero los policías lo amenazaron con que si no firmaba lo llevarían de nuevo al lugar donde lo habían golpeado. «Yo por miedo firmé los papeles», le dijo al juez.

Al día siguiente por la noche lo llevaron en un avión a la Ciudad de México. Ya en la SEIDO le dijeron que debía declarar y él se negó, ya que no sabía siquiera de qué lo acusaban.

Cómo cavar tu propia tumba

El 8 de octubre policías federales ministeriales detuvieron en Cuernavaca, Morelos, a los hermanos Miguel Ángel y Osvaldo Ríos Sánchez, también por supuesta actitud sospechosa. Según los policías, llevaban armas y drogas, y tras leerles sus derechos declararon inmediatamente ser miembros de Guerreros Unidos, vender droga y que sabían que los normalistas habían sido asesinados y enterrados en el paraje La Parota, ubicado en las inmediaciones de Iguala.

Debido a supuestos fallos mecánicos en los vehículos, fueron conducidos ante la PGR en la Ciudad de México el 9 de octubre.

Miguel Ángel presentaba más de 10 lesiones y Osvaldo 14. A las seis y media de la mañana de ese 9 de octubre ambos fueron trasladados por elementos de la Marina en un helicóptero desde la Ciudad de México a la carretera federal Iguala-Teloloapan, y en vehículos militares llegaron a un paraje desierto llamado La Parota.

Viridiana Ramírez esposa de Miguel Ángel afirmó que su esposo y su cuñado fueron golpeados y torturados por los policías durante varias horas. Mientras los trasladaban en el helicóptero de la Marina le dijeron a su esposo que lo iban a aventar, que nadie se daría cuenta, y le ordenaron que se declarara culpable de la desaparición y la muerte de los estudiantes.

Su esposo le contó que cuando llegaron a La Parota los marinos los obligaron a cavar una fosa y les dijeron que se quedarían allí. «Querían que firmaran una declaración que ya llevaban hecha», dijo. A Osvaldo lo echaron a la fosa que le hicieron cavar y le dispararon causándole una rozadura en el oído, y cuando intentó levantarse le dispararon cerca de la mano. El suplicio continuó poniéndoles una bolsa de plástico en la cabeza y aplicándoles descargas eléctricas. Al final firmaron la declaración.

De forma inquietante, integrantes de la Unión de Pueblos y Organizaciones del Estado de Guerrero (UPOEG) encontraron el 23 de octubre nueve fosas clandestinas en la zona de La Parota con restos de carne y sangre recientes incluidos zapatos, mochilas y lápices.

LO AMARRARON AL SILLÓN DEL DENTISTA

Honorio Antúnez era policía municipal de Iguala. Durante veinte años estuvo en el ejército, y tras jubilarse entró a trabajar a la Policía Local. El 26 de septiembre no trabajó porque estaba en un curso de capacitación.

El 3 de octubre de 2014 se presentó a pase de lista y en ese momento llegó un operativo de la Policía Federal Ministerial y se lo llevaron detenido. «Tú eres policía municipal ya te cargó tu chingada madre», le dijeron los policías federales. Lo subieron a un vehículo blanco y lo llevaron a un lugar donde había estacionados varios ve-

hículos, entre ellos un camión tipo torton donde se leía UNIDAD MÉ-
DICA MÓVIL DENTAL. Antúnez dijo que entonces llegaron dos personas
que había visto en el cuartel de la policía estatal el 27 de septiembre,
uno de ellos el procurador general de Guerrero, Iñaki Blanco. A continuación le interrogaron sobre el alcalde José Luis Abarca y su esposa, y le preguntaron dónde se encontraban los normalistas desaparecidos; él respondió que no lo sabía. «¡Tú sabes dónde los enterraron!»,
le gritaron entre insultos. Los policías federales lo metieron esposado
en la unidad médica dental y lo sentaron en el sillón de los pacientes.
Después lo amarraron y lo torturaron. Le decían que debía decir
dónde estaban enterrados los normalistas. «Nadie sabe que estás aquí,
si te mueres en plena tortura no hay problema», le dijeron. «Después
de colocarme las bolsas de plástico en la cabeza me colocaron un trapo en la cara, cubriéndome los ojos, la nariz y la boca, y empezaron a
echarme agua en la cara para que me tragara el agua por la nariz y por
la boca; también me golpeaban en el estómago», narró al juez durante la primera audiencia de su proceso judicial.

Más tarde los policías federales ministeriales lo sacaron de allí y
lo entregaron a policías de la Gendarmería Federal en la carretera hacia Chilpancingo, en el cruce del Rancho del Cura.

«En dirección a Tepecoacuilco se orillaron hacia debajo de la
carretera en la maleza; allí empezó otra tortura, golpeándome en el
estómago y preguntándome por los muchachos normalistas.» Luego
lo llevaron a Chilpancingo.

Esa noche prestó declaración. Le empezaron a decir nombres de
policías municipales; «[...] como no les dije nada y no contesté a las
preguntas que me hacían me llevaron a otra oficina y me enseñaron
fotografías [...]». Afirmó que le mostraron fotos de compañeros que
sólo conocía de vista; le preguntaron si eran de Guerreros Unidos y
él dijo que no lo sabía. «No ratifico la declaración que me hicieron
firmar en Chilpancingo, no la ratifico porque fue por medio de tortura», afirmó ante el juez.

La declaración de Honorio Antúnez, amañada y firmada bajo
amenazas, fue usada por la PGR para detener a más de 20 policías
municipales de Iguala y Cocula, a quienes se acusa de haber atacado
y hecho desaparecer a los estudiantes.

GRITOS EN LAS MAZMORRAS

La Policía Federal Ministerial le venda los ojos, la meten en una oficina y la sujetan a una silla, donde la amenazan con quitarle su casa y violar a sus familiares. La golpean en las costillas, la patean en las piernas y le aplican descargas eléctricas. Debido al miedo, Verónica Bahena, policía municipal de Iguala, se orina en la ropa y los policías que la torturan aprovechan para humillarla e insultarla. Sus gritos hacen coro con los de otros diez policías que junto con ella fueron detenidos el 14 de octubre de 2014 en un campo militar cuando realizaba un entrenamiento.

De acuerdo con los testimonios recabados entre familiares de los policías, la tortura ocurrió en las oficinas de la PGR y la infligieron hombres corpulentos vestidos de negro y encapuchados para no ser reconocidos. Durante el maltrato físico les preguntaban por los estudiantes desaparecidos y Guerreros Unidos en una mecánica similar con cada policía. «¿Por qué los mataste? —Un golpe—. ¿Por qué se los llevaron?», y los golpearon de nuevo hasta dejarlos en el suelo, algunos semiinconscientes.

Sue Martínez está casada con el policía Héctor Ávalos desde hace 13 años y viven desde entonces en una casa de cartón y lámina en un suburbio popular en Iguala. Su esposo había sido antes militar, no le gustaba pero era la única forma de salir adelante en su pueblo y ganar dinero para mantener a su familia. Afirmó que su esposo estaba franco el 26 de septiembre; de acuerdo con el documento oficial de la fatiga de labores, efectivamente estaba de descanso. Era chófer de una patrulla.

El 26 de septiembre, cuando ocurrió el ataque y la desaparición de los estudiantes, él estuvo todo el día en la casa y como el 27 era el cumpleaños de su hijo lo iba a llevar a comer a McDonald's. Alrededor de las 20.40 se fueron a casa y ya no salieron de allí hasta la mañana siguiente.

Después de su arresto pasaron cuatro largos días hasta que Sue pudo volver a verlo en una cárcel en el estado de Nayarit. «Cuando vi a mi esposo estaba tan desesperado que sentía que se iba a morir ahí de lo fuerte que lo habían golpeado», dijo, y añadió que se había desmayado dos veces a causa de los golpes propinados en la PGR y que luego lo levantaban a patadas para despertarlo. Sue narró llorando que tras la golpiza en las oficinas sacaron a su esposo y los demás a un pasillo y los dejaron allí. «Querían que se autoinculparan. Les preguntaban dónde estaban los estudiantes.» Señaló que su esposo les decía que no sabía nada porque ese día no había trabajado. «Debes inculparte», le ordenaron.

Laura Martínez, esposa de Alejandro Lara, afirmó que su esposo también estaba de descanso y que el día 26 estuvieron todo el día juntos. «A donde quiera que yo fuera él me acompañaba, en su día de descanso él siempre andaba conmigo y yo siempre andaba con él.» Señaló que ese día fueron a pagar el abono de una cadenita de oro que empeñaron porque no tenían dinero y a las nueve de la noche (cerca de la hora del ataque a los estudiantes) ellos estaban en un entrenamiento de basquetbol de su hija lejos del centro. Afirmó que había reunido varias cartas de buena conducta porque él nunca había tenido problemas con nadie y que las personas que estuvieron en el entrenamiento habían ido a declarar para corroborar que lo habían visto.

Después de su detención pasaron muchos días hasta que pudo verlo. Cuando se encontraron, Alejandro Lara rompió en llanto, apenas podía hablar y le contó los horrores vividos. «Este episodio de violencia duró alrededor de cuatro horas, durante las cuales el señor Lara habría escuchado cómo otras personas detenidas junto a él también eran torturadas», señalaron los relatores de las Naciones Unidas en la carta referida del 10 de julio de 2015. De hecho, Lara fue uno de los primeros que decidió denunciar la tortura ante la Comisión Nacional de Derechos Humanos (CNDH) «contra los policías federales que nos detuvieron, nos golpearon y querían a la fuerza que dijéramos dónde estaban los cuerpos».

De los diez policías detenidos ocho presentaron en los dictámenes médicos lesiones múltiples, muchas de ellas a la altura de la pelvis y muslos que mostraban las quemaduras de las descargas eléctricas. Cuando Verónica Bahena fue evaluada tenía al menos cinco golpes. De acuerdo con los testimonios de sus compañeros, durante varios días tuvo una severa hemorragia del útero.

«Vamos a violar a tus hijas»

Patricio Reyes Landa, de veinticinco años, fue detenido el 27 de octubre de 2014 en Apetlaca, Guerrero, por miembros de la Secretaría de Marina, que lo golpearon y le abrieron la cabeza con un arma. En vez de presentarlo de inmediato ante una autoridad judicial lo transportaron en helicóptero junto con Jonathan Osorio Cruz y Agustín Reyes García a otro lugar, donde una persona vestida de marino le suturó la herida.

En una carta escrita de su puño y letra enviada para este reporte, y en un testimonio ofrecido a las Naciones Unidas, afirmó que permaneció sentado en el suelo en el interior de las instalaciones militares durante mucho tiempo escuchando los gritos de dolor de los otros hasta que le llegó su turno. «Vinieron dos personas vestidas de marino y me metieron en un cuarto; empezaron a atarme las manos con una venda hacia atrás y me amarraron los pies [...] luego comenzaron a aplicarme descargas eléctricas en los testículos, en el ano y en la boca [...] también me ponían una bolsa en la cara hasta el punto de no poder respirar, y en cuanto perdía el conocimiento me golpeaban en el pecho y el estómago; así estuvieron una tres horas, mientras me decían todo lo que tenía que decir», contó Patricio en su descarnada carta. Durante la tortura le mostraron varias fotos de su familia para aumentar su terror. «[...] Me dijeron que tenía que cooperar con ellos, y que si no lo hacía iban a matar a mi esposa y a mis dos niñas, pero que antes de matarlas las violarían, que les meterían el lado del cañón por el ano y que a mi esposa la iban a violar entre todos [...] que de todos modos yo era un muerto de hambre.»

Antes de ser detenido y que su rostro apareciera en los medios de comunicación de masas como el asesino de los normalistas, Reyes Landa era un albañil en el municipio de Cocula. Él y su familia son tan pobres que dependen del programa gubernamental de apoyo a las familias en extrema pobreza para subsistir. Aunque la PGR lo acusó de ser parte de la delincuencia organizada y recibir un jugoso sueldo por eso, él no tiene siquiera una bicicleta para desplazarse. Vive en un jacal de adobe con su esposa, sus hijas, sus padres y sus hermanos. De acuerdo con el análisis de las lesiones infligidas a Reyes Landa realizado durante la investigación del GIEI, se determinó que tenía al menos 70 lesiones. La misma suerte habrían corrido Jonathan y Agustín.

«A Jonathan le ataron las manos y lo asfixiaban con una bolsa de plástico y él perdió el sentido unas tres veces. Le echaron agua fría y hielo para despertarlo. También le aplicaron descargas eléctricas en los testículos y el recto», dijo en una entrevista la señora Estela, la madre del joven de veinte años que fue arrestado junto con Patricio, ya que ambos trabajaban como albañiles en Apetlaca. Estela señaló los mismos sitios que refirió la familia de Patricio. «A él le salieron hasta costras en sus testículos, al otro muchacho incluso le pusieron la pistola dentro de la boca», dijo con la voz entrecortada.

Jonathan estudió hasta la secundaria porque no había dinero para más. Trabajaba de ayudante de albañil y taquero en la Ciudad de México, donde tiene familiares. Su madre contó que cuando no había trabajo limpiaba maíz o ponía fertilizante. Iba y venía de la Ciudad de México por temporadas. No tenía coche, ni moto ni bicicleta. «Cuando los arrestaron los vendaron y los torturaron; oyó que estaban como escarbando y les dijeron que eso era una bolsa que les iban a sembrar a ellos», señaló. Su hijo también le reveló que cuando los transportaron en helicóptero para trasladarlos les decían que si aventaban a uno nadie se enteraría. En el helicóptero uno de los marinos dijo con sorna: «Con estos pendejos vamos a tapar el caso».

La madre de Jonathan comentó que a él también le ofrecieron dinero para que se autoinculpara e inculpara incluso a los amigos y los contactos que tenía en su cuenta de Facebook. «Él decía que no iba a hacer eso, que ya era suficiente lo que les estaban haciendo a ellos.» Miembros de la PGR lo llevaron al basurero para que supuestamente les mostrara cómo habían matado a los estudiantes. Pero lo que ocurrió allí es que las autoridades le dijeron cómo escenificar los hechos e incluso le marcaron los puntos por donde debía caminar. La farsa fue grabada en video sin que él lo supiera, según dijo a las Naciones Unidas. El procurador Murillo Karam mostró ese video el 7 de noviembre de 2014 y afirmó que gracias a las «confesiones» de Jonathan se había aclarado la muerte y posterior calcinación de los normalistas. De acuerdo al análisis hecho por el GIEI Jonathan sufrió al menos 94 lesiones.

Para Agustín Reyes García, de veintitrés años, las cosas no fueron mejores. A él lo detuvieron el 26 de octubre de 2014, pero fue presentado ante el ministerio público el día siguiente. También refirió a las Naciones Unidas haber sido torturado por la Marina en instalaciones militares y que luego lo volvieron a torturar en la PGR. «Estos mismos efectivos le habrían obligado a memorizar ciertos datos y nombres para después incluirlos en su declaración ministerial —afirma una carta enviada por los cinco relatores de la ONU al gobierno de México el 10 de julio de 2015—. En días posteriores personal de la Procuraduría General de la República lo habría llevado hasta el basurero de Cocula para que escenificara los hechos y varias personas le habrían coaccionado y en parte indicado qué tenía que decir», añade la carta de las Naciones Unidas. El 27 de octubre fue conducido a las inmediaciones del río San Juan y supuestamente obligado a mostrar dónde se habían arrojado las cenizas. El 24 de abril de 2016 el GIEI denunció que ese día el propio Tomás Zerón, titular de la Agencia de Investigación Criminal, llevó a García Reyes a hacer el montaje y su personal habría sembrado una bolsa de plástico negra que contenía restos de Alexander Mora, el único estudiante desaparecido que se sabe está muerto gracias a esos restos, alterando de ese modo toda la investigación.

En una entrevista con la esposa de Agustín, esta dijo que su marido le contó que en la visita al río —grabada por la PGR en el lugar donde se supone que él mostró dónde arrojaron las bolsas con cenizas— él fue guiado por los propios funcionarios hacia dónde tenía que caminar y qué debía hacer. En la investigación del GIEI se afirma que el cuerpo de Agustín presentaba al menos 40 heridas.

Felipe Rodríguez Salgado, de veinticinco años, a quien la PGR señala como el jefe directo de Patricio, Jonathan y Agustín, fue detenido la tarde del 15 de enero en Cocula, aunque la Policía Federal dijo haberlo detenido en Morelos. Trabajaba como albañil con el padre de su esposa, que es maestra. Ella afirmó que la noche del 26 de septiembre estuvieron juntos con otros familiares, por lo que es imposible que participara en los hechos de los que lo acusa la PGR. También fue torturado para obligarlo a firmar una confesión amañada. Su cuerpo presentaba al menos 64 lesiones. En una carta escrita por él denunció que, días después de haber sido detenido, Tomás Zerón fue al penal federal de Nayarit donde se encuentra preso.

«Quería que me autoinculpara de la desaparición de los estudiantes, que le firmara unos documentos y señalara a gente que ni conozco; quería que dijera que ellos eran mis patrones y que eran los que me pagaban, un tal Sidronio y el ex presidente de Iguala. A cambio le daría dinero a mi familia y le compraría una casa [...] Dijo que a mí me echarían ocho años de cárcel.» Afirmó que el 18 de febrero de 2015 el funcionario volvió a visitarlo en la prisión para insistir en su oferta. Al negarse de nuevo le advirtió: «Dejas ir una gran oportunidad, y cuidadito, no le cuentes a nadie esta conversación porque te puede ir muy mal y también a tu familia». En la misiva Felipe responsabiliza de lo que le pueda pasar a él y a su familia al director de la Agencia de Investigación Criminal.

Los cinco detenidos firmaron declaraciones en las que afirman que mataron a los 43 normalistas simultáneamente en un basurero, que los quemaron allí mismo hasta convertirlos en cenizas y después arrojaron sus restos en una bolsa de basura a un río. Aunque se supone que los cinco estuvieron en la misma escena del crimen, sus declaraciones son contradictorias entre sí e incluso lo que dice uno hace imposible que haya ocurrido lo que dice el otro. Difieren en las horas en que se supone ocurrieron los hechos, cómo y quiénes les entregaron a los normalistas, y en cómo mataron y supuestamente quemaron sus cuerpos.

Además de sus contradicciones, tres estudios independientes realizados por la Universidad Autónoma de México, el Equipo Argentino de Antropología Forense y el GIEI afirman que no existen pruebas científicas de que ocurrió un incendio masivo en el basurero ni de que fueron incinerados simultáneamente los 43 normalistas.

Uno de los más inquietantes interrogantes es por qué, si los estudiantes nunca fueron asesinados ni incinerados en Cocula, el gobierno de México tiene en su poder los restos calcinados de uno de los normalistas.

Durante los dos últimos años, Juan Méndez, el relator especial de las Naciones Unidas sobre la Tortura y otros Tratos Crueles y Amnistía Internacional ha elaborado reportes que denuncian la práctica sistemática y generalizada de la tortura en las instituciones de seguridad pública y militares en México como medio para obtener confesiones falsas.

En México muchas oficinas militares, de la PGR, de la Policía Federal, la Policía Estatal y la Policía Municipal se han convertido en réplicas de prisiones como Abu Ghraib y Guantánamo, cuyos tratos crueles e inhumanos sacudieron al mundo. Pero da la impresión de que el grito de las víctimas en México aún no es lo suficientemente desgarrador para ser oído por la comunidad internacional.

Los propósitos de la tortura siempre son perversos, pero en el caso relacionado con la investigación de los 43 estudiantes desaparecidos tiene una dosis mayor. El gobierno de México se centró en detener personas y obtener confesiones falsas para cerrar el caso y a la par evitó investigar los testimonios, videos y elementos periciales que revelan que al menos 30 elementos del 27.º Batallón de Infantería participaron de manera activa en los ataques y la desaparición de los 43 normalistas, así como al menos 7 policías federales, dos de ellos plenamente identificados por un testigo de la CNDH. De acuerdo a documentos obtenidos en esta investigación periodística, en al menos dos escenas del crimen hay un total de 18 casquillos percutidos de rifle automático G3. El Ejército fue la única fuerza del orden que esa noche llevaba ese armamento. Algunos de esos casquillos tienen grabada la leyenda FC (Fábrica de Cartuchos) producidos por la Secretaría de la Defensa Nacional.[7]

Notas

1. La autora obtuvo la declaración rendida por Sidronio Casarrubias Salgado ante el juez segundo del Distrito de Procesos Penales Federales en el Estado de México los días 21 de octubre de 2014 y 25 de febrero de 2015, en la que detalló la tortura que sufrió; asimismo tiene copia del dictamen médico que señala diversas lesiones en el cuerpo de Casarrubias Salgado tras su arresto.

2. Conferencia de prensa dada por el Grupo Interdisciplinario de Expertos Independientes de la Comisión Interamericana de Derechos Humanos el 24 de abril de 2016 en la Ciudad de México.

3. Declaración rendida por Sidronio Casarrubias Salgado, citada en la nota 1.

4. La autora cuenta con una copia de las cartas enviadas por los cinco funcionarios de Naciones Unidas al gobierno de México.

5. La autora tiene en su poder una copia de dichos dictámenes médicos.

6. La autora tiene una copia íntegra de la declaración rendida por José Gaspar ante el juez.

7. La autora tiene en su poder los dictámenes de balística practicados a los 6 camiones de pasajeros atacados la noche del 26 de septiembre, así como de los casquillos recogidos en las escenas de los crímenes.

Reportear desde el país de las fosas

MARCELA TURATI

El rescatista descendía por el túnel hacia el hedor acumulado en el fondo; peldaño a peldaño, se sumergió en los 150 metros del viejo pozo clausurado. La lámpara aferrada al casco alumbraba la pared de la mina; delineaba siluetas suspendidas en el vacío, trabadas en las vigas, y rocas con tallones de sangre. Al fondo del viejo respiradero, en vez de piso encontró un charco de agua estancada del que emergía una montaña formada por bultos parecidos a lomos de cerdos. Pero eran personas; una pila de restos humanos, entre brillantes y parduzcos, con la textura jabonosa de la descomposición. Sus rostros tenían el rictus de la angustia. Todos presentaban la marca registrada del crimen organizado: las muñecas atadas por la espalda, la cinta de color canela tapándoles los ojos, el calzón hecho un nudo dentro de la boca o el saco anudado a la cabeza en el momento de las torturas.

El rescatista pasó una semana de mayo en el fondo del pozo, en la húmeda caverna conectada por pasillos rectos donde corría un aire frío. La sensación térmica era de 14 grados. De día él y sus colegas desataban y separaban los cadáveres, los rearmaban y los metían en bolsas blancas que introducían en un tambo de plástico azul y que otros compañeros subían al exterior desde afuera, ayudados por poleas. El humus cubría como escamas los tatuajes de los cadáveres, que por un instante devolvían a los cuerpos cierta identidad. Allí estaban el cadáver con la figura de dragón, los adoradores de la Santa Muerte, los que llevaban grabada en la piel los nombres de las mujeres que amaron, el tatuaje del payaso con una lágrima. Uno de los muertos era el recién desaparecido jefe de un penal. Dos de los restos humanos eran esqueletos, tres estaban momificados, a otros tres les faltaba la cabeza.

El domingo 6 de junio de 2010, el cadáver número 55 fue extraído de la mina la Concha, en Taxco, estado de Guerrero. Fue el último.

Con esa imagen arranca el libro que escribí en 2010, *Fuego cruzado*, en el que contaba como reportera la dura realidad a la que nos enfrentamos en México; aunque más que reportera, en aquel momento me sentí una corresponsal de guerra en mi propio país.

Mi intención era denunciar la violencia que sufrimos en México y que entonces comenzaba a normalizarse: los asesinatos y las ejecuciones extrajudiciales, las desapariciones de personas, las masacres, el desplazamiento de personas hacia otros lugares a causa del temor ante tanta violencia, el impacto del terror en la población a causa de las miles de muertes causadas por la «guerra contra las drogas» iniciada en diciembre de 2006 por el entonces presidente Felipe Calderón, quien pretendía combatir a los «narcos» con la fuerza pública, pero cuya estrategia derivó en una escalada de violencia nunca antes vista.

El hallazgo de las fosas comunes en la ciudad turística de Taxco era una noticia más que añadir a la dosis de terror diario que reciben los mexicanos. Aunque parecía una noticia aislada, lejana, poco generalizable, resumía el horror que se experimentaba en México.

Nadie imaginaba que seis años después los hallazgos de las fosas comunes se convertirían en una noticia habitual y en la constatación de que asesinar personas y ocultar sus cuerpos acabaría siendo una epidemia. Por aquella época tampoco yo presentía que mi reporteo me conduciría a especializarme en asuntos forenses.

Me dedicaba a cubrir noticias sobre las víctimas de la violencia desde 2008; eran víctimas invisibles; de hecho, el discurso oficial era que las habían asesinado porque «en algo andaban» o porque «estaban en el lugar erróneo a la hora equivocada».

A partir de ese año comencé a entrevistar a personas desesperadas porque desconocían el paradero de algún familiar que simplemente no regresó a casa o que alguien vio cómo se lo llevaban, y de quien no había pistas. En medio de tanta confusión no sabían a quién dirigirse o cómo empezar la búsqueda, y las autoridades tampoco los ayudaban.

No tardé en descubrir que las familias afectadas por tales hechos habían empezado a encontrarse y a crear grupos de personas unidos por la misma tragedia. Asistí a talleres educativos donde intercambiaban información, hablaban sobre sus derechos y proyectaban acciones para hacerse oír. Registré sus recorridos por el laberinto lleno de puertas falsas que es la burocracia empeñada en no investigar. Constaté sus incansables exigencias para que los gobiernos de todos los estados crearan fiscalías especializadas en la búsqueda y el rescate de sus seres queridos y aprobaran leyes que penalizaran la desaparición de personas. Acompañé a las madres de los desaparecidos en sus marchas, que luego derivaron en caravanas, plantones o huelgas de hambre. Escribí sobre sus recorridos por las morgues, donde tenían que mirar las fotografías de esqueletos con el fin de que reconocieran algún rasgo de sus seres queridos; escribí acerca de su peregrinación por los cementerios, donde solicitaban informes sobre los cuerpos no identificados enterrados en las fosas comunes, lotes baldíos que no eran más que vertederos; relaté sus demandas a los departamentos de servicios periciales, a los que exigían que se realizara un registro nacional de cuerpos no identificados y un banco nacional de ADN para que no tuvieran que extraerles una muestra de sangre en cada lugar donde denuncian la desaparición de sus familiares.

Invariablemente, las encontraba siempre que se anunciaba el hallazgo reciente de alguna fosa común clandestina. Solían pedir informes sobre las características de los cuerpos, querían ver las fotografías, intentaban asomarse a la fosa para ver si reconocían alguna pertenencia, alguna prenda de vestir, algún diente o tatuaje que les permitiera identificar a su ser querido y llevárselo a su población para enterrarlo con dignidad.

Con el tiempo comenzaron a pedir a las autoridades que se hicieran exhumaciones en las fosas comunes donde se enterraban los cuerpos; que perros entrenados para tal fin rastrearan los cadáveres; que se utilizara tecnología especializada o aparatos con ultrasonidos o georradares que les permitiera ubicar dónde había sido removida la tierra. Después los vi removiendo la tierra con sus propias manos, sin permiso gubernamental para desenterrar los cadáveres.

Al mismo tiempo que el país se cubría con un manto de horror, mi cobertura periodística se transformó en una crónica interminable de cadáveres, restos humanos y fosas comunes.

Tiempo atrás yo desconocía el tema. A lo largo de mi educación formal hasta la universidad jamás había oído hablar de que en México se hubiera utilizado la desaparición masiva de personas como una estrategia de la guerra sucia. Creía que eso sólo había sucedido en Chile y Argentina.

Durante el año 2000, el año de la transición democrática, cuando el Partido Revolucionario Institucional (PRI) perdió las elecciones tras 71 años en el poder, yo era una reportera novata a quien habían asignado cubrir protestas callejeras. Una de mis asignaciones fue cubrir la manifestación de un grupo de ancianas vestidas de negro; eran madres de las y los jóvenes detenidos y desaparecidos en los años setenta, la época conocida como la «guerra sucia», y pedían que se desclasificaran los archivos del pasado que les permitieran dar con el paradero de sus hijos.

Dos años después el gobierno creó una fiscalía cuyo objetivo era investigar y sancionar los llamados «delitos del pasado», la Fiscalía Especial para Movimientos Sociales y Políticos del Pasado (FEMOSPP). Ésta registró 532 personas desaparecidas entre las décadas de 1970 y 1980, la mayoría de ellas del estado sureño de Guerrero, donde se encuentran las poblaciones más pobres del país, y cuna de la guerrilla y el cultivo de la amapola.

La efervescencia por la democracia revivió manifestaciones callejeras en las que esas madres —conocidas como las Doñas del Comité Eureka— lanzaban su histórico grito de lucha («Vivos se los llevaron, vivos los queremos»); propició la reaparición pública de ex guerrilleros que habían sobrevivido a la represión y que exigían la apertura de los archivos oficiales en los que constaba dónde fueron vistos por última vez los compañeros de lucha desaparecidos, así como de las comunidades campesinas que tras ser consideradas sospechosas de simpatizar con la guerrilla fueron arrasadas y ahora comenzaban a reclamar la búsqueda y exhumación de sus muertos.

En el año 2001 participé por primera vez en una exhumación: la del histórico guerrillero y líder del Partido de los Pobres, el maestro Lucio Cabañas, asesinado en 1974 en la zona caliente del estado de Guerrero por miembros del ejército. Mi primer artículo forense comenzaba así:

Llevaban 10 horas de excavación y 120 centímetros de profundidad cuando el forense Carlos Jácome sintió una «carga histórica» sobre sus hombros. Bajo la brocha con la que removían la tierra fue apareciendo un cráneo, luego una mandíbula con tres dientes fijos y un trozo de tela. Era, al parecer, Lucio Cabañas Barrientos, el ex guerrillero enterrado a escondidas en el panteón de Atoyac exactamente hacía 27 años.

En la fosa no se encontró un ataúd, ni vacío ni lleno de piedras, como se rumoreaba; al muerto simplemente le habían arrojado tierra encima. Los suyos eran restos humanos y no de caballos, como sospechaban quienes pensaban que ésa sería la última burla cruel del gobierno «matacampesinos».

«Es un cráneo evidentemente humano», confirmaría Jácome durante el receso nocturno después de que familiares y simpatizantes pasaran una y otra vez frente a los restos, gritando vivas al profesor y comandante y entonando su heroico corrido con emoción.

Jácome fue el primer forense que conocí. En aquella época él comenzaba a formar un equipo de antropólogos forenses independientes y en la contestadora de su teléfono se oía un singular mensaje: «Si los matan y los entierran, yo los busco», mientras de fondo sonaba música de cumbia.

Alguna vez que me encontré con él para tomar un café me presentó a una amiga con la que platicaba entusiasmado sobre la hermosura de un cráneo perteneciente a la época prehispánica que ella acababa de encontrar. Para mí era como una charla entre extraterrestres.

Seguí en contacto con este interesante personaje. Un día supe que había tenido que irse del país porque en México escaseaba el trabajo para la gente de su profesión. Sin embargo, cuando regresó y fundó su grupo independiente de forenses tuvo que volver a irse, esta vez porque una comisión gubernamental de derechos humanos lo había contratado para que abriera una antigua tumba; pero al excavar encontró esqueletos recientes, y narcotraficantes armados a su alrededor, vigilándolo, y a quienes no les gustó que alguien removiera las osamentas que ellos intentaban ocultar.

México comenzaba a cambiar. Apenas comenzábamos a vislumbrarlo.

Al contrario de lo que soñábamos todos en la resaca de la tan festinada democracia, la desaparición forzada de personas no había quedado enterrada con el régimen priista. Desde los inicios del llamado gobierno de la democracia pude notar su permanencia, pero entonces no me percaté de lo grave que eso era. Lo registré así en un artículo:

> A las manifestaciones de las Doñas del Comité Eureka, que desde los años setenta piden a los gobiernos de turno que investiguen el paradero de sus hijos, se unió una mujer joven y desconocida que no vestía de luto. Portaba la foto ampliada y a color de un veinteañero, sonriente, vestido con una playera moderna de futbolista, que contrastaba con las fotografías que llevaban las ancianas de personas de la década de 1970 en blanco y negro, jóvenes con cortes de pelo pasados de moda y mirada seria.
>
> El recién llegado al limbo de los desaparecidos llevaba por nombre Alejandro Martínez Dueñas, de quien sus familiares decían que había sido raptado en Colima por la Agencia Federal de Investigaciones (AFI), torturado y luego ingresado en un hospital para que le curaran las heridas. Lo investigaban, según pudo enterarse después la familia, por una presunta falsificación de billetes. Pero nunca se lo comprobaron.

Diana Martínez, la hermana de Alejandro, pasó el sexenio del panista Vicente Fox realizando plantones, marchas y manifestaciones, y durante un tiempo vivió en una tienda de campaña que instaló en el exterior de los edificios de gobierno, especialmente de la Procuraduría General de la República (PGR), que debía encargarse de la búsqueda. Diana irrumpía en el Senado y en la Cámara de Diputados, le cerraba el paso al presidente, al procurador, al gobernador de Colima y a cuanto funcionario tuviera competencia en el caso en un intento de conseguir información de su hermano, a quien nunca le devolvieron.

Las desapariciones continuaron incluso después de que el PAN dejara el gobierno.

El aparato político que en los años setenta y parte de los ochenta hacía desaparecer personas en realidad nunca recibió castigo. La fiscalía creada para sancionar los delitos del pasado jamás logró consignar penalmente a una sola persona durante su media década de existencia. Los ex presidentes bajo cuyos gobiernos se practicaron la mayoría de las desapariciones murieron en sus camas, por vejez; los policías y los militares acusados de «limpiar» el país de subversivos permanecieron en áreas de gobierno relacionadas con la seguridad o dejaron de ser funcionarios (se desconoce cuántos ingresaron en las filas de la delincuencia).

Tal impunidad trazaría la futura línea del destino de México. Todo lo que ocurrió a partir del momento en que se inició la «guerra contra las drogas» fue la consecuencia lógica de esa falta de investigación, de la ausencia de condenas judiciales, del reciclaje de funcionarios públicos expertos en deshacerse de personas, y de la colusión entre éstos y los criminales.

Pero antes ya había habido varias señales de lo que se avecinaba. Por ejemplo, a partir del año 1993, en Ciudad Juárez comenzó a registrarse una ola de desapariciones de mujeres —pobres, jóvenes, bonitas, obreras de maquiladoras y de familias de inmigrantes—; sólo algunas fueron encontradas: muertas, principalmente en terrenos baldíos; aniquiladas tras ser sometidas a la más extrema violencia.

Uno de los hallazgos más sonados ocurrió en 2001 en el Campo Algodonero, donde fueron localizados ocho cuerpos de mujeres. En 2009 ese caso daría nombre a la primera sentencia de la Corte Interamericana de Derechos Humanos (COIDH) contra el Estado mexicano por el caso de los feminicidios; estaba claro que la falta de investigación tras una desaparición era el paso previo para que se produjera una muerte.

Ese mismo año la COIDH condenó de nuevo a México por la desaparición forzada del líder comunitario guerrerense Rosendo Radilla, ocurrida en 1974, cuando en Guerrero se aplicaba la política de desaparecer a personas sospechosas de estar vinculadas a la guerrilla.

Pocos años después los defensores de los derechos humanos y los ciudadanos agrupados en organizaciones que festejaron la sentencia y que habían apostado por el fin del régimen priista, los que pelearon para que la Constitución contemplara leyes a favor de los derechos humanos y los que veían la justicia internacional como un camino para lograr un cambio en México, se dieron cuenta de que nada de eso había logrado desmantelar la trama criminal que hacía desaparecer personas, puesto que la impunidad era un hecho. Tales cambios no tenían el potencial que ellos creían ni tampoco habían impulsado el cambio deseado; de hecho, las desapariciones continuaron. (El gobierno mexicano aún no ha cumplido todas las sentencias de la condena.)

En 2006 Felipe Calderón asumió la presidencia de México; era el segundo presidente panista, y con él se llevó a cabo la fallida estrategia de la guerra contra las drogas. Lo primero que entonces llamó la atención fueron los asesinatos en serie que se cometieron en algunas ciudades, algunas veces masivos, en otras ocasiones espectaculares masacres, que empañaron el fenómeno de las desapariciones, de las que no se hablaba porque eran menos llamativas, más silenciosas y poco digeribles por la confusión que las rodeaba.

Poco a poco los periodistas comenzamos a recibir en las redacciones más visitas de familias desesperadas por denunciar la desaparición de un ser querido, o la información de organizaciones deseosas de que publicáramos algún caso. En poco tiempo las visitas comenzaron a ser frecuentes y esas familias no tardaron en unirse a otras y fundaron sus propias organizaciones.

Desde 2010 fui invitada a encuentros en los que se reunían varias madres organizadas con otras para enfrentarse a la desaparición de un ser querido. Sobre una de estas reuniones a la que acudí a Coahuila escribí:

> En 2007 los sacerdotes empezaron a notar que durante las peticiones de las misas se oraba por el pronto retorno de algún muchacho que hacía falta en algún hogar. A partir de 2009 varias parejas se acercaban al obispo de Saltillo, Raúl Vera, y le contaban la tragedia que vivían desde que les amputaron a la familia. El prelado se dio cuenta de que

el problema era generalizado y lo habló con la directora del centro de derechos humanos de su diócesis, el Fray Juan de Larios.

«La preocupación de don Raúl era qué nos toca hacer como organización de derechos humanos y qué podemos responder a las familias», recuerda Blanca Martínez, directora del centro.

Yo decía: «Más que un apoyo humano necesitamos entender la problemática para armar una estrategia de intervención». No podíamos hacerlo caso por caso porque no es un problema jurídico, sino de seguridad humana, y teníamos que juntarnos para que ellos decidieran qué hacer.

El equipo del Fray Juan comenzó a documentar los casos y entregó a un grupo de familias los datos de las otras y ellas se contactaron. Para diciembre de 2009 el centro convocó a una reunión para presentar a las familias. Eran muy distintas; unas de Coahuila, otras del Estado de México y de Jalisco, de distintas clases sociales, que buscaban a hombres que se dedicaban a distintas profesiones: ganaderos, profesionistas, vendedores ambulantes, de joyas o de pinturas. Eran cuatro familias que buscaban a 21 desaparecidos.

«Primero fue hablar de quiénes somos y qué nos pasó. Fue durísimo; era la primera vez que se encontraban con otros que vivían lo mismo, tenían mucho dolor, impotencia, rabia, indignación, hubo muchas lágrimas, pero a la par dijeron: "Tenemos que hacer algo, no podemos quedarnos callados". Aunque sabían que era riesgoso dijeron: "¿Qué más nos pueden quitar? Hay que hacerlo público"», dice Martínez.

[…] Ante la cerrazón estatal, en un acto de desesperación decidieron manifestarse en la Ciudad de México ante Palacio Nacional, Gobernación, la PGR y la ONU. Esa fue la primera vez que el problema nacional de las desapariciones se escuchó en la capital.

«En la reunión de evaluación que tuvimos de regreso vimos que no habíamos conseguido nada pero sabíamos que lo mejor era reunirnos, hacer una búsqueda colectiva, decidimos formar un grupo y nos dimos una identidad. De esa reunión salió el nombre de Fuundec y cada palabra que escogimos tiene un significado: Unidos tenemos una fuerza y juntos sumamos fuerzas, todos tenemos familiares desaparecidos y estamos uniéndonos para buscarlos.»

En junio de 2010 nació esa red.

Su siguiente paso fue marchar en Saltillo para pedirle audiencia al gobernador de Coahuila, Humberto Moreira, a quien persiguieron en verbenas o avergonzaban en actos con otros gobernadores al sacar mantas exigiendo la búsqueda de los desaparecidos. Todos los lunes a las cinco de la tarde las familias llegaban con las fotografías de los ausentes y pasaban horas frente al Palacio de Gobierno.

Y como bola de nieve que ya nadie detiene, el grupo fue creciendo. Fueron llegando.

Poco tiempo después descubrirían que la desaparición de personas era una epidemia. No faltaban sólo los suyos, eran miles. El fenómeno no sucedía sólo en el norte fronterizo, sino en todo el país.

Las desapariciones del siglo XXI no presentan la misma tipología que las del pasado. El *modus operandi* actual no es un calco de la «guerra sucia», cuando policías o vehículos militares se llevaban a las personas detenidas al cuartel o a la jefatura de la policía, los esposaban mientras eran interrogados y los sometían a torturas para finalmente arrojarlos al mar o enterrarlos en cementerios clandestinos.

En la actual guerra mexicana con tantos actores armados, estatales y privados, todo es nebuloso y difuso; el método se ha sofisticado. Aunque los responsables de muchas desapariciones continúan siendo marinos, soldados o policías municipales, estatales o federales; en la mayoría de los casos las víctimas son interceptadas en la calle o detenidas en su propia casa y luego subidas a camionetas por desconocidos armados. Nadie llama para pedir un rescate. Funciona distinto a un secuestro.

Lo que sucede a continuación suele ser lo mismo para todas las familias: cuando acuden a denunciar los hechos a las distintas procuradurías, los agentes del ministerio público no inician las averiguaciones enseguida, o dejan pasar las horas más cruciales para comenzar la búsqueda; el visionado de las imágenes de las cámaras de seguridad instaladas en las calles, el rastreo del teléfono móvil de la víctima o el uso de su tarjeta de crédito no se realiza de inmediato, por lo que se pierde un tiempo valioso para localizar a la persona desaparecida.

En los últimos años he oído mencionar a las madres que sus hijos podrían estar vivos («Los tienen trabajando», dicen algunas); que las autoridades no tienen voluntad para ir a «rescatarlos». Durante un tiempo pensé que ese deseo de que estuvieran vivos era un reflejo de su esperanza. Pocas madres dicen que buscan restos del hijo ausente para poder enterrarlo y tener un lugar donde llevarles flores, rezarles, ponerles una cruz. La mayoría de ellas asegura que siguen vivos pero retenidos.

En abril de 2011 se encontraron 47 fosas clandestinas con 193 cadáveres en el municipio de San Fernando, Tamaulipas, camino de la frontera con Texas.

Procedentes de todo el país, cientos de familias intentaban asomarse a la fosa para ver si reconocían alguna prenda, alguna señal que identificara a un pariente desaparecido, o se ponían en fila para que les practicaran una prueba de ADN con el fin de contrastar los restos.

El hallazgo de esa fosa con tantos cadáveres ponía de manifiesto una tragedia largo tiempo silenciada y que acabaría convirtiéndose en algo habitual en México. Mis impresiones sobre este episodio quedaron plasmadas así:

El hedor traspasa las paredes de la morgue. Se cuela por las escuelas, los negocios y las casas, impregna la ropa, atasca las gargantas, encoge la nariz, provoca náusea, obliga a apurar el paso. En el edificio blanco donde se origina la peste hay 71 cuerpos en el piso, unos sobre otros, que esperan su turno para la autopsia. En el estacionamiento, un tráiler como los que transportan fruta sirve como depósito para otros 74 cadáveres envueltos en bolsas de basura selladas con cinta adhesiva que lleva escrito el lugar de su hallazgo.

Las carrozas fúnebres llegan cada tanto con otros cuerpos recién desenterrados. Según el último conteo eran 145.

Los cementerios clandestinos descubiertos en el municipio bisagra de San Fernando —que une Reynosa y Matamoros con Ciudad Victoria— evidencian el grado de descomposición de la narcoguerra. Cada fosa es una prueba del encubrimiento oficial a la anormalidad cotidiana: las carreteras controladas por criminales, las matanzas diarias, el subregistro de muertos, las desapariciones masivas de personas, la primitiva barbarie de los grupos enfrentados, el reclutamiento forzado de jóvenes para la narcoguerra, la cómplice indiferencia de la justicia y el obligatorio silencio ciudadano.

[...] Los forasteros que llegan a la morgue tienen que hacer al menos cuatro filas que duran horas: dos para denunciar la desaparición, dos para que les extraigan sangre y se lleve a cabo la prueba de ADN.

Durante el tiempo de espera en la recepción de la oficina de servicios periciales se oyen las inquietudes comunes:

—Señorita, ¿no nos pueden enseñar las fotos de los muertos? —pregunta un ranchero anciano.

—No. Quedaron irreconocibles por el paso del tiempo y las condiciones de su muerte —contesta la recepcionista—. Sólo describiendo las ropas, tatuajes o cadenas se puede saber. Por eso se pide que dejen esos datos, porque aunque hay 100 cuerpos, han venido más de 400 familias buscando.

—¿Cuándo nos van a decir? —pregunta frustrada una mujer que lleva cuatro días esperando.

—Señora, es que hay muchísima gente y tenemos que mandar las muestras para cotejarlas

La oficina parece un purgatorio lleno de personas con miradas perdidas, ojos llorosos, lágrimas que corren por las mejillas. En algunos momentos se hace un silencio de velatorio, otras veces la sala se convierte en una comunidad de autoayuda.

Después se supo que la mayoría de los cadáveres encontrados pertenecían a inmigrantes, mexicanos y centroamericanos, interceptados en su camino a la frontera.

En ese sitio de «pesca» de personas, los capturados son llevados a campamentos de criminales, donde son retenidos en espera de que alguien pague por su liberación o bien son obligados a trabajar para los sicarios empaquetando drogas, en el servicio doméstico o la esclavitud sexual. Todos son torturados, algunos hasta la muerte.

Los cuerpos de las fosas tenían el cráneo golpeado, hecho pedazos. Fueron enterrados con traxcavos, una maquinaria a la vista de todos.

En San Fernando, Tamaulipas, durante meses ocurrieron las detenciones de viajeros; cuando los autobuses arribaban a las terminales de destino había más maletas que pasajeros, un equipaje que nadie reclamaba.

—¿Por qué los habrán matado? —pregunté en la escena del crimen a un investigador federal.

—A todos los hombres jóvenes en edad de enrolarse [en la guerra del narco], los ven como potenciales enemigos. Quizá están tan desesperados que los matan para impedirles el paso a las ciudades de Matamoros y Reynosa, para que no sean reclutados como sicarios del cártel rival del Golfo que controla esa zona.

En esta violenta guerra también se intenta controlar las rutas para traficar con las personas. Se asesina de manera preventiva; se entierra clandestinamente a las víctimas. Pero los cuerpos hablan, denuncian, condenan.

El escándalo de las fosas de San Fernando dejó de ser noticia en cuanto se descubrieron otras barbaries, porque en México cada historia de horror supera a la anterior.

Las preguntas siguen sin respuesta: ¿es posible que no haya culpables? ¿Cómo es que la masacre continuó durante meses? ¿Por qué el gobierno no advirtió de que las carreteras eran inseguras? ¿Por qué las líneas de autobuses fueron cómplices? ¿Qué pasa en este país?

Las fosas son un indicador que permite tomar el pulso del país que somos, porque cada vez que se halla una aparecen familias procedentes de todo el país buscando a sus seres queridos. Las fosas ayudan a dimensionar el tamaño del fenómeno de las desapariciones; según las cifras oficiales, más de 27 000 personas han desaparecido durante los últimos 10 años. Pero 27 000 es una cifra de pesadilla, al igual que el número de fosas encontradas. Cada cierto tiempo se anuncia la aparición de un entierro ilegal. De hecho, México se parece cada vez más a una enorme fosa común.

En 2013 la Universidad Nacional Autónoma de México (UNAM) creó la carrera de ciencias forenses para responder a tal emergencia debido a la escasez de personal preparado en exhumar e identificar cuerpos.

De vez en cuando familias u organizaciones hacen protestas —alguna vez huelga de hambre— exigiendo la presencia de equipos de expertos forenses internacionales como el argentino, el peruano o el guatemalteco, e incluso del FBI, para que nos ayuden a desenterrar nuestra tragedia; incluso se creó un grupo independiente, el Equipo Mexicano de Antropología Forense (EMAF).

Al mismo tiempo, un grupo de familiares que han buscado incansablemente a sus hijos sin resultado alguno entraron en un proceso de capacitación para formarse como «ciudadanos forenses»; intentan prescindir de las autoridades, que no sólo no buscan a sus familiares sino que obstaculizan las búsquedas; asimismo quieren crear su propio banco genético independiente que les permita contrastar resultados ante cada hallazgo de cadáveres.

Con la crisis de las desapariciones comenzó a conocerse la existencia de grupos de familias que recorren terrenos inhóspitos en busca de los cuerpos de sus seres queridos. Algunos se nombran a sí mismos «rastreadores», «sabuesos», «cascabeles», y hacen honor a su nombre: constantemente encuentran restos humanos.

Mientras acompañaba a los familiares de las víctimas de la violencia para documentar y publicar sobre sus acciones siempre me sentí fuera de peligro... hasta que éstas, frustradas por la impunidad o porque el peso de la investigación judicial recaía sobre sus hombros, comenzaron a hacer sus propias investigaciones. Así comenzaron a meterse en las cárceles para enfrentarse a los asesinos de sus hijos y preguntarles dónde habían enterrado sus restos. O siguieron informaciones que las condujeron hasta depósitos de cadáveres donde había montañas de huesos, o hasta lagunas con cuerpos en las profundidades, o pozos con osamentas. Incluso hubo familiares que llegaron a meterse en zonas controladas por cárteles, territorios prohibidos, intentando obtener pistas del paradero de su familiar (varios han sido asesinados por investigar).

Poco a poco las familias encuentran información. Información peligrosa. Y aunque avisan a la policía no reciben ayuda. Así que comienzan a organizarse con otros y crean sus propios grupos de familias investigadoras, familias exhumadoras que publican en Facebook fotografías de los cadáveres hallados para ayudar a identificarlos. Hacen lo que la justicia no lleva a cabo.

Uno de los primeros grupos de familias rastreadoras surgió en 2009 en la ciudad fronteriza de Tijuana; fue cuando el ejército presentó a la prensa a un terrible personaje, «el Pozolero» —cuyo nombre real es Santiago Meza López—, quien dentro del cártel de Tijuana se encargaba de disolver los cadáveres de los supuestos enemigos con sosa cáustica utilizando la técnica de la elaboración del pozole, un caldo típico mexicano.

Con la presentación pública del Pozolero se constató que las personas desaparecidas no eran únicamente asesinadas y enterradas, sino que también eran sometidas a procesos para deshacer sus cuerpos en fragmentos e impedir así su identificación, todos sus rasgos. Lo cierto es que muchas veces no es posible saber si un fragmento de hueso es humano o animal.

Un día de diciembre de 2011 le pedí por teléfono al señor Fernando Ocegueda —un padre que buscaba a su hijo desaparecido y fundador de la organización Unidos por los Desaparecidos— las pistas recientes encontradas en sus búsqueda y recibí en mi correo electrónico una fotografía con sus hallazgos; una foto que no pude describir, que me dejó muda.

No mostraba partes de cuerpos. Era la imagen de una taza en cuyo fondo se apreciaban fragmentos ¿de huesos? del tamaño de unos dientes.

—¿Cuántas personas han encontrado? —le pregunté a Ocegueda.

—No podría decir personas, podría hablar de fragmentos: unos 100 fragmentos de huesos, unos 30 o 40 dientes. No sé.

Tardé horas en escribir el reportaje. Necesité tiempo para asimilar el horror. Ya no escribía sobre cuerpos sino acerca de microscópicos fragmentos de lo que alguna vez llegó a ser una persona.

Esa investigación me condujo a otros descubrimientos. El 25 de enero de 2009, ante la oficina del ministerio público, Santiago Meza respondió lo siguiente cuando se le preguntó sobre su oficio: que se dedicaba a «pozolear», es decir, el eufemismo con el que se encubre la actividad de deshacer cadáveres en sosa cáustica.

En el acta se dice lo siguiente:

> Meza López es un hombre casado, padre de familia, originario de Guamúchil, Sinaloa, pero con domicilio en Tecate, Baja California, tiene cuarenta y cinco años, estudió hasta tercer grado de primaria y trabaja para Teodoro García Pimentel, alias el Teo, miembro del cártel que dominaba Tijuana.
>
> —¿Cuál es su función específica dentro del grupo delictivo?

—Mi función específica dentro de la organización es hacer el trabajo del pozole, que consiste en que los miembros de las diferentes células de la organización me llevan cadáveres para que sean disueltos en una solución que se prepara a base de sosa cáustica y agua.

—¿En cuántos eventos delictivos ha participado por órdenes del Teo?

Responde que por orden directa del Teo ha pozoleado a unas 70 personas, pero que en total son unas 300, ya que también recibió órdenes del Mayel (Ismael Higuera Guerrero) y del Efra (Efraín Pérez) para pozolear cuerpos.

«Aprendí a hacer pozole —continúa la declaración— con una pierna de res, la cual puse en una cubeta y le eché un líquido y se deshizo; los cuerpos que me daban para pozolear me los daban ya muertos, y los metía completos en los tambos y les vaciaba 40 o 50 kilos de polvo que compraba en una ferretería [...] me costaba el kilo de sosa 35 pesos [...] Para hacer pozole me ayudaban unos chavalos.»

Así comienza la carrera profesional de una persona que desaparece personas. No hubo mexicano a quien la noticia no se le atorara en la garganta. Pero sobre todo dejó devastadas a las familias con parientes desaparecidos, como si fueran heridas de muerte. Sin embargo, se armaron de valor para acudir a la procuraduría, donde pidieron que le mostraran al detenido algunas fotografías para que confirmara si reconocía alguno de los rostros de las personas que habían pasado por su «cocina».

Les dijeron que el detenido no reconocía a ninguno porque a todas sus víctimas se los llevaban encapuchados, ya muertos.

En cuanto lo asimilaron, pudieron ponerse en pie y reponerse a la tortura que fue imaginar que sus familiares hubieran sido disueltos en un tambo con ácidos, decidieron hacerse cargo de las investigaciones. Consiguieron expedientes con declaraciones y encontraron algunas respuestas y descubrieron los centros de exterminio donde operaba Meza López. Si se remueve la tierra en esos lugares se puede ver revuelta con el lodo una masa gelatinosa con una sustancia amarilla; si ésta se examina, se distinguen dientes, fragmentos de hueso, tornillos quirúrgicos o piezas dentales, y si se le revuelve desprende un olor fétido, imposible de quitarse de encima, que se atenaza en la garganta y causa pesadillas.

En esos lugares las familias de las posibles víctimas colocaron flores, encendieron veladoras, rociaron agua bendita e hicieron oraciones; con el tiempo, un grupo de víctimas, vecinos y artistas decidieron darle un nuevo significado a esos lugares de muerte pintando paredes, haciendo limpias y dibujando mandalas.

La figura del Pozolero fue la excusa perfecta para las autoridades para no investigar las desapariciones.

Por ejemplo, en 2014 enviados de la PGR informaron al grupo de familias que pertenece a la organización de Ocegueda de que por el uso de la sosa cáustica era imposible identificar genéticamente los restos de los dientes o los fragmentos de huesos hallados en los terrenos donde trabajó Meza López. Esa misma justificación pronto se utilizó en otros estados del país: «Ya no busque, seguro lo cocinaron».

«Meza López dice que fueron 300 personas. Yo creo que como mínimo fueron unas 900 —se lamentó incrédulo Ocegue, el padre e investigador—. Lo más triste es que cuando hay un desaparecido que coincide con las fechas en que el Pozolero se deshacía de los cadáveres, les dicen a las familias que no lo busquen, que seguro que se "quedó" con Santiago Meza. Es la manera de esquivar la investigación.»

Cada vez era más difícil enfrentarse a ese horror imposible de digerir, y mucho menos de imaginar.

El destino de las personas desaparecidas no se explicaba sólo con los cuerpos disueltos en ácido; también comencé a oír historias de personas que, tras una intensa búsqueda, un día se toparon en cualquier calle al pariente desaparecido, pero no pudieron llevárselo a casa porque estaban como idos por las drogas, o esclavizados por algún cártel del narcotráfico, vigilados por otros cautivos, y sin escapatoria.

Las familias comenzaron a denunciar ante los más altos funcionarios de gobierno que los desaparecidos —que en su mayoría son hombres en edad productiva, muchos de ellos inmigrantes— estaban retenidos en campos de trabajo, ranchos, casas de seguridad o bodegones como esclavos, y que eran forzados a trabajar en labores de «halconeo», sicariato, pizca de marihuana, instalación de equipos de comunicaciones, extorsión a los dueños de los negocios, construcción de túneles para introducir droga en Estados Unidos, limpieza de las casas de seguridad y alimentación de sus prisioneros, o esclavitud sexual, entre muchos otros oficios.

La mayoría de las personas desaparecidas son hombres de diecinueve a treinta y cinco años y muchos de ellos son profesionistas que hacen un trabajo especializado. Un ejemplo de ello son los 12 técnicos de mantenimiento e instalación de antenas de telecomunicación desaparecidos, 10 de ellos en Tamaulipas y 2 en Coahuila.

En varias ocasiones en encuentros de papás y mamás que buscan a sus hijos me tocó escuchar conversaciones como ésta que publiqué:

Bajo la sombra de un frondoso árbol, en el jardín de la casa de retiros espirituales en las afueras del Distrito Federal, un grupo de madres con hijos de desaparecidos y un par de varones comparten sus frustradas experiencias de búsqueda y maldicen el muro de la negligencia gubernamental con el que se han topado. Al reconocerse huérfanos de autoridades, se abre paso una propuesta.

—Sabemos que hay cavernas, sierras, sembradíos, bodegas donde tienen secuestradas a muchas personas y aunque se da aviso a la autoridad, no hace nada. Es momento de planear un trabajo de campo para ir todos a rescatarlas.

La idea atiza las brasas de los corazones de las mujeres presentes.

—No queda de otra: las familias vamos a tener que ir bajo nuestros recursos y nuestro propio riesgo a rescatarlos, aunque los que los tienen estén armados.

Lo propone un hombre que, como todas aquí, ha seguido los rastros que los ausentes dejaron: transitó la carretera donde desaparecieron a tres de su familia con un grupo de amigos; ubicó el rancho donde sus captores los tuvieron concentrados; peinó los pueblos, cerros y brechas que están en la pasada; contactó a testigos; pidió ayuda inútilmente a procuradores, gobernantes, militares y policías; hurgó en fosas comunes de donde tomó fragmentos de huesos que, cuando tenga dinero, mandará para su análisis genético a un laboratorio. Su esfuerzo aún sin resultados.

—Necesitamos asesoría sobre quién puede acompañarnos para llegar a esas bodegas sin arriesgarnos —sugiere entusiasmada una de las madres.

Al principio, los indicios de que los desaparecidos quizá no estaban muertos sino trabajando para los cárteles eran difíciles de creer incluso para las propias organizaciones que acompañaban a familias organizadas en torno a la desaparición.

Blanca Martínez, la directora del Centro de Derechos Humanos Fray Juan de Larios, que alberga a la organización de familiares de Fundem/Fundec, creada en 2009 en Coahuila, cuenta que al principio esos testimonios le parecían una utopía, pero después hubo indicios de que tal vez era cierto. Por ejemplo, las familias reciben llamadas telefónicas en fechas muy significativas, como el cumpleaños de la madre, algún aniversario, y cuando suena el teléfono nadie contesta al otro lado de la línea. A pesar del silencio, las madres comienzan a charlar porque creen que del otro lado de la línea están sus hijos, que se están reportando aunque no hablen; saben que los tienen retenidos y no quieren poner en riesgo a la familia.

El obispo de Saltillo, Raúl Vera, que acompaña a las familias de las víctimas de su estado, también cree que los desaparecidos tienen otros fines posibles: «Pueden estar en campos de concentración, donde están haciendo trabajos forzados. Hemos sabido de gente que dice: "Me escapé" y que estuvieron en campos donde los estaban preparando para usar armas. Por algunos inmigrantes sabemos que estuvieron secuestrados en casas de seguridad».

El sacerdote Pedro Pantoja, fundador de la Casa del Migrante de Saltillo, que sí ha tratado con los supervivientes de ese infierno, los describe: «Llegan flacos, maltratados, horrorizados porque los tuvieron "trabajando". No siempre pueden hablar, y si lo hacen es con terror de lo que vivieron en esos hoteles, bodegas o almacenes donde los tienen, donde veían llegar a la policía. Algunos fueron torturados, otros llegan casi con pérdida de personalidad».

Según Alberto Xicoténcatl, director del albergue, a la casa han llegado supervivientes de esa tragedia: «Es muy probable que [las personas desaparecidas] estén caminando entre nosotros, sueltos, pero vigilados porque tienen un trabajo que cumplir». De hecho, eso ha sucedido. Xicoténcatl dice que los pocos que «aparecen» después de haber estado desaparecidos, coinciden en sus relatos: «Decían que estuvieron en casas de seguridad, en el campo, en espacios poco urbanizados, junto a otras personas capturadas y sin permiso de hablar entre ellos. A diario los sacaban a trabajar. Unos duraron [retenidos] seis meses, otros un año, en un estado de terror porque cada semana los juntaban a todos y asesinaban a uno. Pudieron escaparse cuando había un operativo de la Marina, en la confusión podían correr».

Malú García, de la organización chihuahuense Nuestras Hijas de Regreso a Casa, dice que a partir de 2008, cuando el ejército y la Policía Federal ocuparon Ciudad Juárez, los integrantes de la pandilla los Aztecas, al ver mermado el narcomenudeo, se dedicaron también a la trata de mujeres. Al menos 30 de ellas han desaparecido y la organización cree que mientras las mujeres sean un negocio, las mantendrán vivas.

Teresa Ulloa, directora en México de la Coalición Contra el Tráfico de Mujeres y Niñas en América Latina y el Caribe, dice que en todas las regiones disputadas por narcotraficantes se registra la desaparición de jovencitas que probablemente sean usadas como esclavas sexuales de los capos o sus tropas.

Ha sido difícil comprobar estas hipótesis. Son muy pocos los desaparecidos que llegan a aparecer, y cuando lo hacen ellos solitos se esfuman por miedo; sólo llegan a su casa, avisan a su familia que están bien, cuentan qué les pasó y esa misma noche huyen, cambian de identidad. No pueden quedarse en casa para arriesgar a los suyos, están seguros de que sus captores irán a recapturarlos o a matarlos porque saben demasiado. Nadie quiere hablar de ese infierno. No confían en nadie.

Conocí a la hermana de uno de estos desaparecidos y luego aparecidos. Tras entrevistarla escribí su testimonio:

> «Mi hermano desapareció cuando tenía diecinueve años. Trabajaba en el pueblo, en una carpintería, y un día unos amigos le dicen que los acompañe a llevar una troca a la sierra; llegando allá con un mueble les dicen: "Ustedes se van a quedar aquí a trabajar", y les dan armas poderosas y trocas y los ponen a cuidar el pueblo. Estaban bajo las órdenes de un comandante, entre la gente, matando. Porque los ponían a matar. Pero mi hermano nunca mató».

El testimonio es de una joven de Chihuahua. No es un relato más de los que se susurran durante las reuniones de familiares que se dedican a buscar a los suyos —extraviados, «levantados», secuestrados o desaparecidos—, de esos que dan cuenta de que no todos los desaparecidos están muertos, sino que algunos están vivos, esclavizados; sin embargo, esta historia contiene datos, nombres de pueblos, descripción de criminales.

«Llegaban a las casas y así nomás apuntaban con sus armas, violaban a las mujeres. Los trataban muy mal, duraban 15 días sin bañarse; de comida les daban puras maruchan; los traían robando, armados, dando vueltas por el pueblo.»

—¿Y cómo sabes eso? —le pregunté.

—Mi hermano nos lo contó.

—¿Cómo?

—Un día logró ir a un cerro y desde arriba le llamó por teléfono a mi papá para decir que estaba bien, pero que los trataban muy mal. Otro día apareció en casa... aprovechó que hubo una balacera... Escapó.

Aunque habla en voz baja, la joven no se ve nerviosa. Parece que necesita contar su historia. Está en un encuentro de familias de todo el país que también buscan a uno de los suyos. Aquí se enteró de que su caso no es aislado y se ha prometido que nunca dejará de buscar a ese hermano mayor que regresó del infierno y se lo describió, pero tuvo que regresar a él por su propio pie para salvar a su familia de ser sometida en esta vida a un purgatorio lento, cruel y salvaje.

El hermano fue obligado a regresar. Nunca más se supo de él. Lo más seguro es que lo mataran.

El infierno que ella describe es el de una prisión sin rejas, una cárcel a campo abierto con sus propios dispositivos de seguridad para impedir las fugas; su hermano vivía con otros jóvenes; unos habían sido reclutados a la fuerza, otros estaban allí por propia voluntad, en una casa abandonada a las afueras del pueblo. Se turnaban para dar rondines e impedir que llegaran jóvenes desconocidos pegando tiros.

No iban armados, patrullaban en camionetas robadas, no tenían horarios de descanso, comían lo que podían, vivían «bien locos», estimulados por la marihuana o la cocaína, y sus excesos con frecuencia terminaban con balazos y asesinatos entre ellos. No recibían paga y tampoco podían renunciar al trabajo, ya que sus captores conocían a sus familias. Habló de muchos jóvenes reclutados a la fuerza.

En los testimonios se habla de ranchos en zonas inhóspitas donde hay jaulas hechas con mallas «como de gallinero», donde los tienen día y noche, haga sol o llueva, a base de pan y agua una vez al día, hasta que sus familiares paguen el rescate, según Xicoténcatl. También suele haber bodegas llenas de seres humanos.

Ante tal evidencia, se creó una unidad especializada de búsqueda, con un área de investigación y fuerza de rescate, que sin embargo no ha cambiado la situación, pues se calcula que en México cada día desaparecen 13 personas, una cada dos horas.

El 10 de mayo se celebra en México el día de la Madre. Pero desde hace seis años es el día en que, provenientes de todo el país, llegan a la capital miles de madres con hijos desaparecidos que marchan juntas por las avenidas exigiendo justicia. Las madres han recorrido el país en caravanas en las que manifiestan su impotencia, tristeza y enojo. Las madres han hecho huelgas de hambre y han irrumpido en eventos del presidente, los legisladores, los secretarios de Estado y los procuradores.

Por más que las organizaciones de derechos humanos más importantes del mundo, incluidos organismos internacionales como la ONU o la Organización de Estados Americanos (OEA) han manifestado que en México se vive una grave crisis de derechos humanos, las autoridades no han reconocido el problema; al contrario, tratan de ocultarlo.

A pesar de que la violencia se desató en 2006, el gobierno sigue sin tener una base de datos fiable de personas desaparecidas en todo el país. Cada entidad federativa mantiene sus propias leyes sobre la disposición y el registro de cadáveres no identificados (algunos son incinerados). Cada panteón hace lo que considera pertinente con esos restos. No hay un mismo protocolo e instrucción pericial para registrar las características de esos cadáveres. Y las desapariciones continúan; algunas de ellas encerradas en el laberinto de la burocracia, que no registró bien los datos del cadáver y con ello impide su reconocimiento.

Las desapariciones ocurren cada vez de manera más descarada, más a gran escala. La desaparición más espectacular fue la de los 43 estudiantes de la Escuela Normal Rural Isidro Burgos de Ayotzinapa, en el estado de Guerrero. Los estudiantes fueron atacados por policías municipales de Iguala, estatales y federales ante la presencia de militares. La policía y varios civiles armados del cártel Guerros Unidos mataron a seis personas, hirieron a decenas y desaparecieron a los normalistas.

La noticia conmocionó a todo el país. La gente salió a las calles a exigir la devolución de los estudiantes con vida y que se hiciera justicia bajo un mismo grito: «Fue el estado».

Durante la búsqueda de los estudiantes se descubrieron numerosas fosas comunes. Las declaraciones de los testigos llevaron a la policía a sitios que, en cuanto la tierra era removida, aparecían otros cadáveres, pero no los de los estudiantes. Algunos de ellos eran cadáveres completos, aún con la mordaza en la boca y las manos atadas. Otros ya no eran cuerpos, sino fragmentos de huesos calcinados, pues la pretensión de sus verdugos era convertirlos en trozos de carbón. Esos fueron irreconocibles. Según la PGR, los estudiantes corrieron ese destino y, a partir de pruebas falsas, se construyó asimismo una falsa versión de los hechos para cerrar el caso.

Durante la búsqueda de los estudiantes y de otros desaparecidos de la zona a los periodistas nos tocó acompañar a los familiares que viajaban a lugares donde se decía que estaban los estudiantes. Entre ellos, la fosa del cerro de Pueblo Viejo, donde se hallaron 28 cuerpos.

No era ninguno de los 43.

El caso Ayotzinapa destapó otros dramas.

Ese mismo mes en una iglesia de la ciudad se reunieron decenas de personas con un familiar desaparecido en la zona —con el tiempo descubrieron que eran más de 250—, rompieron el miedo, hablaron por primer vez del dolor compartido y acordaron seguir el ejemplo de las familias de los estudiantes: buscar y abrir fosas clandestinas con sus propias manos para identificar a los suyos. Las autoridades nunca los habían ayudado. Así nació el grupo Los Otros Desaparecidos.

Desde noviembre de 2014, hasta este día, ellos salen diario a revisar cerros en busca de sus familiares.

Acompañé varias veces a las familias en sus búsquedas de cuerpos en esos cerros. Sobre mi primera experiencia escribí:

> Incontenibles, se lanzaron al cerro así nomás, a corazón abierto, sin comida ni agua, pero con uñas, manos, picos, palas, barretas, varillas, machetes, mazos; lo que tuvieron a la mano para excavar hasta dar con sus familiares desaparecidos. Llevaban lentes oscuros, paliacates o gorras por el miedo a ser identificados, pues sabían bien que habían traspasado un territorio de sicarios. Eran unos 50 desenterradores. «Aquí hay una fosa», gritó el que topó con los primeros huesos. Todos se acercaron al entierro clandestino. Algunos derramaron lágrimas silenciosas; varias mujeres se abrazaron y rezaron. Ese primer día encontraron ocho cuerpos. Desde entonces no ha parado el grito de «encontré una fosa», «otra por acá».

En la búsqueda diaria de cuerpos se han logrado desenterrar en un año y seis meses de rastreo de fosas 145 cadáveres en los alrededores de Iguala, la cuna de la bandera. Quienes buscan ya no esconden sus identidades, ya perdieron al miedo y hasta se uniforman con una camiseta negra en la que se lee: «Hijo, mientras no te entierre te seguiré buscando».

> Hasta este momento las familias siguen peinando los cerros aledaños a esta ciudad, pese a las restricciones de la PGR, que ya no les permite excavar y los amenaza con encarcelarlos. Pero cada vez que ven tierra removida entierran unas varillas caseras fabricadas por herreros de Huitzuco y las golpean con un marro del que se burlan los antropólogos expertos. Al sacar el fierro le huelen la punta cual sabuesos entrenados para detectar el hedor a difunto. Luego lo vuelven a enterrar, así, centímetro a centímetro.
>
> Cada vez que encuentran un esqueleto, un resto, el indicio de una persona, ruedan lágrimas, se hace un nudo en la garganta, se alza una oración, comienza la duda sobre qué familia buscará los cuerpos.

La última vez que vi a este grupo de rastreadores, a un año y medio de su creación, ya eran famosos por haber sido los primeros en animarse a buscar por su cuenta cadáveres sin esperar a que las autoridades lo hicieran, y daban clases sobre cómo ubicar fosas y desenterrar cuerpos a padres y madres que representaban a otras familias con su misma pena que se habían organizado en otras partes del país, como Chihuahua, Sonora, Sinaloa, Veracruz, Michoacán, Distrito Federal, Guerrero, Morelos y Coahuila

Todos se formaban con verdaderos expertos forenses en un curso teórico de dos días en la Ciudad de México al que le siguieron varios días de trabajo de campo en Amatlán de los Reyes, Veracruz, donde —ya no de manera teórica, ahora en condiciones reales— el grupo de familias rastreadoras de Iguala enseñaban cómo usar las herramientas —palas, varillas, picos—, cómo identificar los sitios donde la tierra fue removida, cuántos centímetros deben excavarse para no romper esqueletos, a qué huele la muerte, qué hacer cuando se encuentran osamentas, cómo conservar las pruebas. En suma: cómo hacer el trabajo que el gobierno no hace de localizar cuerpos.

En 15 días de escuela encontraron ropa ensangrentada, algunos huesos y 15 fosas.

Ésa fue conocida como la Primera Brigada Nacional de Búsqueda de Desaparecidos.

Un mes después el mismo grupo junto con los miembros de otras organizaciones de víctimas viajaron a Tetelcingo, Morelos, a menos de dos horas de la ciudad de México, donde el gobierno estatal fue obligado a exhumar dos fosas clandestinas donde funcionarios estatales enterraron en secreto 117 cuerpos. El más claro descubrimiento de que el propio gobierno cava sus fosas, desaparece a los desaparecidos.

No pocas veces, desde los feminicidios en Juárez hasta nuestros días, las familias y las organizaciones de derechos humanos han descubierto que las personas que buscan fueron arrojadas a fosas comunes, a pesar de que estaban identificadas. Así funciona la larga cadena de la impunidad en México.

Es difícil pensar que las cosas van a cambiar porque el ciclo de la impunidad no termina en este país donde las autoridades de gobierno desaparecen personas: a veces son quienes capturan (y muchas veces las matan y las entierran), sea porque no los buscan, no ayudan ni protegen a los familiares que los buscan, no identifican los restos humanos recuperados y hasta desaparecen a los desaparecidos de las estadísticas.

Aunque desde hace 15 años escribo sobre estos temas, siempre se me hace un nudo en la garganta cuando veo a las familias haciendo hoyos en la tierra con la esperanza de encontrar al ser amado desaparecido, de devolverlo a la familia, de darle sepultura cerca de casa. Cuando veo a las madres primerizas que aún no asimilan lo que les ocurrió, y lloran ante cada insinuación de que los hijos pueden estar muertos. Cuando los escucho decir que no buscan justicia, sólo la verdad, para no tener problemas con grupos de criminales; que ya no esperan nada de las autoridades; que ahora no sólo buscan a sus familiares sino a todos los muertos, a cualquier cuerpo, con la esperanza de que así como ellos encuentran huesos que otra familia espera en casa, otros encontrarán los huesos que ellos ansían encontrar. O cuando me entero de que otro padre o madre fue asesinado como escarmiento por buscar donde se consideraba prohibido.

Esa imagen de padres y madres removiendo la tierra a corazón abierto, con sus propias uñas, con la rabia, la impotencia y la tristeza a flor de piel buscando fosas es una síntesis de lo que se ha convertido este país. En una fosa común.

Confesiones desde la selva mexicana

Lydia Cacho

Lo público...

Antes que nada debo decir que en diciembre de 2005 fui torturada durante veinte horas y luego encarcelada a causa de mis investigaciones periodísticas sobre la pornografía infantil y los vínculos de gobernadores, senadores, jefes policiales y empresarios en la trata de mujeres, niñas y niños del continente. Aunque ahora sabemos que las órdenes eran asesinarme y arrojar mi cuerpo al mar, gracias a la solidaridad de la sociedad y a las precauciones que tomé unos meses antes estoy viva para contarlo. Conozco las voces, los nombres y los rostros de quienes quisieron ultimar mi vida, silenciar mi voz. Soy una de las pocas supervivientes de esta cacería en contra de los periodistas y las defensoras de los derechos humanos en América Latina. Debes saber que en esta década han asesinado a 80 periodistas en mi país; además, amigas y amigos reporteros han desaparecido, y aún buscamos sus cuerpos por todo el país.

Debes saber que la guerra sucia contra el periodismo ético no es nueva. La historia comenzó en 1934, cuando en México existía una sola fábrica de papel, el monopolio San Rafael, que abastecía del papel necesario a los periódicos y las revistas de todo el territorio hasta que, en esas fechas, la rebelión obrera contra los salarios de miseria y la falta de prestaciones llevó a los medios impresos del país a una crisis de silencio forzado. Los patronos de los diarios y las revistas pidieron ayuda al gobierno federal para que otorgara a toda prisa permisos de importación de papel y les eximiera de onerosos impuestos. El gobierno federal, encabezado por el general Lázaro Cárdenas, prefirió fundar un monopolio estatal y en 1935 constituyó la empresa Productora e Importadora de Papel S. A. (PIPSA), que debía proveer de papel subsidiado a todos los medios del país con precios y créditos que permitieran subsistir a la prensa. El presidente Cárdenas pretendía que con esa medida todos los estados y las provincias tuvieran acceso al papel para fomentar la diversidad ideológica en los medios impresos. Los propietarios de los medios impresos, ya asociados entre sí, se solidarizaron con el gobierno y se convirtieron en accionistas bajo el mando del presidente de la República.

Poco a poco se fueron construyendo relaciones de poder viciadas entre los dueños de los periódicos y los políticos. El periodismo se convirtió en una profesión en 1949, fecha en que se fundó la primera Escuela de Periodismo Carlos Septién García; posteriormente, la Universidad Autónoma de México (UNAM) abrió su propia cátedra para profesionalizar a los medios, que tardarían al menos dos décadas en fortalecerse.

Treinta años después, en 1965 y de acuerdo a los estatutos, el gobierno tenía la prerrogativa de desaparecer o renovar la existencia de PIPSA y comenzó una negociación secreta con los propietarios y los directivos de los medios de comunicación más poderosos; poco a poco se solidificó un pacto de la sociedad íntima entre los medios y el gobierno que no sería revelado sino hasta muchos años después.

La llegada del movimiento estudiantil de 1968 lo cambió todo para el periodismo mexicano. Frente a las miles de denuncias de desapariciones forzadas, de masacres perpetradas por los cuerpos militares especiales dedicados a la limpieza social y la detención de cientos de presos políticos, Luis Echeverría Álvarez, estratega de la guerra sucia y entonces mano derecha del presidente Gustavo Díaz Ordaz, ordenó a su operador Mario Moya Palencia que retirara el acceso de papel a los medios que rehusaron publicar «la verdad histórica» que negaba las desapariciones forzadas y criminalizaba a las y los estudiantes. Así lo hicieron de manera obediente los noticieros de Televisa y los principales diarios nacionales.

A través de PIPSA, el gobierno ya había decidido antes, en diferentes ocasiones, negar el acceso al papel a los periódicos de provincias que daban voz a la oposición política; un ejemplo de ello fue el castigo reiterado al *Diario de Yucatán*, que daba voz a los conservadores (Partido Acción Nacional, PAN). Los Archivos de la Nación, investigados por el periodista Jacinto Rodríguez Munguía,[1] muestran claramente cómo el gobierno federal monitoreaba, controlaba a los medios y sugería a los gobernadores tácticas y estrategias para presionar y chantajear a los dueños de los periódicos a fin de consolidar el poder dictatorial del Partido Revolucionario Institucional (PRI) sobre la información pública.

La estrategia de Moya, que había sido secretario de Gobernación (ministro del Interior y responsable del sistema de espionaje), fue anunciar la inminente desaparición de PIPSA y dejar a los medios pequeños e independientes a su suerte, sin permisos de importación y sin acceso al papel. Los medios poderosos mantenían una tradicional y cercana relación con el presidente de turno, ellos no estaban en riesgo; sin embargo, los periódicos y las revistas habían acumulado deudas multimillonarias con el gobierno, que mantenía un subsidio apto para extorsionar a los periodistas; así que renegociaron la existencia de PIPSA. Paralelamente, se había profesionalizado el periodismo, los movimientos de izquierda de Europa, la Unión Soviética, América Central y América del Sur cobraban mayor influencia en la cultura política de la juventud mexicana.

En 1970 yo tenía siete años, y en mi casa se discutían las aberrantes desapariciones forzadas, la autocensura de la radio y la televisión y la matanza de estudiantes. Aprendí que la censura tiene múltiples máscaras. Al mismo tiempo, la carrera universitaria de periodismo en el país fomentaba la dignidad por el oficio y la noción de libertad de información. Periodistas, escritoras feministas y artistas admirables de todo el mundo nos inspiraban: Oriana Fallaci, Simone de Beauvoir, Elena Poniatowska, Rina Lazo, Mika Seeger, Gloria Steinem, Roberta Avendaño y Tina Modotti; todas exigían un periodismo libre.

En los acervos históricos del Centro de Inteligencia de la Secretaría de Gobernación encontramos miles de páginas que narran los métodos de extorsión política llevados a cabo contra los propietarios de los medios; fueron orquestados por los gobiernos de Díaz Ordaz y de Luis Echeverría Álvarez, quien gobernó de 1970 a 1976, pero que antes había sido el operador político de los crímenes de lesa humanidad cometidos contra estudiantes y disidentes políticos, todos ordenados por el presidente Gustavo Díaz Ordaz (1964 a 1970).

Ocho sexenios del PRI fortalecieron la relación de poder corrupto entre los periodistas y los gobiernos. Los periódicos y las revistas consumían 12 000 toneladas de papel, mientras que las editoriales y las imprentas de libros de texto apenas necesitaban 1 500 toneladas. Entre 1976-1977 llegó la reforma política que permitió tener elecciones pluripartidistas; algunos medios comenzaron a romper los vínculos con los políticos y a buscar una libertad antes sólo imaginada.

En 1998 por fin terminó el monopolio de PIPSA; los medios recuperaron cierto grado de libertad y fue entonces cuando se corrió el manto de opacidad y supimos qué medios estaban del lado del poder político por afinidad, de ahí la primera oleada de periodistas independientes, por libre o *freelance*. En esa época las feministas ya habían consolidado su crítica hacia la misoginia en los medios y la ausencia de mujeres directivas y reporteras de campo en temas antes considerados eminentemente masculinos.

A finales de los años noventa se había creado un discurso normalizado, aunque poco realista, acerca de las presiones del poder político sobre los dueños de los medios. Más tarde se pudo comprobar que los empresarios periodísticos más grandes comían en la casa presidencial y recibían obsequios como autos y tierras; así hacían acuerdos bajo la mesa. Jugaban a ser víctimas cuando en realidad eran parte del entramado de poder corruptor. Tal vez la frase más famosa de esa época fue la de Emilio Azcárraga Milmo, quien públicamente declaró: «Yo soy un soldado del Partido Revolucionario Institucional».

Tras la llegada al poder en el año 2000 del PAN y su presidente Vicente Fox, con su aparente alternancia democratizadora, los medios parecían liberados del férreo control gubernamental mientras una nueva oleada de periodistas jóvenes, muchas de ellas mujeres, se dieron a conocer por su inquebrantable ética para investigar a la delincuencia organizada en el contexto de la violencia producida por la falsa «guerra contra las drogas». Lo cierto es que los 32 gobernadores del país imitaron a la perfección el modelo de extorsión, corrupción y alianza con los propietarios de los medios; las radios y las televisoras públicas se convirtieron en centros de publicidad del partido de turno, y los gobernantes pagaban publicidad a cambio de silencio. Los dueños de la mayoría de los medios llevaban décadas acostumbrados a ganar más plata extorsionando a ciertos políticos que haciendo buenas investigaciones. Este vicio de contubernio permaneció en las altas esferas con los periodistas de élite. Pero una nueva casta de periodistas libres había nacido; la feminización de las redacciones fue la base de la nueva libertad de expresión e información. El entrañable maestro de periodismo Jesús Blancornelas, fundador del semanario *Zeta* de Tijuana, quien sobrevivió a un atentado a manos de pistoleros del gobernador vinculado a lo que él advertía como narcopolítica, me dijo antes de morir que nunca olvidara que nosotras las mujeres reporteras seríamos la salvación del periodismo porque teníamos una mirada integradora de los derechos humanos, especializada en investigar los nexos del poder con la delincuencia organizada y el costo social de esa degradación. Antes de morir dejó su revista en manos de una valiente mujer: Adela Navarro, que en medio de la guerra entre cárteles ha sabido hacer periodismo valiente y ético.

Los últimos informes de las organizaciones que defienden la libertad de prensa e información, como el Comité para la Protección de Periodistas, Reporteros Sin Fronteras y Artículo 19 revelan que en 2015 el 70 por ciento de los ataques mortales y las amenazas a los periodistas en México procedían de gobernantes, policías y militares de todo el país, el resto procedían de la delincuencia organizada.

Las reporteras y los reporteros *freelance* y la nueva oleada de medios electrónicos libres rompimos el pacto de nuestros antecesores y rescatamos la misión de contrapoder del periodismo. Tenemos claro que durante 50 años nos han contado una mentira; ahora sabemos que la autovictimización de los grandes emporios periodísticos por parte del Estado es una pantomima que permite el fortalecimiento de la impunidad. La realidad demuestra que la mayoría de los propietarios de medios, no importa lo progresistas que parezcan, han dejado a las reporteras y los reporteros a su suerte. Ellos están allí para defender sus intereses, sus relaciones con el poder y no a la Verdad (así con mayúsculas, como la Historia). Los pocos que nos defienden en las provincias han sido bombardeados, en sus redacciones han explotado granadas de fragmentación y sus directivos han sido secuestrados o balaceados. Lo cierto es que la crisis humanitaria en México y su confusión radica en que el contubernio entre la prensa y el poder ha dejado expuestos a quienes hemos creído, desde la guerra sucia de los años setenta, que la verdad nos haría libres.

Son constantes los ataques de servidores públicos corruptos aunados a los de sicarios de los cárteles en contra de los reporteros y las reporteras, mientras los propietarios de los grandes medios hacen un vacío a los derechos humanos y dejan, como un general cruel, a sus soldados abandonados a su suerte en este campo de batalla que es México. Todo a cambio de publicidad pagada; también el periodismo ha sido herido de gravedad por el modelo de capitalismo neoliberal.

Lo privado...

Han pasado años desde aquel 16 de diciembre de 2005 en que un comando armado, ordenado por el gobernador de Puebla, me llevara secuestrada para torturarme con órdenes de matarme por haber publicado el libro *Los demonios del Edén. El poder que protege a la pornografía infantil* (Random House Mondadori). Han pasado años tras sobrevivir a los juicios amañados interpuestos por una banda de políticos vinculados con la delincuencia organizada. He sobrevivido a tres intentos de homicidio, a dos atentados, he documentado 17 amenazas de muerte demostradas ante las autoridades. He salido de México huyendo de la muerte en cinco ocasiones, cinco veces he vuelto a casa con la dignidad a cuestas. Me han despedido de uno de los diarios más poderosos del país a petición del gobierno federal. He publicado 12 libros, llevo 25 años ejerciendo el periodismo y cada vez que escribo, como ahora, un temor cristalino se planta en mis ojos y hace que me pregunte ¿debo decir la verdad? Mis manos siguen, mi mente dice sí, mi corazón también. Te confieso...

El alba, llega el alba y miro las palmas de mis manos, medito mientras las hojas de los árboles asidas a sus ramas alaban la vida bajo el aliento suave del selvático viento matutino. Sólo entonces recuerdo aquellas cosas que no te he dicho. Las letras que entretejidas en palabras quedaron ocultas en la noche más oscura mientras tú dormías, seguro de que la denuncia pública de la injusticia era útil para amedrentar a los enemigos de la verdad, a los amos de la opaca noche de la humanidad.

Aquí estoy sola, como sola se está cuando el cuerpo se niega a responder una vez más a las exigencias de la andanza infame de un litigio que parece interminable. Es demasiado tarde para volver atrás, los enemigos no firman contrato con fecha de caducidad. Y aun si pudiera volver, volvería a las andanzas por defender mis derechos y los derechos ajenos como si fueran propios, porque de alguna manera lo son. Siempre he sabido de esa sutil interconexión vital que nos permite estar en el planeta.

Mis oídos se niegan a escuchar de nuevo la sentencia negativa, el «no se puede» nuestro de cada día y la voz amorosa que recomienda, como quien receta una aspirina para la jaqueca, que salga del país unos días, que ponga en prórroga mi vida, que emigre con lo puesto alejándome de la paz de mi casa en la selva, del mar que me nutre, de la alegre compañía de mis perritas nobles que no necesitan excusas para amarme y protegerme; que deje atrás mi lápiz favorito con el que dibujo amaneceres frente al mar, la cobija que retiene el aroma de los abrazos de mi madre que ha muerto y cuya ausencia me recuerda la orfandad del mundo. Atrás debo dejar la seguridad de mi recámara cálida rodeada de palmeras, el dulce olor del café que cada mañana me preparo en una esquina precisa de mi cocina, por la que miro una palma viajera mientras la infusión me obsequia su aroma nítido y dulzón. Dicen como si tal cosa que debo abandonar el sonido lúdico de la fuente de mi jardín, en la que nadan las carpas animosas mientras medito en silencio. Me piden que me vaya como errante; como sólo los criminales salen despavoridos de la ley.

Nunca te dije cómo me indigna ser una perseguida por la injusticia. Acompañada de tantas personas igualmente atormentadas por la impunidad sistemática que en nuestro país se ha convertido en un método de colonización emocional que causa en sus víctimas a veces la parálisis, a veces la ira, otras, las más, la huida sin retorno. Jamás mi voz ha pronunciado esas palabras; cada vez que huyo de la muerte un poco de mi alegría se derrama en territorio ajeno para nunca volver a mí; se deshoja mi vida poco a poco, dejando rastros de esperanza en el camino.

No te he dicho que llevo 10 años… no, espera, son 16. Debo volver a mis diarios para recordar cuándo fue la primera vez que mis palabras adquirieron el poder de llamar al peligro. Cuando mi intuición y mi búsqueda, inteligencia y capacidad para investigar, para defender los derechos humanos y educar se convirtieron en dardos comprometidos.

Hace más de dos décadas que comenzó este viaje en el que tuve que aprender, en silencio y cómplice sólo con mis convicciones, a detectar en mi saliva el sabor amargo del miedo real, a mirar tras mis hombros en cada vuelta de la esquina, a oler el peligro como quien olfatea rosas rojas una tarde de abril. Aprendí sola, porque nadie nos dijo que ser periodistas y activistas no está bien visto en un país propenso a la hipocresía, al doble discurso y a la odiosa victimización profesional de los mártires sacrificados.

Nunca te dije cómo me debatí en silencio buscando las palabras precisas para explicarles a todos aquellos que quisieran escuchar que el famoso heroísmo que aporta fama superficial es una trampa perversa, una piscina de fango en la que nunca me sumerjo. Me pregunté si valdría la pena sacar de la cueva a los murciélagos que advierten la llegada de la noche sin estrellas, eso que a los ojos de algunos parecen gorriones y una vez de frente son quirópteros oscuros. Dudé sobre si debía nombrar la desesperación que me causa seguir de manera involuntaria este guión escrito por los patriarcas en el que sólo las santas (preferentemente monjas) sacrificadas hacen el bien por el bien mismo. Cómo contrarrestar la monumental farsa discursiva que lo permea todo: a los medios, a quienes otorgan premios, a los expertos en derechos humanos que creen que hemos de ser excepcionales para liderar, como si el liderazgo fuera un don propio de personas elegidas. La excepcionalidad es una trampa que nos manda al ostracismo, que sirve como excusa para hacernos creer que no toda la gente puede ser parte del cambio.

Ciertamente, se elijen los oficios; sin embargo, las convicciones tomadas de la mano de los principios y los valores crecen inadvertidas en el espíritu humano hasta que una tarde, en la madurez, descubrimos que no irán a ninguna parte lejos de nuestra conciencia porque se han fusionado con la misma fuerza con que se alían los metales para fundir el bronce. La convicción que rehúye del dogma es ligera como la llama que enciende el candelero en una habitación a oscuras, la ética que le acompaña no cabe en el puño cerrado de la intolerancia; ambas habitan en silencio cada palabra, cada acción misteriosa de quien vive narrando las historias de las otras y los otros con honestidad.

Tan ocupada estaba contando la vida de las y los demás que nunca te expliqué cómo se vive la angustia de ir de una ciudad a otra, de un país a otro, arrastrando los pies y escribiendo discursos para agradecer premios que en realidad son escudos temporales; reconocimientos de aquello que debería ser simplemente validado por su utilidad social. La verdad tan escasa en este otoño mexicano parece precisar de estrellas y laureles, de estatuas y aplausos, porque muy pocos creen en su validez natural, concreta, vital. Los premios se han convertido en una suerte de bizarra protección, algunos nos llevan a tejer redes más amplias, a expandir horizontes, otros nos meten en una pequeña caja de marfil, como diminutos trofeos, rarezas escondidas que vienen —como las naves llenas de cuerpos vacilantes de lánguidos refugiados— de países insalvables, salvajes, incomprensibles al ojo desnudo del forastero o a la mirada tuerta del que por juzgar lo que está fuera de su patria no mira dentro de su propio infierno.

Tampoco te dije que eso de la fama es una mierda, que a mí no me interesa satisfacer las necesidades de un público que quiere espectáculos de heroínas para huir de su compromiso personal, ese que exige actuar con urgencia aquí y ahora, con disciplina y compasión, con estrategia, solidaridad y convicción.

Fue entonces que algo se reveló frente a mí… El prestigio es lo que vale en un mundo tan absurdo como el nuestro, porque nace de la credibilidad. Y supe que tenía razón cuando los corruptores llegaron con sus plumas y lanzas, de la mano de reporteros soeces y prostituidos, a atacar mi credibilidad, a hurgar en lo poco de privacidad que me quedaba y con ese poco amasar mentiras panfletarias. Porque ellos también lo comprendieron: el soez arrojo de los violentos que ganan las batallas de la corrupción, la tortura y la muerte es irrefutable para los perpetuadores del poder convencional. Mientras que la valentía de quien entiende que el periodismo como verdadero contrapoder tiene en su centro los derechos humanos, infecta a los poderosos como la ponzoña, les hiere como una daga envenenada, les hace reconocer el sabor del miedo en su saliva; por ello atacan sin piedad.

Todos tienen miedo. Ellos temen perder su poder ganado a fuerza de opresión, castigo y falsedades. Nosotras tememos perder la vida —nuestra y la de los seres amados—, por atrevernos a caminar sobre la rebeldía, a plagar de congruencia nuestro oficio, por ser honestas en un país seducido por la ilusión del realismo mágico que oculta la tragedia de la desigualdad planificada, del racismo estructural, del capitalismo deshumanizante y el machismo cultural.

No te dije que cada noche en el hospital, de todas esas noches en que mi cuerpo quiso darse por vencido, lloré hasta caer rendida en un sueño pasajero. Mi llanto se convirtió en río y el río en llanto, mis pies no querían andar y me sentí como una paria cuya vida llegaba a su fin por agotamiento.

Algún día creí que todo estaba dicho, que nadie podía con tanto dolor en su alma, con tanta indignación bombeando entre sus venas. Me abrazaba a mí misma en la habitación del hospital con un temor opaco, igual al de una niña perdida en el desierto de la incertidumbre; creí que moriría a partir de una tortura que regresaba cada noche a recordarme lo vivido, esa pesadilla que te arranca los ojos para que ya no mires la esperanza.

Una tarde entró la doctora y me explicó que ese desgaste físico era producto del síndrome del estrés postraumático, por la tortura, por la presión estresante, por trabajar tan arduamente coleccionando historias de horror, por escuchar a esos cientos de niños explotados y a esas cientos de niñas abusadas. Mi mente entendía el significado de esa explicación, pero mi espíritu —que también está en mi mente— replicaba no, no, no, no más sufrimiento, no más dolor, no más miedo, ni para mí ni para nadie (entonces supe por qué tantas víctimas se someten a sus captores). La doctora salió de la habitación y yo cerré los ojos pretendiendo estar dormida para que nadie supiera que ellos estaban ganando la batalla en mi interior, que su avasallamiento durante años, las amenazas, la persecución, el espionaje de Estado, la compra de jueces y testigos, el salario de los policías torturadores, la muerte de esa pequeña víctima salvadoreña, el dolor de esas cientos de niñas y mujeres esclavizadas que me contaron sus historias, así como la tristeza de mis seres amados que me protegen y sufren por mí, sofocaban mi aliento como una inmensa montaña de carbón. Cerraba los ojos para saber que nadie podría arrancármelos de tajo, y mientras los mantuve cerrados en mis pupilas renacieron los paisajes de mi infancia alegre, de mi madre inspiradora, de mis abuelos que sobrevivieron a la guerra y renacieron en México. Renací también muy poco a poco sin saberlo yo, como una refugiada en mi propia patria que antes de llegar a tierra firme creyó ahogarse.

Tampoco te dije que una precisa noche de mayo, aún enferma de agotamiento y con la sombra de un temor ocre que me revisitaba cada noche tras los largos testimonios judiciales, creí que la muerte era mi amiga, que ya nada valía la pena. Que te matan así, de tal manera que primero tu cuerpo se derrumba y después tu espíritu concluye que tal vez ya no hay futuro para ti; porque no quieres más noches oscuras, ni preguntas imbéciles sobre tu dolor y tu miedo. Porque ya no entiendes por qué demonios los demás no entienden que esta tarea de reinventar el periodismo de paz con una perspectiva de derechos humanos es el camino para entender las guerras y sus dinámicas informativas, para revelar el secreto de esa mórbida adicción al desprecio por la vida que hemos construido al mostrar los cadáveres apilados como montañas de piedras en el desierto, o a los muertos colgando de los puentes de las ciudades o las cabezas degolladas en las primeras planas de los diarios, como una muestra pornográfica de un país que se pudre sin saberlo, como el aleccionamiento social para hacernos creer que hemos perdido la batalla contra la impunidad y la violencia. Porque es cierto que vivimos como degollados, que es nuestro espíritu colectivo el que los narcotraficantes han colgado de los puentes, que son nuestros sueños los muertos apilados grises, convertidos en una masa informe de olvido; que es nuestra fuerza cívica la enterrada en las miles de fosas clandestinas donde lo mismo yacen los muertos en la batalla del narcopoder que los estudiantes víctimas de la desaparición forzada.

El olor fétido de la sangre y el discurso unificado de los medios nos ha cegado ante al hecho concreto de que tenemos frente a nosotros una estrategia de terrorismo de Estado que antes vivió Colombia, que sufrieron millones de personas con el estigma de una patria execrable e insalvable. Millones fueron expulsadas de sus hogares, miles de hijos secuestrados como esclavos sicarios, miles de hijas convertidas en muñecas esclavas de las mafias. Y nosotros, estúpidos como somos, nos negamos a comprender la historia de los que fueron compañeros de esta celda global que el es narcogobierno, que se ha filtrado como un río subterráneo desde el sur al norte, y de esa violencia dominante, juguetona, la venta de armas, de manuales de guerra de norte a sur. Miramos el horror y sus consecuencias, pero no sus orígenes y las formas concretas de detenerlo.

Una y otra vez he reconocido frente a mis ojos la verdad desnuda; hace 20 años fue la primera vez… Un abogado mafioso encañonó un arma en mi frente para exigir silencio periodístico; luego hace 10 años después de salir de la prisión tras ser injustamente acusada de difamar a los poderosos, de nuevo hace dos meses cuando me enfrenté a mi torturador en un juicio durante seis horas, mientras él sonreía seguro de su cercana impunidad. En todas esas ocasiones tuve la inexplicable, sólida e implacable certeza de que hay mucho que deberíamos hacer masivamente para librarnos de la violencia y los abusos; para deshacernos de una vez por todas de esa absurda convicción de que éste es un país que no nos pertenece, la patria de otros, el agua de otros, las minas de otros, la educación para otros, la libertad y los privilegios de otros, nuestros cuerpos de mujeres apropiados por los otros.

Una lucidez de vértigo se adueña de mí cada tanto, reviven mis ganas de decirlo todo, de escucharlo y narrarlo. Como una niña que lleva entre sus manos una pequeña ave recién caída de su nido, voy por la vida mostrando con palabras lo que creemos que es posible, una libertad en ciernes, un gorrioncillo diminuto de alas pequeñas que algún día se elevará sobre el cielo pálido después de la tempestad y el trueno.

Creí que era la desdicha la que me hablaba, pero más tarde descubrí, gracias a los poetas y las escritoras que me acompañaron tantas noches solitarias, que era la alteridad la que me hirió en el alma. Tantas veces he sido los otros y las otras, tantas veces caminé en sus zapatos sin saberlo que dejé de ser yo misma, Lydia la solitaria reportera. Me convertí en nosotras y temí por nosotros. No era la muerte lo que deseaba, sino la escisión de esa multitud que me habita después de 30 años de ejercer el periodismo frente a un sistema que aborrece la justicia y proclama el escarmiento institucionalizado.

Una tarde bebiendo el cielo azul con la mirada descubrí que de tanta cercanía con las madres de los desaparecidos comencé sin saberlo a desaparecer, a temer por sus hijos y por nuestras hijas; que de tanta fuerza mostrada frente a los poderosos, involuntariamente hice creer a tantas y tantos desposeídos que en mis manos hay un poder que tiene alcances esperanzadores para miles Me convirtieron en símbolo por atreverme a retar a los crueles abusadores de frente y sin descanso, repitiendo que soy mujer y sin pedir perdón por ello. El símbolo me habitó con lentitud y le di poco espacio para crecer en mi corazón mientras estaba distraída en la batalla diaria de la vida y la muerte. Temí al poder que no es poder convencional. Temí al poder de conocer la verdad y nombrarla como a un ave recién caída de su nido, lo rechacé como quien niega su historia por agotamiento; quise ser una mujer normal en un país destartalado, de poderosos crueles o débiles, de intelectuales brillantes que predican desde la cima de la montaña dorada. Temí tener la respuesta porque supe entonces que no habría sosiego, ni descanso, ni tregua, ni olvido... sólo verdades que yacen allí, que esperan ser escritas, narradas, dichas, contadas por nosotras. Verdades como hormigas arrieras que nunca se detienen y que van por millares en marabunta invadiendo ciudades y hogares, verdades vivas me habitaron con su presentimiento y supe nombrarlas, ponerle apellidos, traducirlas para que las otras y los otros las nombraran y las usaran como abalorios, como herramientas, como látigos.

Temí en silencio no poder ser nunca más esa simple mujer que escribe poemas a escondidas, que bucea en el corazón de los cenotes, que se ríe a carcajadas con los comediantes ingleses; sentí saudades de esa yo que fui antes de ser nosotras, esa simple mujer que cocina crepes dulces y cordero al vino tinto, o que tira tortillas en el comal y prepara arroz con frijoles y chile verde. Esa yo de antes ya no existe, se quedó en el camino y no lo supe.

Me hice una promesa solemne: jamás me convertiría en una periodista cínica, como esos colegas valentones, corresponsales de guerra a los que ver tanta muerte les llena de hombría y les desangra poco a poco la esperanza, hasta que beben adictivamente la miel del cinismo. Los cínicos son perros sedientos de tripas, de camorra. De ellos no he querido nada, me alejo de sus palabras seductoras y de sus lecciones tediosas y burlonas, de sus fiestas con brindis y drogas ensangrentadas, de su fama ruidosa, de su ridícula actitud de celebridad televisiva.

Fue entonces cuando tomé mi pluma y en una prístina hoja blanca como el rabo de la nube que me protege de la luz radiante, tras responder a mil preguntas sobre mis investigaciones durante una tarde de otoño cualquiera, supe que soy incapaz de hincarme con mansedumbre como tantos otros han hecho y decidí que es tiempo de cerrar el cuaderno de mi juventud, de vaciar la pluma fuente, de decir adiós a esa forma de antes de mirar el mundo. Me atreví a buscar nuevos registros, nuevas voces, otras formas de vivir sin miedo a la venganza, sin miedo a mi poder personal. Respiré como quien sale del fondo del mar tras un dilatado y solitario viaje a las profundidades. Fue entonces y sólo entonces cuando pude escribir estas confesiones, los secretos de una reportera que en sus diarios cuenta la vidita que lleva quien narra vidas inmensas, múltiples, las vidas de las otras y los otros que se creían sin voz.

Por eso nunca antes te conté cómo durante años me he puesto a salvo en los brazos de la poesía; con otras voces navegué como en una balsa de salvamento en mundos imaginarios; no sabes cuántas novelas lograron hacerme vivir en otras realidades menos peligrosas que la mía, que la nuestra. Cuántas voces escritas insuflaron nueva vida en los caminos de mis propias palabras. No se equivocó Walter Benjamin al asegurar que hay una esfera de entendimiento humano inaccesible a la violencia: la verdadera y propia esfera del entenderse, que es la lengua. Pero no siempre la lengua y su entendimiento se expanden en el mismo horizonte que nos une, a veces unos hablan palabras y otros gritan palabros que chocan como espadas en una babel infame.

Por eso en la privacidad de mi estudio, en la torre de la selva en que habito solitaria, la lengua se posa suave en mi cuerpo desnudo, en mi alma desarropada donde la violencia no tiene cabida; le he cerrado el paso a fuerza de corazonadas y deseo escuchar sólo las palabras sabias que me muestran el camino y no las que me arrastran hacia un destino determinado por el ego.

No sabes, porque es un rito privado, cuánta vida se renueva en mí cada vez que me pierdo dentro del mar, cuando bajo a sus profundidades donde la voz humana no tiene cabida, allí donde la luz se reinventa y late la tierra sin intervención humana. No sabes, ni tendrías motivos para entenderlo, por qué preciso de mis sucesivos aislamientos, de tanto silencio. De ahí que navegar en velero sin tierra de por medio, sin adminículos ni pretensiones, me llene de paz interior.

Tampoco nadie sabe con qué vehemencia llevo a cabo mis ceremonias al despertar, cuando recibo en silencioso y sobrecogido agradecimiento la llegada de un nuevo día en que miro mis manos para saber que aún existo por las palabras que me nombran. Nadie más sabe cómo respiro y medito para capturar ese hálito vital que me permite seguir escribiendo cada día, escuchando música mientras preparo mi desayuno, cómo remonto las escaleras con un pasito doble y alguna tonada recién escuchada, para llegar a la cima de mi estudio y darme a la tarea de escribir, de planear mi trabajo con una taza de café en la mano y un montón de historias en mis libretas, un cúmulo de rostros vivos en mi cámara y un arcoíris de voces en mi grabadora.

Tampoco sabes, aunque seas capaz de intuirlo, cuán importante es el amor para mí. Cómo me deleito en los besos jugosos, los abrazos dulces y los encendidos, cómo disfruto con toda mi humanidad el retozar de dos cuerpos tibios, húmedos, suaves, delirantes. Cada encuentro traza una línea nueva en mi paisaje, cada arrebato extático resucita mi fuerza. La danza de la intimidad tiñe de alegría mi vida. Perder la pasión, para mí, no es negociable.

Como quien mira un nuevo amanecer disfruto los mensajes diarios de mis hermanas y mis hermanos, los «te amo, hija» de mi padre preocupado y las anécdotas, los memes y los besos de las niñas y los niños que conforman esa fuerza vital que es mi familia.

Nunca te dije que mi alegría y mi gozo no son fortuitos, porque como a un jazmín les cuido y cultivo sus flores, los alimento con los nutrientes necesarios, saco mi melancolía a caminar bajo el sol marino para que se libre de todo mal. Les digo a mis pulmones, con la mano en el pecho, que deben respirar cada mañana, que hasta que ese hálito llegue a mi vientre nada es verdadero. Mi cuerpo lo sabe y camina al ritmo de la respiración, los brazos se extienden, mis piernas danzan como buscando la alegría perdida en las noches de angustia. Bailo para revivir el rito de la emoción vital, toco mi tambor para responder a la tierra que aún estamos aquí para defenderla y defender nuestro derecho a la parsimoniosa alegría que nada tiene que ver con el poder, y todo tiene que ver con la compasión y el simple y sencillo encuentro humano, ese que no violenta, ese que no abusa, ese que no mata, ese que ama.

Nunca te dije que cada día, todos los días de mi vida, me peleo con la muerte que acecha de múltiples formas, que salgo victoriosa porque esta vida me merece y la merezco yo también. Porque vivo en el corazón con cada una de mis compañeras periodistas que han sido asesinadas, con mis amigas desaparecidas que ya son 12, con mis 15 amigos periodistas asimismo asesinados por la mano de los narcopolíticos poderosos. No te he dicho que cada vez que levanto el teléfono por las noches temo que detrás de esa llamada esté la vida perdida de alguien más, de algún compañero amenazado, de alguna colega que salió corriendo intentando salvar la vida. Nunca te dije que nada se parece a la culpa de la superviviente, que en cada velorio y cada entierro, en cada comunicado y en cada búsqueda incansable quienes hemos sobrevivido a las y los otros nos preguntamos ¿por qué yo sigo aquí? Y jamás hallamos respuestas válidas. Somos, pues, ellas y nosotros. Cuando la página en blanco no acepta una crónica más, sobre mi espalda está su espíritu, en mi mano su mano, en mi voz sus palabras, porque nadie mata la verdad matando periodistas.

Tal vez nunca te dije nada porque ahora sé que nadie, absolutamente nadie, debería vivir bajo tortura, al acecho, huyendo de la muerte durante años por el simple hecho de haber decidido asumir su responsabilidad ciudadana y el oficio de hacer de éste un país mejor.

Escribo sin detenerme, porque en mis palabras viven las otras y yo misma también y cuando ya no esté, sabrás que te dije cómo se viven los días y las noches a solas en un país que, por ahora, asesina a sus periodistas y a sus activistas para que sobreviva un sistema de poder delirante, injusto y arbitrario. Un sistema evidenciado y debilitado sin duda por la tarea de quienes han muerto en el camino y por quienes hemos decidido vivir a pesar de la tortura y la seductora voz de la autocensura que prometía una vida tranquila y sosegada al lado de las élites de la fama.

Aquí estamos una vez más, mirando desde la ventana un futuro posible que necesita la palabra honesta, el poder íntegro y la revolución de las ideas peligrosas. Nos encontramos en esta tarde aciaga de América Latina, en esta primavera mexicana que advierte un otoño implacable para el que debemos prepararnos reconociendo el dolor, los logros y el poder personal para ejercer y potenciar los derechos humanos que nos pertenecen. Nos salvarán la indignación y la justicia, pero nunca la rabia y el odio enceguecedor. Por eso, como muchas, elijo los primeros y he cerrado las puertas a los últimos.

La indignación es la tinta con la que escribo el nombre de las y los 100 000 muertos mexicanos, de las y los 70 000 desaparecidos, de las y los 20 000 niños y niñas secuestrados por los cárteles de las drogas; yo soy la indignación y soy las otras y los otros. Ahora, tras medio siglo de vida, camino más lento, pero mis pasos tienen trazada una ruta sin fronteras; mientras viva la caminaré en mi nombre y en el de las otras mujeres que ya no están o cuyas piernas ya no pueden andar, pero cuyas ideas nunca morirán. Somos la utopía que soñaron nuestras abuelas y hemos de sobrevivir a esta guerra.

Notas

1. Jacinto Rodríguez Munguía, *La otra guerra secreta. Los archivos prohibidos de la prensa y el poder*, Barcelona, Random House Mondadori, 2007.

POSICIONAMIENTOS

El sueño de Jesús Fragoso

Emiliano Ruiz Parra

Historia agraria

En la memoria de sus descendientes aparece ese hombre, don Jesús Fragoso Aceves, conocido como el Chango, vestido de campesino: sombrero, calzón de manta, huaraches y morral al hombro. Así, ataviado como un indio pobre, el Chango entraba a uno de los centros de poder en México: el palacio de la Suprema Corte de Justicia de la Nación (SCJN) y accedía a las oficinas de los ministros de la Corte, quienes se levantaban de sus asientos a saludarlo con respeto e incluso con reverencia.

Muchos años atrás, aun antes de que fuera conocido con el «don», Jesús Fragoso participaba en las primeras asambleas de su pueblo, Guadalupe Victoria. Corría el año 1955 y habían sonado las alarmas. Un grupo minoritario de habitantes pretendía vender las tierras de dos enormes predios, Potrero del Rey y La Laguna, que los campesinos de Guadalupe Victoria disfrutaban en común desde hacía 90 años. Eran tierras de pastoreo que, en temporada de lluvias, se convertían en humedales. Desde Canadá, miles de patos volaban a sus aguas cálidas y los habitantes cazaban sus chalcuanes, chocolates, zartetas, gallaretas y otras aves migratorias.

Había corrido un rumor: se están vendiendo las tierras. Después se confirmó la noticia. Llegaron abogados de traje y corbata con un documento del gobierno del estado de México (Edomex): las tierras de Guadalupe Victoria «se han *adjudicado* al gobierno del Estado», decía el oficio 210-1-8605 firmado por Jorge Jiménez Cantú, secretario de gobierno del Edomex. Los abogados exhibían papeles de compraventa, y sí, ahí estaban las firmas de algunos habitantes de Guadalupe Victoria que habían vendido terrenos que pertenecían a todos.

Los campesinos vendedores defendían un argumento: no estaban conformes con los repartos agrarios que la comunidad se había dado a sí misma, y reclamaban derechos sobre la laguna y las zonas de pastoreo. No estaban solos. Presumían del respaldo del gobernador del estado de México, un señor nacido en Atlacomulco y llamado Salvador Sánchez Colín. Esas tierras, decían, van a ser para el gobernador.

Alarmados por la situación, la mayoría de los campesinos de Guadalupe Victoria empezó a organizarse. Era cierto: unos 50 habitantes querían vender. Sin embargo, más de 250 se oponían, pues esas tierras, decían, nos las dejaron nuestros abuelos y nos pertenecen a todos, y todos hemos de seguir trabajándolas en común. Pero eran pobres. No tenían los documentos de las tierras ni dinero para abogados. El 5 de octubre de 1957 eligieron a Jesús Fragoso Aceves (que había cumplido treinta años el 25 de junio), para que los representara en su defensa de la tierra. Su primera tarea era reconstruir el expediente de las propiedades porque nadie tenía los documentos, así que le esperaba una tarea laberíntica que requería años de búsqueda y gestiones en agencias de gobierno.

Jesús Fragoso, el Chango, tardó cinco años en recabar los papeles que contaban la historia de las tierras de Guadalupe Victoria, su pueblo, ahora ubicado al norte del municipio de Ecatepec. El año 1865 había sido uno de los más convulsos en la vida de México. Las tropas francesas invadían el territorio nacional para imponer a Maximiliano de Habsburgo, que se coronó emperador de México. El presidente, el indio zapoteco Benito Juárez, subió con su gobierno legítimo en un carruaje de caballos y huyó hacia el norte, perseguido por las tropas invasoras y las fuerzas proimperialistas mexicanas.

Quizá los acontecimientos nacionales precipitaron los hechos. Ángel García Quintana había comprado hacía poco la hacienda de Santa María Guadalupe de Portales (en el territorio conocido hoy como Guadalupe Victoria), pero había incumplido sus compromisos de pago con los antiguos dueños de la finca. Él no era un hombre rico. El dinero de la compra pertenecía a su esposa, Josefa Tijera, que había muerto sin hacer testamento. En una situación apremiante, y presionado por el rugir de los cañones, García Quintana encontró una manera de salvar la propiedad: vender la parte menos productiva de la hacienda, o sea, los humedales del lago Xaltocan, la zona pedregosa y la tierra de pastoreo; eran unas 1 000 hectáreas de terreno. ¿Y quiénes serían sus compradores más interesados? Los propios peones que sembraban las milpas.

La mayoría de los campesinos de Guadalupe Victoria (en aquel entonces se llamaba Pueblo Nuevo) provenían de Jalisco, un estado al occidente del país. Los antiguos hacendados de Santa María de Guadalupe de Portales (una familia de apellido Ansorena) habían importado mano de obra desde allí. En cada viaje arriaban con 10 o 15 hombres que, al cabo de los años, se traían a sus familias. El patrón les arrendaba un pequeño pedazo de tierra, llamado solar, donde levantaban chozas de tejamanil con techo de hojas de maguey. En un principio todos se reconocían como parientes y muchos de ellos compartían el apellido Fragoso.

En el México del siglo XIX era una oportunidad excepcional que los peones de una hacienda pudieran convertirse en propietarios de las tierras que labraban. Así que la aprovecharon. Cada familia entregó sus ahorros; los más pobres pusieron 10 pesos; los más ricos, 500 pesos, y en ese rango, 60 familias juntaron casi 20 000 pesos oro (más 2 000 para las escrituras) durante siete años de penurias y sacrificios. En 1872 pagaron los últimos centavos y se convirtieron en titulares de cinco ranchos: de Valdez, El Rosal, La Troje, El Obraje y la Ranchería de Pueblo Nuevo.

Para entonces Benito Juárez había fusilado a Maximiliano y había recuperado el control del país. Juárez había nacido indígena zapoteco, campesino pobre y pastor de ovejas en Guelatao, Oaxaca. De excepcional carácter e inteligencia, se había convertido en el caudillo de los liberales mexicanos. A ojos de los liberales, México debía modernizarse, y en esa modernización la cultura y las tradiciones indígenas eran vistas con recelo. En la Constitución de 1857, escrita bajo la influencia liberal, se limitó la propiedad colectiva de la tierra, que los indígenas mantenían desde tiempos prehispánicos. Juárez y los liberales fueron los grandes impulsores del capitalismo en México, y el lugar por excelencia de las nuevas relaciones capitalistas era el campo mexicano.

Así que los 60 campesinos de Guadalupe Victoria compraron sus tierras bajo las leyes de Juárez, que privaban a las corporaciones de la propiedad colectiva de la tierra. Pero los 60 eran muchos dueños, así que el derecho les permitía comprar en mancomún (como los bienes mancomunados de los matrimonios). Bajo esa figura legal se mantuvieron durante décadas. Conforme pasaron las generaciones, los 60 se multiplicaron en hijos y nietos, y acordaron explotar sus tierras con dos regímenes combinados: por un lado, la propiedad privada, en la que se repartieron más de 600 hectáreas bajo un criterio proporcional: le tocaba más a la familia que hubiera aportado más en 1865. Sin embargo, reservaron el lago Xaltocan y las tierras de pastoreo para que todos pudieran pescar, cazar patos y llevar a sus animales a pastar.

Aun cuando la historia de la compra enaltezca la capacidad de organización de los campesinos de Guadalupe Victoria, tampoco hay que idealizar a la comunidad: en su interior se reprodujeron las relaciones de explotación. Uno de los campesinos, Ángel Fragoso Gallo, acumuló un capital a través de la usura, compró tierras y generó su propio latifundio; contrató a los antiguos propietarios como peones e instaló su tienda de raya: un sistema de préstamo de dinero y venta de alimentos que fomentaba deudas para toda la vida. Llegó un momento en que Ángel Fragoso era el único que ofrecía jornales a los labriegos del pueblo.

En 1910 había empezado en México una revolución, que en 1917 originó la Constitución más progresista del mundo hasta esos días. Uno de los héroes había sido Emiliano Zapata, caudillo del Ejército Libertador del Sur, cuyo lema era «la tierra es de quien la trabaja». Siguiendo ese espíritu, la nueva Constitución dio marcha atrás a las leyes juaristas y estimuló la propiedad colectiva del campo. A las comunidades que poseían y explotaban la tierra de manera comunitaria los llamaban ejidatarios o comuneros.

El 20 de abril de 1962 Jesús Fragoso Aceves, el Chango, ya podía contar esta historia con papeles en la mano. Era el momento para que la revolución les hiciera justicia. Esa tarde la asamblea de Guadalupe Victoria lo ratificó como su representante, y en una carta enviada al presidente Adolfo López Mateos los campesinos pidieron ser reconocidos como comuneros y que se les diera el título legal sobre los predios de La Laguna y Potrero del Rey, que se habían mantenido al margen de los repartos internos.

Además del reconocimiento como comunidad con derechos sobre la tierra, los campesinos de Guadalupe Victoria se repartieron las tierras, tal como lo habían hecho sus antepasados en 1925 y 1940 con Potrero del Rey y una fracción del Rancho de Valdez: por sorteo. Era un reparto sólo para el usufructo. Le seguirían perteneciendo a la comunidad en su conjunto. El lago Xaltocan estaba casi seco, drenado por el Gran Canal de Desagüe. Así que hicieron 265 lotes de 8 500 metros cuadrados cada uno, y otros 75 lotes de 4 250, y las dieron a trabajar.

Ser reconocidos como comuneros era su manera de defenderse de las garras de los políticos que querían quitarles las tierras. Los terrenos comunales pertenecían a la nación, al Estado mexicano (que les cedía el usufructo a las comunidades) y eran inalienables: no se podían vender. Esta ley tenía un sentido: evitar que los grandes capitalistas regresaran el reloj a los tiempos de Porfirio Díaz, concentraran grandes extensiones de tierra y trataran a los peones como sus esclavos.

Si, por el contrario, las tierras de Guadalupe Victoria se declaraban propiedad privada, se podrían vender. Y sin duda los políticos intentaban con avidez quedarse con sus predios. El sector minoritario de Guadalupe Victoria ya no presumía del apoyo de Salvador Sánchez Colín (que dejó el gobierno del estado de México en 1957), sino del nuevo gobernador del estado, Juan Fernández quien —decían los disidentes— les estaba comprando las tierras.

El Chango inició los trámites ante el gobierno. Los ingenieros del Cuerpo Consultivo Agrario (CCA) —un órgano técnico que emitía dictámenes especializados— acudieron al pueblo, convocaron asambleas, revisaron papeles, tomaron medidas y el 3 de julio de 1964 publicaron su dictamen, en el que afirmaban que los habitantes de Guadalupe Victoria, al norte del municipio de Ecatepec, tenían la capacidad legal para ser reconocidos y titulados como comuneros.

Sus tierras comunales, decía el CCA, abarcaban 392 hectáreas (dos veces el principado de Mónaco y nueve veces la Ciudad del Vaticano) de los predios La Laguna (310 hectáreas) y Potrero del Rey (82 hectáreas). El CCA declaraba inexistentes los conflictos internos y afirmaba que «no existían predios de propiedad particular que deban excluirse de la superficie que se titula». Es decir, los actos de compraventa a los políticos del estado de México quedaban anulados.

Había costado casi diez años, pero el Chango había ganado la batalla jurídica. O eso parecía. Sin embargo, las cosas empezaron a descomponerse a partir de entonces. El 24 de septiembre de 1964, 47 disidentes enviaron una carta al presidente de la República. Le pedían suspender el reconocimiento como comuneros. Ellos querían repartirse las tierras conforme a la compra original de 1865; o sea, que las 392 hectáreas fueran de propiedad privada y pudieran venderse.

Extrañamente, el CCA empezó a ir en contra de sus propios estudios y dictámenes, y el 5 de marzo de 1965 pidió que no se continuara con el reconocimiento a la comunidad. Dejó en suspenso su decisión anterior.

Mientras Juan Fernández estuvo al frente del gobierno del estado de México (1963-1969) el Chango atestiguó cómo poco a poco perdía una batalla tras otra. Los disidentes disponían de abogados e interponían cartas y juicios. En el país la situación se tornaba sangrienta: el 2 de octubre de 1968 soldados de élite del ejército mexicano masacraron una manifestación pacífica de estudiantes en la plaza de Tlatelolco. La matanza era una advertencia a todo el país: con balas y represión se respondería a quien no se sometiera al Estado.

El 9 de junio de 1970 se produjo el golpe contra Guadalupe Victoria: el presidente Gustavo Díaz Ordaz, el mismo que había ordenado la matanza de Tlatelolco, firmaba el decreto en el que negaba el derecho de los campesinos de Guadalupe Victoria a convertirse en comuneros. Su argumento era aberrante: aquellos 60 compradores originales de 1865 habían comprado las tierras bajo la Constitución de 1857, que privaba a las comunidades del derecho a la propiedad colectiva de la tierra. Por lo tanto —100 años después y bajo leyes distintas— no tenían derecho a ser comuneros.

Curiosa explicación para un régimen que se reivindicaba heredero de la Revolución mexicana. La resolución de Díaz Ordaz era tan ridícula que iba en contra de una opinión elaborada en su propio despacho. El 4 de marzo de 1970, la Dirección Jurídico-Consultiva de la Presidencia había apoyado el derecho de los campesinos de Guadalupe Victoria a ser reconocidos como comuneros con un argumento simple: en efecto, habían comprado bajo las leyes de Juárez, pero desde 1917 hasta 1965 eran una comunidad de hecho y debían ser reconocidos como tales.

Hay que decir que Díaz Ordaz quizá sólo fue el instrumento del golpe contra los campesinos; porque las 392 hectáreas de Guadalupe Victoria eran ahora apetitosas para el hombre más poderoso del país: el presidente Luis Echeverría Álvarez (1970-1976), que había asumido el cargo el 1 de diciembre de 1970 pero que, de acuerdo con los usos y las costumbres del régimen del Partido Revolucionario Institucional (PRI), era el mandamás nacional desde su presentación como candidato a la presidencia. Los oficiales les hicieron saber a los campesinos de Guadalupe Victoria que familiares directos de Luis Echeverría querían las tierras para un negocio privado: instalar una cuenca lechera que abasteciera al Valle de México.

Después de la matanza de Tlatelolco el 2 de octubre de 1968, cientos de jóvenes radicalizaron sus métodos de lucha. Se sumaron a guerrillas y organizaciones revolucionarias que planteaban la destrucción del Estado. Echeverría respondió con la guerra sucia, una oleada de represión política nacional. Unos 1 300 jóvenes desaparecieron a manos de agentes del Estado (nunca se volvió a saber de ellos) y muchos otros fueron torturados, asesinados, y encarcelados de manera ilegal.

Guadalupe Victoria vivió su propia guerra sucia. Roberto Aceves Herrera, el historiador del pueblo, contó la represión que sufrió su comunidad entre 1968 y 1983: cientos de policías tomaban las calles de madrugada, detenían a decenas de hombres y mujeres, a quienes vejaban, exhibían en ropa interior y luego encarcelaban. Las mujeres embarazadas eran golpeadas con la culata del fusil, y disolvían las reuniones con gases lacrimógenos.

Pero don Jesús Fragoso no se resignó. El 15 de junio de 1973 interpuso un amparo contra la decisión del presidente. A nadie le sorprendió que el juez segundo del Distrito Federal le «diera palo» y rechazara su solicitud de amparo. El Chango no se arredró y volvió a la carga: acudió al máximo tribunal del país, la SCJN, a controvertir la decisión presidencial.

Y el gobierno respondió con más saña: el 5 de noviembre de 1973, 500 policías tomaron el pueblo. Los agentes arrestaban a los campesinos que trabajaban sus tierras y arrojaban gases lacrimógenos a las mujeres que salían a protestar. Mientras tanto, otros golpeadores montaban postes de concreto y circundaban los predios de La Laguna y Potrero del Rey con alambre de púa. Durante años Guadalupe Victoria vivió una situación absurda: cientos de agentes armados, en casetas de vigilancia y equipados con patrullas, mantuvieron un cerco alrededor de un terreno que no tenían otra cosa que sembrados de maíz y remolacha, algunos pocos de avena y cebada, y lagunas donde anidaban las garzas y las golondrinas.

El cerco de Guadalupe Victoria llegó justo en la temporada de la cosecha y los frutos de la tierra se echaron a perder. El gobierno pretendía vencer a los campesinos con hambre y terror. Don Jesús Fragoso pasaba largas temporadas escondido en cuevas de los cerros porque la policía lo buscaba de casa en casa. A su madre, Antonia Aceves Díaz, «la golpeaban como bestias», recuerda Cecilio Aceves Herrera, primo de don Jesús y cronista del pueblo.

Su hermano, el también cronista Roberto Aceves Herrera, escribió: «El pueblo decía: "Los que estén afuera deberán sacar a los que estén dentro [de la cárcel]", y así se hizo hasta que sólo quedaron algunos [libres]; los más buscados por la policía judicial eran el representante comunal Jesús Fragoso y sus hermanos Refugio e Israel Fragoso. Varias veces los tres estuvieron juntos en la cárcel». Los oficiales habían advertido a los habitantes que esas tierras ya estaban vendidas: los políticos del PRI habían obtenido un crédito de 660 millones de pesos de la banca de desarrollo para comprarlas e instalar su cuenca lechera.

Mientras andaba a salto de mata, don Jesús se hizo escultor. Tallaba en piedra figuras de Tláloc y Ehécatl, los dioses que veneraba el emperador Moctezuma. Serpientes, ranas, escarabajos. Porque Jesús y sus primos Roberto y Cecilio Aceves Herrera reivindicaron el pasado azteca como propio y se dieron a la tarea de documentar los asentamientos prehispánicos en Guadalupe Victoria. Sin dinero para letrados, el Chango leyó libros de leyes y se hizo abogado sin diploma. Se especializó en legislación penal —para defenderse de los encarcelamientos— y también se hizo experto en derecho agrario.

Fue en esos años cuando llegaba al palacio de la Suprema Corte vestido con calzón de manta, huaraches y sombrero y los ministros lo saludaban con respeto e incluso con reverencia. Era una presencia frecuente. Durante años los ministros lo vieron acudir sin cansancio, elaborar escritos, presentar alegatos, argumentar tesis de jurisprudencia, desempolvar discursos de legisladores revolucionarios y dar cátedra sobre constitucionalismo.

Por fin, tras una larga batalla don Jesús Fragoso, campesino pobre y perseguido, obtuvo una de las victorias más importantes en la historia del campo mexicano: el 13 de marzo de 1980 la Suprema Corte le dio la razón: le otorgó un amparo contra el decreto presidencial de 1970. Esas 392 hectáreas no le pertenecían a nadie más que al pueblo de Guadalupe Victoria y los protegían contra una decisión arbitraria del presidente, sentenció el máximo tribunal del país.

¿Máximo tribunal? Sólo en el papel. Durante todo el régimen del PRI (1929-2000) México vivió bajo la monarquía sexenal —como la llamó Daniel Cosío Villegas— del presidente de la República. Así que la policía se quedó repartiendo patadas y garrotazos como si la Corte no hubiera dicho nada. Hasta que la noche del 15 de septiembre de 1980 cientos de hombres y mujeres, indignados y hartos del abuso, salieron de sus casas y con las manos desnudas quitaron los alambres de púas que circundaban su terreno: una malla ominosa que representaba la rapiña de políticos que querían despojarlos. Aprovecharon que era una noche festiva (México celebra su independencia el 15 de septiembre) y los policías estaban ausentes o borrachos. ¡A desalambrar!, ¡a desalambrar!

Su lucha acababa de empezar. Quitaron la alambrada y recuperaron las tierras, pero la policía sólo se fue en 1983. A partir de entonces la represión del gobierno ya no fue policiaca sino burocrática. Según las leyes, el presidente de la República seguía siendo la principal autoridad agraria del país. La Corte había amparado a los campesinos, pero en términos jurídicos era el presidente quien debía revisar su fallo y elaborar uno nuevo con los argumentos de los jueces. El gobierno planteó entonces la pregunta: ¿cuál es el alcance del fallo de la Corte? Era una pregunta malévola, porque no había palabras más claras que aquellas, pero el gobierno se colgó de ella para retrasar su cumplimiento.

Y así empezó una nueva batalla de Jesús Fragoso, ahora en un pantano de tribunales y papeleos. El fallo de la Corte se turnó al Tribunal Superior Agrario, que lo envió al Tribunal Unitario Agrario (TUA), que pidió la opinión del Cuerpo Consultivo Agrario, que encontró omisiones en la integración del expediente y lo devolvió al Tribunal, que corrigió las omisiones y lo devolvió al Cuerpo Consultivo, que halló nuevas omisiones y lo devolvió al Tribunal. Y le estoy ahorrando al lector idas y venidas a la Secretaría de la Reforma Agraria y a los juzgados civiles, y recicladas opiniones técnicas y jurídicas recabadas aquí y allá para ganar tiempo.

Lo he contado en un párrafo pero eso supuso 16 largos años que contaminaron aún más las relaciones entre los vecinos, algunos de ellos parientes. El país cambió una vez más: en 1992, el presidente Carlos Salinas de Gortari (1988-1994), el Ronald Reagan mexicano por su adicción al neoliberalismo, modificó la Constitución de 1917; por primera vez en 75 años las tierras comunales podían pasar a manos privadas (aun cuando se les reconociera como comuneros, los campesinos de Guadalupe Victoria podrían vender sus tierras, siempre que lo decidieran en asamblea). Salinas abría la puerta para que volvieran los latifundios. Bajo las nuevas leyes, el presidente no era más la máxima autoridad agraria, sino que se crearon tribunales especializados. Así, el TUA número 23 atrajo el expediente de Guadalupe Victoria el 26 de noviembre de 1993. Nuevamente ocurrieron episodios kafkianos: el expediente iba y venía por las oficinas de gobierno y acumuló más y más fojas hasta sumar 26 volúmenes.

Por fin el 10 de abril de 1997 —aniversario del magnicidio de Emiliano Zapata— el magistrado Fernando Rojo, titular del TUA número 23, hizo justicia. Resolvió que la Suprema Corte de Justicia estaba en lo correcto: Guadalupe Victoria era una comunidad de hecho y debía ser reconocida por las leyes; decía que era procedente la titulación de sus 392 hectáreas, que eran inalienables. Es decir, cualquier acto de compraventa que hubiera ocurrido en su interior quedaba nulificado. Sólo los habitantes de Guadalupe Victoria podrían disfrutar de los predios de La Laguna y Potrero del Rey.

Aunque aún no, porque en México ninguna resolución es vinculante si no está publicada en los órganos oficiales. Pasaron cuatro meses hasta que la sentencia se publicó en el *Diario Oficial de la Federación* el 8 de agosto de 1997.

Ahora sí, sin lugar a dudas, los habitantes de Guadalupe Victoria podrían disfrutar de sus 392 hectáreas sin temor a que fueran despojados por gobernadores o presidentes. Don Jesús Fragoso Aceves, de setenta años de edad, aparecía como el representante legal y líder histórico de una comunidad victoriosa que poseía unos terrenos de excepcional valor. Después de 40 años de batallas perdidas, don Jesús Fragoso Aceves había ganado la guerra.

Historia urbana

El 6 de enero de 1996 Leticia Solorio pasó la noche en Golondrinas por primera vez. Había clavado cuatro polines (vigas de madera) en la tierra y, a falta de paredes, los había circundado con tela de costal de azúcar. A la mañana siguiente, Leticia y sus dos pequeñas hijas amanecieron empapadas y desveladas. Después de la lluvia el barrio de Golondrinas las recibió en todo su esplendor: su casa era una islita, un claro en medio de un mar de campos de maíz y alfalfa. La rodeaban charcos en donde nadaban ajolotes y emergían caracoles de tierra. Por allá se veía correr una tuza y un conejo, y las garzas cortaban el aire como flechas aladas.

Pero ¿cómo había empezado todo para Leticia y sus vecinas de esos terrenos que se llamaban Golondrinas, en las tierras de Guadalupe Victoria? Todo había empezado un año antes, en 1995. La peor crisis económica del México contemporáneo había arrojado a cientos de miles de personas de sus casas y las había obligado a buscar vivienda en las periferias de las ciudades, que todavía eran campos de siembra. Aquella crisis, sin embargo, era el último punto de quiebra, pero no el único. Diez años atrás, el 19 de septiembre de 1985, un seísmo de 7.9 grados había destruido cientos de edificios en la Ciudad de México (5 000 muertos según el gobierno; hasta 40 000 según los cálculos de las ONG). Miles de damnificados buscaron hogar en las orillas de la capital del país.

Aunque, para ser más precisos, habría que remontarse a unos años atrás, a la década de 1970. El gobierno mexicano promovió un corredor industrial en el pueblo de San Pedro Xalostoc, Ecatepec, Estado de México (Edomex). De repente, comunidades de campesinos vieron invadidas sus tierras de cultivo por fábricas; sus ejidos se tornaron barrios obreros y sus viejos caminos de mulas, avenidas de autobuses y camionetas repletas de trabajadores. Durante los años setenta y aún los ochenta, San Pedro Xalostoc se convirtió en el epicentro de las huelgas durante una etapa de México conocida como «la insurgencia obrera».

De San Pedro Xalostoc a Guadalupe Victoria hay apenas 15 kilómetros. En aquellos años setenta, los campesinos de Guadalupe Victoria soportaban el cerco a sus parcelas y las golpizas de la policía. La división política del país había querido que su pueblo y sus tierras quedaran dentro del municipio de Ecatepec, en el Edomex. La represión fue minando su moral. No estaban solos en su mala fortuna. El campo mexicano, todo, caía en la bancarrota y arrojaba a miles de jornaleros a un éxodo silencioso hacia Estados Unidos. Los campesinos de Guadalupe Victoria, privados de sus tierras, buscaron otros oficios. Se hicieron artesanos. Algunos de ellos fueron contratados como obreros en la zona fabril. Otros se emplearon como albañiles en la construcción. Muchas mujeres se hicieron sirvientas en hogares de clase media en la Ciudad de México. Vivían cinco días en la casa de sus patrones y regresaban sábados y domingos a su pueblo.

Por aquellos años aparece en Ecatepec un personaje singular, a quien por economía llamaré el fraccionador. Viste botas picudas y sombrero. Visita a los campesinos y les ofrece dinero fresco por sus parcelas, unos 100 000 pesos. Va comprando una hectárea por aquí y otra por allá. Cada una de esas hectáreas la divide en 50, 70 lotes de 120 metros cuadrados. Ofrecerá cada uno de esos pedazos en 25 000 pesos. Son terrenos en breña, campo vil; sin agua, luz, drenaje, pavimentación ni caminos. No importa. Basta con poner un anuncio en un diario deportivo: «Se vende terreno». O colgar un cartel en un árbol: «¿No tienes vivienda? ¿Vives arrimado o rentando? Acércate con nosotros». En tres días habrán llamado 100 o 200 personas urgidas de un techo: los expulsados de la ciudad por los seísmos de 1985 o la crisis de 1995.

Pero su venta es fraudulenta. O, cuando menos, irregular. Porque al campesino le ha comprado una fracción de un ejido. Según la ley, esas tierras pertenecen a la nación. Su dueño es el Estado mexicano —que le cede al campesino el usufructo— y son inalienables. La ley prohíbe o complica su venta. Sin embargo, las cosas ocurren por la vía de los hechos: el campesino firma un acuerdo de compraventa con el fraccionador. Este hombre firma otro contrato igual con Leticia Solorio (o cualquier otro nuevo habitante), que deberá pagarle 700 pesos mensuales durante cinco años. En menos de 24 horas ha llegado Leticia con sus cuatro polines a instalar su casa y cumplir su sueño de tener una vivienda propia. Pero ninguno de esos papeles ni de esas compras vale nada ante la ley. Esas tierras le siguen perteneciendo al Estado mexicano.

Hacia 1990 Jesús Fragoso, el Chango, sigue en pie de lucha, pero los campesinos de Guadalupe Victoria se han cansado de esperar. Optan por dividirse los terrenos de las 392 hectáreas aunque sigan en litigio contra la nación. Sus hijos y nietos se han multiplicado, así que les tocan parcelas pequeñas, de 1 000 metros cuadrados, y al final de 600 metros cuadrados. Algunos siembran maíz. Otros esperan a que llegue el fraccionador ilegal para vendérselas. Algunos más aprenden ellos mismos el oficio del fraccionador y venden sus parcelas a nuevos habitantes.

Y todos saben que fraccionar tierras del Estado mexicano es un delito en las leyes del Edomex. El nuevo habitante (al que llaman avecindado) vive en el terror: cualquier día llegará la policía a echarlo a la calle y destruirle su casita de láminas de cartón. Pero no hay de qué preocuparse, pues el país ha transitado de un régimen autoritario a otro (más o menos) democrático. El PRI ya no gobierna solo. Ahora compite contra partidos de la oposición, que entran en la batalla electoral por los cargos públicos. No han pasado ni 20 años, pero qué lejos queda 1976, cuando José López Portillo fue candidato único a la presidencia y ganó con poco menos del 100 por ciento de los votos.

Estamos en la década de 1990 y hay que llenar las urnas. El PRI ve que el fraccionador puede ser muy útil y llega a un acuerdo con él: impunidad a cambio de votos. Ahora ese vaquero urbano se siente poderoso: ¡tiene al gobierno detrás de él! Se envalentona y defrauda: vende dos o tres veces el mismo terreno; o paga sólo el 10 o el 20 por ciento al campesino y huye. En pocos años el fraccionador se ha convertido en un problema para el gobierno del PRI. Así que llega a un último acuerdo: toma sus ganancias y desaparece.

Sin quererlo, los fraccionadores han encontrado una mina de oro: la transferencia de la tierra. El campesino la vende en 100 000 y el fraccionador obtiene 1 millón. Pero hay algo mejor: su rentabilidad política. Los avecindados son rehenes del PRI-gobierno. ¿Quieres agua? Apoya al candidato del PRI. ¿Quieres energía eléctrica? Acude al mitin del PRI. ¿Quieres pavimentación? Vota por el PRI. ¿Quieres escrituras? Afíliate al PRI. ¿No te sometes? Cuidado, porque te vamos a echar a la calle y a destruir tu choza de lámina.

La periferia urbana deja de ser sólo un lugar y se convierte en una relación de explotación: un pacto vasallático moderno donde el gobierno (del PRI) intercambia protección y administra los servicios públicos a cambio de fidelidad política. Este proceso no se plasma en ningún documento. Pero se aprende rápido. El avecindado es pobre y no le queda más que aguantar. Si es varón, sale de madrugada y viaja dos o tres horas hasta su empleo. Si es mujer, le toca quedarse en casa. Ella acarrea el agua; a veces camina kilómetros para conseguir un par de cubetas. Vende comida en los mercados. Teje suéteres. Y es ella la que casi siempre participa en las actividades políticas que le ordene el PRI.

Jesús Fragoso, el Chango, advierte este cambio de época. Las tierras por las que ha luchado tantos años ya no serán milpas nunca más, sino vivienda de los pobres. Sus compañeros de Guadalupe Victoria también han sido estafados: los fraccionadores obtuvieron contratos de compraventa con los campesinos y desaparecieron sin pagar. La etapa histórica de los fraccionadores se ha terminado pronto. El Chango se enfrenta ahora a un nuevo personaje: la «asociación pro-vivienda». Ser fraccionador entrañaba riesgos legales. El nuevo método es más seguro: ocultarse detrás de una organización fantasma. Ante cualquier problema legal la asociación cambia de presidente, de mesa directiva y nadie supo nada. Los políticos del PRI prohíjan esas asociaciones y se ocultan detrás de ellas.

En 1993 Jesús Fragoso tuvo su primer choque contra una de estas organizaciones fantasma. A las tres de la mañana del 2 de noviembre (día de Muertos en México) 1 500 policías, algunos a caballo, irrumpieron en el asentamiento de La Joya, golpearon a sus habitantes y destruyeron sus casas. Según el gobierno, esas tierras le pertenecían a la Unión de Colonos Pro-Vivienda Popular AC (una fachada del PRI). Eran, en realidad, parte de las 392 hectáreas que el pueblo de Guadalupe Victoria litigaba en tribunales.

Don Jesús Fragoso se indignó, y por la mañana acudió a protestar contra la ocupación al frente de unos 100 vecinos. Pagó cara su osadía. La policía lo arrestó a él y a otros cinco vecinos. Lo metieron a la cárcel acusado de despojo (¡de despojar sus propias tierras!), asociación delictuosa y lesiones. La represión contra los avecindados y el Chango fue tan violenta que el Comité de Derechos Humanos de las Naciones Unidas requirió información a la cancillería mexicana sobre el desalojo.

Unos meses después los terrenos en los que se asentaba el lago Xaltocan empezaron a poblarse. La gente los llamaba La Laguna. Don Jesús comprendió que era un proceso inexorable y planteó una nueva demanda: la construcción de una universidad pública, una institución de estudios profesionales que admitiera por igual a los nietos de los campesinos y a los nuevos avecindados. Él se había educado a sí mismo. Sus parientes no sabían leer ni escribir. La lucha por la tierra los había convertido en autodidactas. Don Jesús había leído más libros de derecho que un abogado. Su primo Roberto Aceves Herrera se había formado a sí mismo como historiador y había escrito la historia de su pueblo desde el Pleistoceno hasta nuestros días. Pero eran casos excepcionales. Los jóvenes, pensaba, merecían un destino mejor. Ir a las aulas y formarse como profesionistas; no ser más jornaleros, u obreros o sirvientas paupérrimas.

Durante esos años en que don Jesús planteó su sueño de una universidad pública, México vivió uno de sus años más convulsos. El 1 de enero de 1994 se alzaron los indígenas de Chiapas y, unos meses después, el 23 de marzo, el candidato del PRI a la presidencia de la República, Luis Donaldo Colosio, caía asesinado en Tijuana, en la frontera con Estados Unidos. En memoria de Colosio, cientos de barrios marginales que prohijaba el PRI recibieron ese nombre. Eso mismo le pasó a La Laguna. Fue bautizado Colonia Luis Donaldo Colosio. Así tampoco quedaban dudas de qué partido mandaba allí.

Y, sin embargo, allí abajo, soterrado, otro actor empezaba a emerger: la izquierda. En la década de 1970 y parte de la de 1980 una insurgencia obrera había recorrido el país, y también el corredor industrial de San Pedro Xalostoc. Decenas de huelgas fueron reprimidas con garrotazos de la policía. De ese proceso habían quedado por aquí y por allá algunos líderes obreros y populares, que dieron paso a una nueva generación de rebeldes que se metieron en los barrios marginales a organizar las luchas sociales por el agua, la luz, la pavimentación. En esta historia aparece uno de ellos, Faustino de la Cruz.

Faustino era un indígena de lengua náhuatl que había inmigrado a Ecatepec para emplearse como obrero. No había cumplido los treinta años y habían entrado a disputar el control político del PRI. En sus tardes libres Faustino estudiaba para maestro. Y ya había dado un golpe político. En los ejidos de San Cristóbal (otro pueblo de Ecatepec) había fundado una escuela de primaria para los avecindados.

Don Jesús Fragoso supo de las luchas de Faustino. Le ofreció una hectárea en la Colonia Colosio para construir tres escuelas: jardín de infancia, de primaria y de secundaria. El joven maestro puso manos a la obra. Organizó a los vecinos y los convenció de que sí se podía: levantarían una escuela aunque fuera de cartón, llevarían maestros y, con el tiempo, la Secretaría de Educación Pública (SEP) tendría que reconocerla, dar validez a sus estudios y pagar el salario a sus docentes. La escuela era una necesidad apremiante en Colosio, pues la más cercana se encontraba a tres kilómetros a pie (no había transporte).

Mientras Faustino organizaba la escuela los acontecimientos se precipitaron: el 10 de abril de 1997 el TUA número 23 le daba la razón jurídica e histórica a Jesús Fragoso y a los campesinos de Guadalupe Victoria. Habían ganado después de 40 años de derrotas, ¡eran comuneros! ¡Las 392 hectáreas les pertenecían a ellos y a nadie más! Y el 8 de agosto se publicaba la resolución. Sí, aunque ya vivieran allí miles de personas, aunque ya Leticia Solorio —y miles como ella— hubiera edificado un cuartito de madera y cartón para pasar la noche.

A partir del 8 de agosto don Jesús Fragoso se convertía en el hombre clave del norte de Ecatepec. El Chango estaba de acuerdo con la colonización de sus tierras. Pero repudiaba al PRI. El PRI lo había hostigado durante 40 años. Había querido despojarlo de sus tierras. Había apaleado a su madre. Lo había metido en la cárcel una y otra vez junto a sus hermanos y sus vecinos. Los fraccionadores del PRI habían estafado a sus hermanos, primos y compañeros de Guadalupe Victoria. Así que el Chango no quería nada con ellos. Quien quisiera habitar algún predio dentro de las 392 hectáreas debía pasar por la aprobación del Comité de Bienes Comunales de Guadalupe Victoria. Ahora mandaban los campesinos, ya no más los políticos del PRI.

Faustino de la Cruz, el joven dirigente de izquierda, se despidió de los vecinos de Colosio la tarde del sábado 23 de agosto y se fue a dormir a su casa. Ya estaban listas nueve aulas de cartón para iniciar el calendario escolar el lunes 25 de agosto. Pero hacia las tres de la mañana unos 500 policías irrumpieron en el barrio. Hicieron disparos al aire para ahuyentar cualquier protesta. Con trascabos destruyeron las aulas y se llevaron las bancas y los pizarrones. El alcalde del PRI, Jorge Torres, justificó la destrucción: dijo que esos predios pertenecían a la Unión de Asociaciones Civiles y Particulares para la Vivienda Popular del Edomex. Otro membrete fantasma.

Al día siguiente, a las once de la mañana, los vecinos de la Colonia Colosio marcharon al palacio municipal. Allí apareció don Jesús Fragoso. Les dijo, para que todo el mundo lo oyera, que el Comité de Bienes Comunales de Guadalupe Victoria les entregaba una hectárea para las escuelas de Colosio y que nadie se metiera con ellos, porque quedaban bajo su protección.

Pocos días después se celebró otro acto político. Don Jesús Fragoso, en nombre del Comité de Bienes Comunales, le entregó las escrituras a un instituto de bachillerato público, el Colegio Nacional de Educación Profesional Técnica (CONALEP). Invitó a Faustino de la Cruz. Allí llegó también Rodolfo Valdés, director de gobierno de Ecatepec. El mismo que había dirigido la destrucción de las escuelas de la Colonia Colosio. En cuanto lo vio, Jesús Fragoso lo echó del lugar.

—Y dígale a Jorge Torres (el alcalde municipal) que Faustino tiene todo mi respaldo. Si lo vuelven a atacar, amenazar o intimidar, que el alcalde me espere con tres mil personas, porque el pueblo es el que manda, no él, que es un títere impuesto por la corrupción. Lo dice Jesús Fragoso Aceves; y si el alcalde se opone, nos vemos en la explanada.

Unos días después Jesús Fragoso Aceves caía asesinado.

El 6 de septiembre había celebrado una reunión en su casa. Sus invitados se fueron yendo poco a poco hasta que quedó uno solo, que le disparó en la cabeza. Su primo, el cronista del pueblo Roberto Aceves Herrera, de treinta y tres años, continuó con la lucha de don Jesús. También fue asesinado. Lo secuestraron el 4 de abril de 2001. El 11 de abril apareció su cuerpo sin vida. Le habían mutilado la mano izquierda.

El asesinato de don Jesús fue estratégico. Hoy, 19 años después del asesinato, la comunidad carece de representante legal. Sus habitantes acusan a los tribunales agrarios de entorpecer las asambleas internas, de manera que no puedan resolver sus asuntos. Los campesinos de Guadalupe Victoria tienen derecho a ser indemnizados por el poblamiento de sus tierras. Pero para eso necesitan un representante legal.

Por lo tanto, los avecindados de las 392 hectáreas siguen en situación irregular. Viven en tierras comunales del pueblo de Guadalupe Victoria. Al no ser propietarios, permanecen como rehenes del pacto vasallático moderno: los políticos del PRI argumentan que no es posible proporcionarles agua, luz y drenaje por ser habitantes de un terreno comunal. Pero si apoyan al PRI...

La historia de las tierras de Guadalupe Victoria no es una mera anécdota. Sus ramas se extienden hasta la élite del sistema político mexicano. En la década de 1940 surgió en el Edomex la camarilla política más estable del país: el Grupo Atlacomulco. En 2012 el Grupo Atlacomulco consiguió una hazaña política: conquistó la presidencia de la República con el candidato del PRI, Enrique Peña Nieto, quien fuera gobernador del Edomex entre 2005 y 2011. Su conquista presidencial habría sido imposible sin su antiguo control sobre el Edomex fundado, en parte, sobre la explotación del pacto vasallático moderno con los habitantes de los barrios marginales. Han administrado la irregularidad de la tierra. Ecatepec tiene hoy 1.5 millones de habitantes. Y el 50 por ciento de su suelo es irregular. Con ese pretexto, le exigen a sus habitantes cuotas de dinero o apoyo político a cambio de agua o pavimentación.

El sueño de Jesús Fragoso de fundar una universidad pública en las tierras de Guadalupe Victoria no se ha cumplido.

La guerra me hizo feminista*

MARCELA TURATI

1

Es difícil situar el momento preciso en que me volví feminista, pero sé que mi transformación comenzó en el momento en que me convertí en reportera de una guerra: la guerra que desde hace más de una década ocurre en mi país. Me atrevo a esbozar dos referencias: Ciudad Juárez, año 2010.

Entonces era una *freelance* con 12 años de experiencia en el periodismo y me había ofrecido a cubrir la que llamamos «guerra contra el narco» desde esa ciudad considerada epicentro de la violencia mexicana y que compite con Bagdad por el título de la más mortífera del planeta. Aunque al principio desconocía esos datos. En aquel momento sólo sabía que Juárez me era familiar, una frontera donde había reporteado antes y situada a tres horas de la ciudad donde me crié.

No hubo un momento epifánico de conversión. En la memoria tengo un calidoscopio de instantes significativos. Me recuerdo siguiéndole los pasos a la muerte en esa ciudad llana, desértica, con la zona centro arruinada, dispersa y extendida hasta lo absurdo por una mala planificación urbana, en la que conviven fábricas maquiladoras, urbanizaciones cerradas, deshuesaderos de autos y lotes baldíos, donde las tolvaneras levantan dunas, los árboles y las banquetas escasean y los climas son extremos.

* Publicado en *Altaïr Magazine*, dentro del monográfico «A bordo del género», Barcelona, febrero de 2006. (*N. del E.*)

A esas alturas Ciudad Juárez ya se había convertido en la maquiladora nacional de muertos y los periódicos llevaban un recuento diario de asesinatos, conocido como «el ejecutómetro», que registraba el número de cadáveres como si fueran goles de un partido de fútbol.

Yo escribía en la revista *Proceso* artículos como éste:

> La violencia en esta ciudad ha incubado todo tipo de relatos sórdidos, pero todos verídicos. Está la historia del hombre de la Colonia Champotón que, cansado de encontrar por las mañanas muertos arrojados afuera de su negocio, colocó un letrero: «Se prohíbe tirar cadáveres o basura». En noviembre, uno de los cadáveres encontrados en el mismo terreno fue el de su hija. El hombre no lo vio porque él mismo ya había sido asesinado. Está la de una mujer del Valle de Juárez que vio pasar un perro que, con el hocico, jugueteaba con una especie de pelota; la maraña redonda, pegajosa, color carne, resultó ser la cabeza de un hombre. Está la de los bachilleres que descubrieron un cadáver con máscara de cerdo colgado de una reja de su escuela. O la de los puentes en los que amanecen hombres sin cabeza. O la de los policías que huyeron porque se sienten inseguros. O la de la niña que fue sacrificada cuando un hombre en fuga la utilizó como escudo contra los balazos.

Recorría la ciudad junto a agentes funerarios, conocidos como buitres, o hacía guardias nocturnas con reporteros de sucesos que enseñaban los lugares donde habían ocurrido las masacres; entrevistaba a policías, empresarios, sacerdotes, académicos o políticos en sus lugares de trabajo; sólo de vez en cuando me llevaban a donde se desarrollaba la acción.

Fue en las colonias devastadas por la tragedia, las zonas peligrosas donde «la plaza se había calentado», donde comencé a notar una cofradía de mujeres que parecía que trabajaban solas, pero que después descubrí que se organizaban con otras, y eran decenas, laborando sin alarde en aquellos frentes de nuestra guerra doméstica. Las seguí un par de veces y ya nunca pude quitarles la mirada de encima.

A su lado me encontré con el mundo secreto que despliegan las mujeres cuando les toca enfrentarse a una guerra. Vi con una intensidad nunca antes tan bien perfilada lo que significa la ética del cuidado por los otros, la manera femenina de enfrentarse a la emergencia social (entonces no sabía que el suyo sería también mi destino).

Descubrí a mujeres que intentaban exorcizar el horror paralizante que se respiraba en el aire, ya fuera ofreciendo reiki o terapias florales con dosis ajustadas a la ocasión; a las artistas itinerantes que pintaban poesía con esténciles, o que daban clases de acrobacia o conciertos callejeros de hip hop en los parques donde «hubo ejecutado» y los vecinos habían dejado de salir a las calles; a las tanatólogas improvisadas que formaban grupos de apoyo en los barrios más tocados por la tragedia para luchar contra el duelo; a las activistas que atendían estragos de la violencia como la desnutrición infantil; a las abogadas que escuchaban los testimonios de las víctimas y asumían la defensa de los casos aunque significaba enfrentarse a la policía o los militares. La abrumadora mayoría de las reparadoras eran mujeres.

2

En noviembre de 2010 fui invitada en la ciudad de Chihuahua a una reunión de víctimas de esa violencia indiscriminada que se estrenaba en el país. Encontré que la integraban madres, esposas y hermanas de personas desaparecidas en todo el norte que habían fundado sus propios grupos locales de buscadoras. Como si el planeta del dolor sólo estuviera habitado por ellas.

> Desde que el ser amado no llegó a casa se convirtieron en nómadas. Movidas por las leyes del corazón, recorren el país peinando procuradurías, carreteras, hospitales, cárceles, morgues, cementerios, baldíos y fosas comunes.

Las vi tomando apuntes como colegialas mientras escuchaban sobre los georradares que detectan restos humanos bajo tierra, la mecánica de las pruebas de ADN, el derecho que tienen a coadyuvar en las investigaciones judiciales, el funcionamiento de la Comisión Interamericana de los Derechos Humanos.

Entre el público había una anciana que lanzó una dolorosa pregunta: «Si me entregan un saco de huesos y me dicen que es mi hijo, ¿cómo hago para saber que es él?» Las profesoras que daban estas clases también eran mujeres: la hija de un guerrillero asesinado en los años sesenta que aprendió métodos forenses, una abogada teóloga fundadora de una organización de derechos humanos y la ex obrera de una maquiladora que tras luchar durante años para esclarecer la desaparición de su hija se convirtió en madre-investigadora hasta que recuperó sus restos. Ellas habían adquirido sus conocimientos al atender el drama de las desapariciones de jovencitas en Ciudad Juárez y en todo el estado de Chihuahua en años anteriores. De alguna manera, alguna manera terrible, los feminicidios habían hecho escuela.

Las vi intercambiando datos; descubrieron mecanismos de la desaparición de personas (por ejemplo, que varias desaparecen en un mismo tramo de la carretera o en fechas y coordenadas similares). Se plantearon crear un blog que rescatara las biografías de los ausentes. Dibujaron sus sentimientos (corazones rotos, árboles genealógicos, casas vacías con frases como «Dios, te pido fortaleza y ayuda», «Por amor a mi hijo sigo en la lucha», «Familia *trizte* pero luchona contra el monstruo», «Un caminar incansable, sin final»). Al despedirse se abrazaron unas a otras y, llorosas, se decían al oído la misma frase: «No te rindas». «No te rindas.» «No te rindas.» Por primera vez lloré.

3

Un año después, en 2011, encontré a esas madres, esposas y hermanas de personas desaparecidas recorriendo el país al lado del escritor Javier Sicilia, quien, a partir del asesinato de su hijo, encabezó dos caravanas nacionales de víctimas que se convirtieron en muestras del dolor y del costo humano causado por la «narcoguerra».

Las mujeres viajaban a un lado del poeta, si bien no eran las protagonistas. Sostenían al movimiento, como las mujeres que participaron en la Revolución mexicana pero que no fueron notorias y de ellas poco quedó escrito.

Cuando el poeta Sicilia hizo una pausa, ellas continuaron exigiendo justicia. Las sigo viendo en huelgas de hambre afuera de la Procuraduría de Justicia; en las caravanas de madres inmigrantes que desde hace 11 años caminan por las vías del tren buscando a sus hijos e hijas desaparecidos; exigiendo al gobierno en actos públicos que encuentre a sus familiares; colocando placas conmemorativas con los nombres de los seres queridos a quienes buscan. O, casi a diario, publicando en el Facebook sentidos mensajes sobre sus ausentes.

La desaparición llegó a alcanzar tal magnitud epidémica (más de 26 000 personas desde 2006 es la última cifra oficial) que cada 10 de mayo, el día de la Madre, ellas realizan una marcha en la Ciudad de México en la que suplican, exigen, demandan que les devuelvan a quienes las estarían festejando.

> Mírelas juntas. Ahí están las locas, las chillonas, las que no saben comportarse en público. Se las ha visto marchando por carreteras, plantándose en plazas, bloqueando calles. Desde que se despiertan hablan con una persona ausente. Son las que incomodan a los feligreses al final de las misas con su testimonio y súplica. Tienen por costumbre hacer guardia afuera de las oficinas del gobierno. A veces se cuelan en algún acto del presidente, le piden ayuda o lo interpelan. Otras tantas consiguen meterse en la televisión para repetir las frases de siempre. Se distinguen porque parecen uniformadas: una camiseta, una pancarta con la foto del muchacho, de la jovencita, con su misma expresión en los ojos, su mismo tipo de boca o forma de la ceja.

Sin darme cuenta me convertí en recolectora de voces femeninas. Mis libretas, como cajas de música, están llenas de voces de mujeres, víctimas que sufren el peso de la violencia, o que se rebelaron contra el Estado, o rescatadoras de la tragedia. Todas protagonistas.

Los varones que las acompañan son escasos. La mayoría de las veces ellas salen solas. Cuando encuentro a algún esposo o hijo de estas mujeres siempre les pregunto: «¿Qué pasa? ¿Dónde están los hombres?». No he encontrado explicaciones definitivas, sólo intentos.

Jaime, el esposo de la señora Julia Alonso —madre de Julio Alberto López Alonso, desaparecido en 2009 en Nuevo León cuando fue a una presa a pasear con unos amigos— me dijo que mientras su esposa sale a buscar él se ocupa de seguir trabajando para sostener económicamente la búsqueda, que es costosa, que dura años. Varios hombres han esbozado respuestas similares.

El psicólogo norteño Alberto Rodríguez Cervantes, que ha atendido a algunos de los varones que acompañan a sus parejas a los talleres de familiares en búsqueda, me contó que debido a la cultura machista que prohíbe mostrar debilidad a ellos les está costando más trabajo expresar cómo les afecta la pérdida de un hijo, y es casi imposible que pidan ayuda. Ante sus pares confiesan que es duro mantener una máscara de inmutable. «Uno [de ellos] contaba que se tiene que encerrar a llorar en el baño por su hijo, porque esta cultura machista le exige ser el fuerte de la familia. Pero toda su vida se vino abajo: perdió el empleo, se enfermó, está en tratamiento psiquiátrico y toma cantidades impresionantes de pastillas para dormir», explicó el psicólogo del Centro de Derechos Humanos de las Mujeres, ubicado en Chihuahua.

La socióloga Martha Sánchez, del Movimiento Migrante Centroamericano, me dijo una vez que los narcos tienen una especie de superstición de la figura materna, por eso son madres las que acuden a los lugares peligrosos a buscar a sus hijos. A ellas no se atreven a tocarlas. A ellas les permiten el paso.

Eso he escuchado varias veces: la cacería es contra los hombres (de cada 10 asesinados o desaparecidos 9 son hombres). Ellos se saben desaparecibles, ejecutables. Por eso, cuando se trata de buscar, ellos tratan de ser invisibles, ellas son las que intentan ser públicas.

El médico y psicólogo vasco Carlos Beristain me explicó en una entrevista que en los períodos de violencia y en procesos de militarización como el que se vive en México entran en crisis los roles familiares, porque los hombres son los más expuestos a morir y a ser reclutados, y ellas cargan el peso del impacto en la vida de sus familias, de su comunidad, y la suya propia. No hay una respuesta. Podrían ser una mezcla de todas. También es un rasgo cultural, instintivo o biológico. Un asunto de vientre.

Hace poco una mamá centroamericana que viajó a México con una treintena de madres de la caravana inmigrante que también buscaban a sus hijos, le dijo a un fotógrafo que intentaba consolarla: «Tú nunca vas a saber lo que siento porque nunca vas a ser mamá. Tendrías que parir para entender».

En las entrevistas que les he hecho, noto que el lenguaje de estas mujeres es distinto.

Hablan siempre de corazones rotos, del vientre vacío, de un dolor en el alma, de intuiciones y corazonadas, de caminos regados con lágrimas, de vidas hechas pedazos, de amor de madre, de bebés que un día tuvieron en la cuna. Y lloran [...] por cualquier cosa lloran.

Los hombres, en cambio, mencionan la tristeza, pero con frecuencia refuerzan la crónica, los hechos, el lugar donde ocurrió, los datos que se tienen, los implicados. Ellos rara vez lloran.

En un comunicado emitido antes del día del Padre, las mujeres de la organización Amores aclararon sobre sus maridos: «Ellos sufren la desaparición de sus hijos e hijas, aunque no lo demuestren. Lloran junto a nosotras. Sus sentimientos son contrariados y de desolación, igual que nos pasa a nosotras, aunque no lo hacen público. Las mujeres de Amores somos testigos de ello, pues conocemos sus preocupaciones. Pero culturalmente los hombres fueron educados para no expresar sus emociones, por lo que reprimen sus sentimientos y viven de manera aislada ese dolor que a veces provoca enfermedades».

La desaparición de los 43 estudiantes de la Normal de Ayotzinapa, en septiembre de 2014, rompió la regla: en ese caso, a los padres y las madres se les ve juntos buscando y exigiendo justicia.

4

Lo que vi a partir de entonces siguiendo esa guerra itinerante y narrándola desde sus víctimas, desde la gente que la sobrevive, desde las posibilidades de torearla y sembrar vida sobre tierra arrasada, me ha vuelto otra. Esa otra, entre otras nuevas identidades, se define feminista, porque vi con una intensidad nunca antes tan perfilada el papel de las mujeres que salen a cobijar a los otros.

El peso de la narcoviolencia mexicana está recargado sobre las mujeres. Ellas son las que recogen los cadáveres del familiar asesinado en una balacera y presentado como delincuente. Son las que recorren el país —tocando puertas, pegando carteles, haciendo pesquisas— para conocer el paradero del esposo, el hijo o el hermano, desaparecido. Son las que se organizan para exigir el esclarecimiento de las masacres de sus hijos. Son las que se quedan al frente de los hogares en los que falta el varón y sobran los niños por alimentar. Son las que acompañan a otras mujeres en su búsqueda de justicia o las que curan las heridas de las y los supervivientes de esta guerra.

Son las Antígonas modernas, las que cumplen la ley de la sangre, aunque esto signifique rebelarse contra el Estado.

De pronto me descubrí como una de ellas.

En 2006 fundé con otras colegas una organización (Periodistas de a Pie) que se dedicaría a dar capacitación a periodistas que cubríamos la pobreza. La violencia, que nos tomó a los periodistas sin preparación, cambió mi vida y mis planes: empecé a reportear masacres, a visitar pueblos fantasmas porque todos huyeron, a escribir sobre programas sociales dedicados a niños huérfanos por la violencia.

Otra vez me vi rodeada de mujeres que teníamos una doble jornada: escribir nuestros propios textos y capacitar y asesorar a reporteros en riesgo de ser asesinados.

Los talleres que organizamos eran sobre cómo sobrevivir en una cobertura, cómo entender el narcotráfico, cómo entrevistar a un niño superviviente de una masacre, cómo encriptar información que nos ponga en riesgo o cómo limpiarnos el alma para poder seguir cubriendo sin perder la alegría de vivir.

Cuando nos dimos cuenta ya éramos una central de atención de emergencias. Los periodistas que trabajamos en levantar esta red a cualquier hora del día, incluso en momentos tensos del cierre de edición, hemos recibido llamadas de auxilio de compañeros de alguna zona lejana que pide ayuda desesperado porque sabe que están por ir a matarlo y busca refugio. O peticiones de apoyo psicológico para reporteros que no quieren salir a trabajar después de un suceso traumático, como el incendio o el ataque a su redacción.

Pasamos de ser reporteras normales a militantes por los derechos humanos y comenzamos a ser llamadas —no sin sorna— «defensoras» o «activistas».

En el año 2010 hicimos nuestra primera marcha exigiendo justicia para los periodistas asesinados y desaparecidos. En una mano llevábamos la grabadora y la libreta y en la otra, las fotografías de los recordados.

Desde que comenzó la devastación, con otras mujeres periodistas nos propusimos usar la red para cuidar a otros colegas. Pronto en otras partes del país —empezando por Ciudad Juárez— otras reporteras imitaron el gesto y fundaron sus propios colectivos. Aunque en México matan y desaparecen principalmente hombres, las mujeres no podíamos seguir como si nada ocurriera, sin construir un cobijo para todos mediante capacitaciones, asesoría, manifestaciones para exigir justicia y campañas de visibilización de la situación de la prensa mexicana.

Las líderes de esos grupos son reporteras de entre veinte y treinta años, que cubren derechos humanos, pertenecientes a una generación que siente asco por la relación corrupta entre la prensa y el poder, y asume como propia la responsabilidad de cuidar a otros y de evitar que el silencio se imponga.

Las organizaciones tradicionales de periodistas son distintas. Generalmente están formadas por hombres que se sienten cómodos al hablar en público de sus logros; las mujeres, en contraste, lloramos las primeras veces que tomamos un micrófono. Y hacemos un trabajo más silencioso: pasamos tiempo en reuniones, damos asesoría a quien lo pide, recolectamos fondos para familias o buscamos psicólogos y abogados para quien lo necesita.

El círculo se cerró cuando comenzaron a buscarnos defensoras de derechos humanos para que nos sumáramos a una red integrada por mujeres que defendían derechos, no exclusivamente para feministas, aunque surgió desde ese movimiento, para cuidarse entre todas. Era una invitación a agarrarse de las manos entre amigas para saltar las olas. A veces las olas se convierten en tsunamis y destrozan.

Me costaba asumirme como feminista. Pero sé que no soy la misma; que desde 2010 veo con una mirada distinta. Desde que vi lo innegable: la presencia de las mujeres reparadoras que construyen hasta desde debajo de las cenizas, de manera sutil, silenciosa, casi como hormigas.

En diciembre dejé de resistirme. Me integré a esa red de mujeres de todo el país que ponen en común sus capacidades y trenzan fortalezas para salvar vidas (las que saben de lo legal, las que son psicólogas, las que saben de amenazas, las que saben de refugios). Alrededor de unas velas nos abrazamos en un círculo, nos enredamos con estambre, cantamos y nos susurramos de otras maneras lo mismo: «No te rindas».

México: regreso al abismo

SERGIO GONZÁLEZ RODRÍGUEZ

En 1996 me aproximé por vez primera al abismo fronterizo de Ciudad Juárez y El Paso, Texas. Nunca imaginé que lo que sucedía en ese territorio significaba el presagio de lo que acontecería, o ya acontecía y lo ignorábamos, en todo el país.

Me refiero a la degradación institucional, a la corrupción, la ineficacia y la negligencia de las autoridades. Al dominio avasallador del crimen organizado, a la sinergia entre el poder económico-político y el gran tráfico de drogas, a la indefensión de las mujeres, menores y niñas frente a las conductas depredadoras del machismo imperante en México y la impunidad cada vez mayor de los delitos. El patrón criminal que unía lo que se denominarían causas sistémicas, es decir, la rapacidad del capitalismo ultraliberal y la industria multinacional del ensamblaje, y los asentamientos humanos carentes de la mínima infraestructura y calidad de vida. El arrabal más precario en medio del desierto con calor extremo en verano, fuertes vientos y temperatura bajo cero grados en invierno. Todo a cambio de los peores salarios del planeta.[1]

En aquella época, los años noventa, Ciudad Juárez tuvo un incremento poblacional muy veloz por la oferta laboral y debido a la exigencia técnica de mano de obra minuciosa, que las mujeres podían lograr. El protagonismo de ellas en dicha frontera ocasionó una reacción de rechazo entre la población masculina.

La población inmigrante de mujeres jóvenes y menores de edad de familias pobres que sólo buscaban trabajo y mejorar su vida provenían de otras partes del estado de Chihuahua o de estados próximos, como Zacatecas, Coahuila, Durango e incluso de otros más al sur.

Desde principios de la década de 1990, comenzaron a registrarse asesinatos de crueldad extrema y signo sexual orgiástico, en los que las víctimas eran casi todas mujeres jóvenes, menores y niñas que habían sufrido previos «levantones» (secuestro en la vía pública o extracción de su ámbito doméstico), y cuyos cadáveres aparecían lo mismo en la periferia de Ciudad Juárez que en zonas céntricas de la urbe.

Criminalistas y expertos diversos detectaron allí un patrón criminal recurrente, que con el paso del tiempo sería identificado como asesinatos en serie y que practicaban al menos dos grupos criminales en casas de seguridad y en completa impunidad. Sin embargo, y a pesar de la denuncia de organismos civiles, investigadores académicos y periodistas, las autoridades de Chihuahua y también las federales se negaron a investigar hasta el fondo la información disponible, las evidencias y los indicios sobre la complicidad entre miembros del gran tráfico de drogas asentados en Ciudad Juárez y personajes con poder económico y político en México.

Al final, y bajo la presión del gobierno federal, se atribuyó la desaparición, el secuestro, la tortura y el asesinato de decenas de mujeres en aquella época en esa frontera a la «violencia intrafamiliar», un problema en sí grave en todo el país. Ahora tiende a imperar la versión dolosa acerca de que nunca hubo asesinatos en serie de mujeres, que jamás existieron los feminicidios, que todo fue un «mito» o una «leyenda urbana» inventada por forasteros. Por desgracia, la realidad contradice las mentiras oficiales.

La manipulación de las cifras sobre los asesinatos de mujeres, siempre erráticas y contradictorias, ha sido una respuesta cíclica de quienes en el gobierno mexicano insisten en negar hechos documentados no sólo por investigadores independientes, sino por organismos internacionales. La Comisión Interamericana de Derechos Humanos (CIDH) ya condenó al Estado mexicano, entre otras cosas, por las cifras oficiales sobre la violencia contra mujeres en Ciudad Juárez.[2]

En los últimos años, se han incrementado los asesinatos y la desaparición de niñas, menores y jóvenes en Ciudad Juárez. La situación para las mujeres en dicha frontera ha empeorado desde la última década del siglo XX hasta la fecha, como demuestra el informe del Colegio de la Frontera Norte *Comportamiento espacial y temporal de tres casos paradigmáticos de violencia en Ciudad Juárez, Chihuahua, México: el feminicidio, el homicidio y la desaparición forzada de niñas y mujeres (1993-2013)*. En él se lee: «La justicia permanece ausente. Además, con la escalada de niñas desaparecidas y mujeres desde 2008, y el descubrimiento de esqueletos femeninos en los años 2011, 2012 y 2013, podemos decir que el compromiso de la erradicación del feminicidio sigue sin cumplirse».[3]

Cuando visito San Cristóbal Ecatepec, el recuerdo estremecedor de Ciudad Juárez cobra vida.[4] La antigüedad de Ecatepec («Cerro del viento» en náhuatl) se remonta a la época prehispánica, y cuenta con una población de alrededor de 1.7 millones de habitantes, con una preponderancia pequeña pero significativa de mujeres por encima de los hombres.

Adscrito al estado de México y colindante con la zona nordeste de la capital mexicana, Ecatepec registra la mayor tasa de feminicidios (delito de asesinato que sigue un patrón de conducta misógina con violencia extrema)[5] de todo el país, además de altas tasas de homicidios. Asimismo, presenta una gran cantidad de violaciones, delitos sexuales y desaparición de niñas, menores y mujeres jóvenes.[6]

Ecatepec se expandió desde su centro y arquitectura coloniales hasta ensamblar una trama de crecimiento sin planificación alguna. Conforme la gente emigraba desde sus exhaustas comunidades rurales, fue asentándose en el centro del país en busca de trabajo ante la modernización industrial de la segunda mitad del siglo XX.

El resultado ha sido un entorno suburbano y entrecruzado de construcciones modernas, pobreza, marginación y desigualdad, cuyo rostro es el de un arrabal postapocalíptico y en obra negra continua, esa promesa siempre inconclusa de mejorar el ámbito doméstico a partir de una pertenencia al barrio arrojada al desgaste, la incuria y el desorden.

Como un contrapunto al caos de la saturación de vehículos y la atmósfera contaminada a pesar del viento que caracteriza el territorio de Ecatepec, en algunos cruces se observan monumentos y esculturas cívicas cuya rigidez de piedra y cobre sólo interrumpe en algún momento del trayecto la efigie multicolor de una gigantesca Virgen de Guadalupe, que medio millón de peregrinos suelen visitar en su paso a la basílica de Guadalupe cada 12 de diciembre, día de la «madre de los mexicanos».

Nada queda en esas calles inconexas del paisaje paradisíaco que siglo y medio atrás consignó alguna litografía en su panorama de Ecatepec: el aire transparente, el lago apacible y distante, el perfil de una hacienda de la colonia, los campos de cultivo y los magueyes dispersos bajo las nubes blancas y el sol del atardecer.

Ahora los accidentes industriales y automovilísticos, el crimen organizado, las pandillas y la agresividad policial imponen a Ecatepec un estigma ominoso que vulnera las actividades productivas (comercio, industrias, transporte, etc.) y la vida cotidiana de las personas, que padecen un agudo déficit de los servicios urbanos, por ejemplo en el suministro de agua.[7]

Los vecinos suelen desconfiar de los extraños, pues temen que sean secuestradores o espías criminales al acecho de sus víctimas. Sólo en 2015 hubo en México 63 linchamientos, cuya mayor incidencia se dio en la capital del país y los estados de México y de Puebla.[8]

El hallazgo en 1995 de los restos de un mamut en tierras comunales de Ecatepec[9] subrayó el tipo de contrastes que marcan este enclave suburbano, vinculado aún a actividades agrícolas, irregular en buena parte de sus asentamientos humanos, y su dificultad de conciliar lo ancestral con lo nuevo bajo lineamientos organizados.

En la lista de ciudades mexicanas y su calidad de vida, Ecatepec ocupa el penúltimo lugar.[10] En 2013, por ejemplo, un transporte de gas estalló allí, lo que causó la muerte de 19 personas e hirió a más de 30.[11] En Ecatepec, como en todo México ahora, «No vale nada la vida / la vida no vale nada / comienza siempre llorando / y así llorando se acaba / por eso es que en este mundo / la vida no vale nada», como dice la ranchera de José Alfredo Jiménez que se entona con mariachis.

Sin embargo, en contra de la idea de la fatalidad, muchas personas y grupos civiles luchan todos los días para mejorar su vida mediante la denuncia de autoridades corruptas y las carencias institucionales.

En México sólo se castiga el 1 por ciento de todos y cada uno de los delitos que se cometen cada año. Diariamente se asesina a 51 personas, cada cuatro horas se viola a una mujer y cada día desaparecen 13 personas.[12] La realidad siempre termina por superar a la ficción.

Bertolt Brecht y Kurt Weill crearon en *La ópera de cuatro cuartos* (1928) una parábola sobre un Londres estragado por el auge criminal y la corrupción, que termina por invertir el orden convencional para imponer el cinismo y la amoralidad política. Esto es México hoy.

Las clases dirigentes de México, cuya riqueza se concentra en 36 familias, parecen ajenas al desastre social, que tiene su origen en la firma del Tratado de Libre Comercio de América del Norte (TLCAN) suscrito con Estados Unidos y Canadá en 1994; de hecho, en la actualidad hay más pobres que nunca en México, si bien las exportaciones y la inversión extranjera se han multiplicado de modo inédito. En las dos últimas décadas más de 10 millones de mexicanos debieron emigrar a Estados Unidos en busca de trabajo,[13] al mismo tiempo que el crimen organizado y el delito común se generalizaban en una sociedad que se modernizaba velozmente.

La antigua homogeneidad y los años del presidencialismo autoritario y de partido único en el poder vieron crecer la expectativa jamás cumplida de un tránsito a la democracia sustancial. En cambio, lo que surgió fue una sociedad fragmentada y polarizada, proclive a la anomia y bajo un Estado alegal que funciona por sus disfunciones, es decir, fuera y contra la ley en un vaivén perverso, mientras simula respetar la ley y el derecho convencional internacional. Su actividad política muestra una mezcla de formalismo y pragmatismo de apariencia reformista que administra los efectos pero se niega a combatir las causas profundas de los problemas del país.

Así, han aumentado no sólo la pobreza, la desigualdad y la marginación seculares, sino también la corrupción, la opacidad, la ineficacia y la falta de respeto a los derechos humanos desde las propias instituciones. Según la Organización para la Cooperación y el Desarrollo Económicos (OCDE), México es el país más corrupto e inseguro, a pesar de que ya se perfila como la décima economía a nivel mundial.[14]

Vista desde afuera, la paradoja descrita no sólo es asombrosa, sino trágica y desconcertante; vivida desde dentro implica un esfuerzo cotidiano de resistencia a las nuevas formas de opresión y explotación que se abren hacia el futuro para los países del mundo que mantienen una mayoría de la población ajena a estándares aceptables de calidad de vida. Hay allí un dispositivo de gobierno y subjetividad que consiste en la idea y la práctica de la normalización de los abusos, la injusticia, la violencia y la deshumanización en la vida pública y privada.

En otras palabras, la realidad como irrealidad, donde lo fronterizo, lo crepuscular, lo incierto y lo atroz se amplían y ahondan. Un horizonte carente de perspectivas para la mayoría de la gente que resume el título y el contenido de una novela de 1999 del ya fallecido escritor Daniel Sada: *Porque parece mentira la verdad nunca se sabe*.[15] La penumbra mexicana.

En el verano de 2014 hubo una manifestación civil en Ecatepec para protestar contra el imperio del crimen. Los manifestantes vestían de blanco y sus quejas se resumían en el mensaje de uno de sus carteles: «La Policía no vigila, extorsiona y reprime».[16] Ya desde 2009, cuando el actual presidente de México era gobernador del estado de México (2005-2011), surgieron allí manifestaciones en luto contra los feminicidios.

Desde entonces, la tendencia gubernamental ha sido minimizar el problema. Por ejemplo, según el organismo federal Instituto Nacional de Estadística, en 2012 hubo 388 asesinatos de mujeres, mientras que las autoridades del estado de México registraron sólo 281. En 2011 poco más de la mitad de las mujeres de quince años padecieron allí algún tipo de violencia; casi la mitad de las mujeres sufrieron alguna clase de intimidación, abuso sexual o agresiones físicas en el espacio público. Entre 2012 y 2013 se cometieron cerca de 5000 violaciones sexuales de mujeres.[17]

En 2014 la tipificación del delito de feminicidio entró en vigor en el estado de México, que incluía el protocolo para seguir de forma adecuada una investigación al respecto. Sin embargo, tales medidas están lejos de resolver el problema de la violencia contra las mujeres.

De hecho, y debido a la exigencia técnico-administrativa del marco normativo, las investigaciones del feminicidio se complican. De las 281 mujeres que el gobierno estatal dice que fueron asesinadas en 2012, sólo 62 fueron investigadas como feminicidios.

Al año siguiente hubo 30 expedientes de investigación de feminicidio, por lo que el Observatorio Ciudadano Nacional del Feminicidio, un organismo civil, afirma que «se desconoce la cifra real de los asesinatos de mujeres en la entidad».[18] Entre 2011 y 2012, se reportaron las desapariciones de 1 258 niñas, menores y jóvenes en el estado de México.

En 2014, al limpiar el gran canal del drenaje en la cercanías de Ecatepec en un punto llamado «la curva del Diablo», se hallaron 21 cuerpos, de los cuales 16 eran de niñas o mujeres jóvenes y 5 de hombres.[19] Una organización civil afirmó que, en realidad, los cuerpos hallados eran 46. Las autoridades se limitaron a minimizar el hallazgo,[20] una conducta habitual entre los funcionarios y los políticos que obedece a la inercia de alegalidad (estar fuera y en contra de la ley) de las instituciones mexicanas, y que se ha convertido en una muestra de negligencia arraigada cuando se ven obligados a encarar casos de violencia misógina.

Entre los restos hallados en el gran canal de drenaje, se encontraba la calavera de Diana Angélica Castañeda Fuentes de catorce años, que había desaparecido meses antes mientras iba a casa de una amiga en Ecatepec. El 13 de septiembre de 2013 la niña fue vista por última vez mientras transitaba el puente hacia el municipio de Tecamac. La familia notificó su desaparición a las autoridades e indagó y pegó carteles en el vecindario. A su vez, la policía dijo haber investigado sin lograr resultados. Un análisis de ADN revelaría la identidad de la víctima.[21]

Entre otros restos que se hallarían luego en el mismo canal, también se identificó a Mariana Elizabeth Yáñez Reyes, de dieciocho años. Había desaparecido el 17 de septiembre de 2014. Salió de su casa a las nueve de la noche para imprimir en un café internet muy cercano unos documentos que requería presentar para un trámite escolar a primera hora del día siguiente. Una vecina informó de que oyó gritos en la calle a esa hora. Nunca se supo de ella, y las autoridades no explicaron por qué y cómo la víctima fue asesinada, por lo que la familia debió conformarse con la versión oficial acerca de la identidad, lo que produjo la duda familiar. «No les creo», expresó la madre de la víctima, Guadalupe Reyes.[22]

En 2015, y forzadas por la presión de organismos civiles, las autoridades del estado de México declararían una «alerta de género por feminicidios», un mecanismo legal que ordena recursos adicionales para atender el problema.[23]

El gran canal del drenaje, y sus connotaciones simbólicas de río de los desechos y la muerte, configura una metáfora estremecedora de la modernización mexicana.

La Ciudad de México fue fundada sobre un islote de la zona lacustre de un altiplano que está a 2 240 metros sobre el nivel del mar. Desde la colonia y a lo largo de los siglos XIX y XX, la capital del país sufrió diversas y graves inundaciones. Para evitarlas, se llevaron a cabo varias obras,[24] además de las que se habían realizado siglos antes. En 1604, por ejemplo, se construyó un dique en Ecatepec, y dos siglos después se propuso construir desagües hacia el río Tula que fluye al río Moctezuma y luego al río Pánuco hasta desembocar en el golfo de México. En el siglo XIX se construyeron túneles y canales para atenuar el flujo de agua, muy abundante en el altiplano durante las épocas de lluvia.

A partir de la segunda mitad del siglo XX, el gran canal del desagüe fue complementado con el sistema de drenaje profundo, previo entubamiento de los ríos que atravesaban la cada vez más creciente expansión de la capital y zonas suburbanas. Y si se contuvieron los daños en la capital, los suburbios y las entidades circunvecinas resintieron la transferencia de los problemas derivados de dichas obras de ingeniería, que evidencian las «aguas negras» y su flujo ominoso.

En 1977 el narrador Armando Ramírez publicó la novela *Pu* (después reeditada con el título de *Violación en Polanco*[25]), en el que narra una orgía criminal a bordo de un autobús que termina en el asesinato-sacrificio de una mujer secuestrada por los delincuentes en un barrio de gente rica y que acaban arrojando al gran canal del drenaje en las inmediaciones de la capital con el estado de México, como si se tratase de un sacrificio azteca.

La premonición literaria de ese escritor resulta ahora estremecedora, cuando se observa que sólo en el estado de México el panorama de la violencia misógina alcanza el siguiente rango: «Los registros comprendidos entre 1990 y 2011 muestran la vocación del Estado de México de ser el lugar donde más mujeres se asesinan en el país; en esos veintiún años ocupó en once ocasiones el primer lugar en tasa de mortalidad por agresiones a mujeres».[26]

Cabe recordar que el estado de México ocupa el primer lugar de densidad de población de todo México, y pasó de tener 10 millones de habitantes en 1990 a casi 16 millones en 2010. La diferencia histórica y actual de habitantes entre el municipio de Ecatepec y el de Ciudad Juárez es muy grande: en 1990, la ciudad fronteriza tenía 500 000 habitantes; ahora tiene 1.3 millones. Por lo tanto, es una falacia comparar uno y otro caso de violencia misógina con el fin de ejemplificar la actuación de las autoridades ante los respectivos problemas.

Si el caso del feminicidio en Ciudad Juárez alcanzó un impacto internacional, que suscitó múltiples coberturas en la prensa, la radio y las televisoras de varios países, y originó que se filmaran documentales e incluso películas de Hollywood y de México —además de otros usos abusivos como una línea de cosméticos basada en el «estilo» de la muerte en dicha frontera—, se debe a la tenacidad de los organismos que defienden los derechos humanos, las feministas, las académicas, las periodistas y los investigadores por atraer la atención del público hacia un tema que, con el paso del tiempo, se agravaría por la impunidad: el abuso machista contra las víctimas, el auge del crimen, la falta de respeto a los derechos humanos y la corrupción del gobierno mexicano.

Contra esta tenacidad, las autoridades estatales y federales, así como los grupos de poder en la frontera, desataron una campaña intensa para desacreditar las denuncias y los cuestionamientos y, en lugar de colaborar a esclarecer los hechos, patrocinaron campañas costosas para «limpiar» la imagen de Ciudad Juárez, a las que se adhirieron gran parte de los medios de comunicación locales, empresarios y diversos portavoces.

La idea de fondo de esa campaña era negar la existencia de los feminicidios y atribuirlo a causas ajenas a la responsabilidad y el entorno económico-político. Tal empresa propagandística de «control de daños» comunicativos se volvió una práctica recurrente en casos semejantes por parte de las clases dirigentes del país.

La cartografía de la violencia contra las mujeres en México resulta abrumadora, ya que la tasa de asesinatos de mujeres está por encima de la media continental; el recurso de la «alerta de género» tiende a fracasar, pues en buena parte del país no está tipificado el delito de feminicidio; acreditar tal delito es muy difícil por el entramado jurídico, burocrático y administrativo que hay que satisfacer, y lo peor es que cada día se asesinan a siete mujeres.[27]

Como en una ocasión me comentó José Ramón Cossío, un magistrado de la Suprema Corte de Justicia, el reto del país consiste en que las normas constitucionales sean eficaces, es decir, que se cumplan; pero tanto en la subcultura del autoritarismo imperante en México como en la ciudadanía se desconfía de la ley y de las figuras de la autoridad para favorecer las iniciativas personales, el pragmatismo, la justicia por propia mano y la ideología de la superioridad de la libertad individual por encima de la responsabilidad colectiva. Una postura de influjo oligárquico.[28]

Tesis del evolucionismo negativo: desde un punto de vista convencional, se llega a creer que las conductas sociales descritas se derivan de algún tipo de «atraso» histórico, y que basta que se mejore el sistema educativo, se propongan reformas legislativas y se sigan ordenamientos internacionales para que, en un futuro indefinido, la situación mejore. En tal enfoque, tan mecanicista como ilusorio, se pasa por alto que las carencias, las anomalías, la parálisis y los retrasos son también formas de control social que dependen de intereses políticos y geopolíticos basados en la supervivencia del más fuerte.

La degradación institucional de México se desprende de forma directa tanto del TLCAN como del Acuerdo para Seguridad y la Prosperidad de América del Norte (ASPAN) que México suscribió con Estados Unidos y Canadá en 2005, mediante un mandato ejecutivo firmado por el entonces presidente de la República, Vicente Fox Quesada, y cuya ejecución debió ser aprobada por el Senado, como señala la Constitución mexicana, algo que no se hizo.[29]

A partir de entonces, y bajo el imperativo de someter la soberanía de México al principio de «seguridad nacional» de Estados Unidos, cuyo alcance abarca a todo el planeta desde la geopolítica emergente después del 11 de septiembre de 2001, México desató una guerra contra el tráfico de drogas en su territorio sujeta a las directrices militares del Comando de América del Norte y la nueva doctrina militar y diplomática estadounidense, según la cual el terrorismo es equivalente al tráfico de drogas.

Antes de tal cambio, los traficantes de drogas en México mantenían un bajo perfil en el ejercicio de la violencia que beneficiaba sus actividades criminales. En obediencia de la nueva política criminal auspiciada por Estados Unidos, los grupos criminales fueron instigados a atacarse unos a otros para «exterminarse entre sí», lo que «balcanizó» al país.

De tal confluencia de factores surgió la profunda crisis de México al inicio del siglo XXI, el estallido de la violencia y la inseguridad propulsada por la máquina de guerra de Estados Unidos, que tiene la mayor industria armamentista del planeta y, de modo contradictorio, dispone también del mayor mercado de consumo de drogas a nivel mundial. A su vez, vende armas lo mismo a los traficantes de drogas y otros grupos criminales que a las fuerzas armadas y los cuerpos policiales mexicanos.

México pone los muertos y las muertas. Miles y miles.

Sólo entre 2014 y 2015, México compró armas y equipos militares a Estados Unidos por un importe de 3 500 millones de dólares. México se ha convertido en un país violento que produce más violencia y donde cada persona lleva una historia personal, familiar o afectiva del horror cotidiano que reaparece en sus sueños y pesadillas. En mi caso, tiene un título: «El espectáculo de la violencia extrema, yo dentro».[30]

Mientras investigaba sobre los asesinatos de mujeres en Ciudad Juárez fui amenazado, secuestrado, golpeado, torturado y terminé en un hospital. Salvé la vida, pero más adelante volví a ser secuestrado, amenazado y sufrí tortura psicológica. En ambos casos querían amedrentarme para que abandonara mi investigación.[31]

A pesar de todo eso, me siento afortunado, ya que logré sobrevivir. Algo que por desgracia les fue imposible a muchos compañeros periodistas. Entre 2000 y 2015, 103 periodistas fueron asesinados y 25 de ellos están desaparecidos.[32] De acuerdo con los organismos internacionales, México es uno de los países del mundo más peligrosos para ejercer el periodismo de investigación, no sólo por el acecho de los criminales, sino porque el poder corruptor de éstos ha convertido a los policías y los funcionarios del gobierno en sus aliados.

Si un periodista se acerca a la revelación de estos nexos ilícitos, el periodista y su familia corren peligro. Y no existe institución que proteja a los periodistas. Su única defensa es publicar y figurar en la vida pública, con el riesgo implícito que hay en este empeño.

En 2015, por ejemplo, el reportero fotográfico Rubén Espinosa Becerril, de treinta y dos años, fue asesinado la noche del 31 de julio de 2015 en un apartamento de la Ciudad de México. Junto con él fueron asesinadas Nadia Vera Pérez, Yesenia Quiroz Alfaro, Olivia Alejandra Negrete Avilés y Mile Virginia Martín. Tres de ellas tenían señales de tortura y violación.

Espinosa Becerril había salido de su estado natal, Veracruz, debido a los hostigamientos que sufría por parte del gobierno por realizar su tarea informativa. Se sabía amenazado y perseguido. Nadia Vera Pérez, su compañera, activista social en Veracruz, había responsabilizado al gobernador, Javier Duarte, de cualquier acto contra su integridad física que pudiera acontecerle.

Cuando se descubrió la escena del crimen, el gobierno capitalino desestimó investigar a fondo la probable responsabilidad del gobernador de Veracruz o sus subordinados y, en cambio, se esmeró en atribuir los cuatro asesinatos a un embrollo de tráfico de drogas, que terminó por criminalizar, sin evidencias claras, a las víctimas a partir de expedientes inconsistentes, contradictorios y plenos de aseveraciones infundadas. Los inculpados, que consignaron tortura para declararse culpables, contaron con la ayuda de otros sujetos que no fueron detenidos, pero cuya existencia reconocieron las autoridades.

A día de hoy, el gobierno de la Ciudad de México mantiene tal postura. El de Rubén Espinosa Becerril parece ser el crimen perfecto de un gobierno, el del estado de Veracruz, harto de críticas y denuncias y capaz al mismo tiempo de ordenar la aniquilación de sus críticos a través de sicarios. El gobierno de la Ciudad de México se negó de antemano a indagar esta posibilidad.[33]

Rubén Espinosa Becerril era un fotoperiodista y, al mismo tiempo, un artista de la lente.[34] Su especialidad eran las imágenes de movilizaciones sociales en busca de respeto o de justicia, y su logro al respecto tiene dos vertientes: la primera es el rostro de la persona en medio de la multitud, o bien frente a la precariedad que la rodea; la segunda consiste en el hallazgo de los contrastes reveladores del trasfondo político en México y sus políticos y funcionarios corruptos. Ambas vertientes registran, además de su rango informativo, cierta oblicuidad que invita a la reflexión.

El diálogo con los sujetos que implican las instantáneas de Espinosa Becerril refiere a un principio de identidad en pugna que sabe transmitir al espectador de sus fotografías, en las que la mirada se vuelve el centro obsesivo que da sentido no sólo a la imagen, sino a la persona-ciudadano enfrentada a una realidad hostil o amenazadora.

La cámara de Espinosa Becerril se revela como una mirada humanizada a partir de la que se expresan relaciones múltiples ante los otros. A veces, cuando el fotógrafo es el sujeto de su propia imagen, cubre su mirada con anteojos oscuros, como si así quisiera borrarse o desaparecer en la misma imagen. Lo suyo es ser para los demás.

Una de sus fotografías en color muestra a una persona indígena o mestiza con la cabeza cubierta por un pañuelo que cubre el rostro por completo, en una evocación de un mundo de vida real e imaginario al mismo tiempo: floreado, estelar, pleno de pliegues múltiples. La desposesión que se vierte en su riqueza.

Otra imagen en blanco y negro muestra un anuncio de tamaño espectacular en un cruce urbano que captura a un hombre, de quien sólo vemos la mitad de su rostro, los ojos fuera de encuadre, que sostiene un teléfono-cámara hacia el frente. Una suerte de autorretrato por transferencia en un paisaje de semáforos, postes, señales, cables, y un cielo nublado y ominoso.

El motivo de la gente que camina o transita en marchas o manifestaciones es frecuente en la producción fotográfica de Espinosa Becerril, si bien descubre una y otra vez el juego de contrastes que entraña la participación política en colectividad: el ícono revolucionario de México (Emiliano Zapata) frente a la niña de gesto firme y triste; la vela encendida que ilumina el rostro de una muchacha; la pancarta que resalta en medio de la multitud: «¡Exigimos justicia! ¡Repudiamos la violencia!»; el policía armado que evita con su mano revelar su cara; o el retrato oficial y aciago del gobernante.

La delicadeza de la persona sencilla en su sola existencia era una de las preocupaciones del fotógrafo, un artista que, como demuestran sus imágenes, comprendía su tarea al lado de los que carecen de todo y muestran su irrenunciable dignidad.

Entre las fotografías de su catálogo, hay una que me conmueve en especial: un compañero debió de tomarle una foto mientras él enfoca su cámara al frente. Detrás de él, otro compañero le sigue los pasos. ¿O es él quien captura a un colega que lo encarna al mismo tiempo? En esa toma, Rubén Espinosa está y no está al mismo tiempo en medio de ese paraje cerril saturado de humo o de niebla, con unos árboles al fondo. El peligro acecha y él persiste. Siempre con nosotros; nos habita por ausencia. Ágil, inquebrantable, acechante, leal. Lucidez sin fin que nos abraza. La réplica generosa de la imaginación creadora contra la barbarie.

En el estado de Veracruz, como en muchas partes de la República mexicana, el imperio de la ley fue suplantado por el imperio del crimen.[35] La figura del policía sicario o el sicario policía ha terminado por emblematizar la degradación institucional. Día tras día, bajo tal drama, las personas viven en una zona fronteriza entre el miedo y la desesperación. El mundo invertido respecto de las normas fundamentales de convivencia.

¿Cómo enfrentarse a esa adversidad? La exigencia del restablecimiento de un Estado de derecho atraviesa por una pluralidad de registros, que en lo cultural reviste una importancia decisiva: sólo a través de perspectivas estético artísticas de gran calidad se puede aspirar a rebasar la denuncia convencional, casi siempre asfixiada por la saturación de noticias alarmantes, imágenes y datos que compiten unos contra otros en el mercado global de las comunicaciones. Urge el equilibrio necesario entre afecto y reflexión.

Éste es el caso de las fotografías de Koral Carballo, nacida en 1987, originaria de Poza Rica, Veracruz, quien ha construido una versión personal para registrar la tragedia cotidiana de vivir en un territorio donde la negatividad y la destrucción imperan bajo el formalismo político y la alegalidad. La propuesta de la fotógrafa rompe con los esquemas del fotoperiodismo, en el que se formó, y expresa una metáfora del Apocalipsis cotidiano que colinda con el entendimiento de lo atroz en su amplitud filosófica.

Las fotografías que Koral Carballo transmiten lo que ella, como persona y como artista, ha reflexionado sobre la violencia que ha vivido y atestiguado en los demás, su impacto integral en lo público y lo privado. Las imágenes dan cuenta a su vez de «las pesadillas que uno sueña a consecuencia de ver escenas violentas», y refiere «la necesidad de hablar sobre la violencia en un lugar como Veracruz, donde esto está prohibido».[36]

¿De qué habla Koral Carballo? De la sangre en ríos o en estanques, cuyo color se incorpora a la naturaleza y se refleja en las texturas vegetales o minerales; del cuerpo animal o humano estragado por la agresión del entorno; del signo lunar que se lee como un presagio turbio; del reposo de la carne que resulta indistinguible de lo vivo o lo muerto; del claro en la selva que emite una atmósfera ominosa donde la tierra adquiere la connotación de la ceniza mórbida; del perfil de un suburbio a medio construir que se levanta entre el humo de un incendio en la maleza; de la vigencia mítica del rostro de una muchacha y su cabellera promisoria al viento. O bien habla de piedras enjauladas que en su visión suscita la idea del sojuzgamiento de lo natural.

Koral Carballo reinventa la malignidad del contexto histórico y lo transforma en sustancia compasiva, donde el acoso de la violencia pasa a ser una potencia no sólo figurada sino verbalizada de la meditación, la salmodia, el grito y la palabra que contradicen el silencio que los bárbaros, producto de la connivencia entre política y delito, quisieran imponer a las personas. Palabras para entrever; imágenes elocuentes en su instantaneidad.

A diferencia de una tendencia habitual entre artistas y escritores que buscan una retórica encendida para reflejar la crueldad, el abuso, la injusticia, las agresiones, lo cual termina por anular el contenido que se quiere realzar, ya que todo añadido a la contundencia de la realidad resulta superfluo, Koral Carballo elige la exactitud cuyo esmero proviene de la lucidez y la sincronía eficaces ante el objeto/sujeto retratado, ya sean situaciones, escenarios o personas.

Koral Carballo forma parte de la gran renovación fotográfica en México (que también está en otros campos de la producción cultural, como la literatura, el arte, el cine, etc.), que se caracteriza por que sus imágenes, vistas por el espectador, modelan tanto lo inscrito en cada fotografía como el modo en el que el espectador se ve afectado por la mirada estético artística que, a su vez, regresa a la realidad: las imágenes contagian, enriquecen y surten nuevas percepciones y conceptos. Así, la literalidad está excluida en tanto estrategia visual.[37]

En esta fotografía emergente se trasciende el ingrediente simple del testimonio o la denuncia para abrir la imagen a elaboraciones que concitan distinción del objeto-sujeto retratado (incluso los hechos cobran entidad personal), aspectos relacionales, marcos perceptivos, reflexiones de sí y perplejidades: los puntos de fuga de la imaginación que están destinados a los espectadores, y que antes el fotógrafo o la fotógrafa examina y expone. Por lo tanto, lo testimonial o denunciante adquiere el valor aditivo de verse libre de la inmediatez de lo causal para ofrecer un factor expansivo de interpretación y conjetura opositoras a la realidad amenazadora.

La función de la imagen se vuelve compleja o desprovista de la sola dinámica estímulo-respuesta, que tiende a ser común para la esfera audiovisual de la ultracontemporaneidad. El resultado aquí son imágenes pensantes.

Koral Carballo representa una indeclinable voluntad creadora y su admirable significación crítica. Un ejemplo a seguir en medio de la barbarie.

Los infiernos terrestres son temporales, y Ciudad Juárez, San Cristóbal Ecatepec, la Ciudad de México o Veracruz están condenados a desaparecer siempre y cuando se reconozca la verdad y hondura de lo adverso, y a partir de sus ruinas se construya un presente y un futuro superiores a la penumbra actual.

NOTAS

1. Sergio González Rodríguez, *Huesos en el desierto*, Barcelona, Anagrama, 2005, p. 334; Sergio González Rodríguez, *The Femicide Machine*, Semiotext(e)/MIT Press, 2012, p. 136.

2. <http://www.corteidh.or.cr/docs/casos/articulos/seriec_205_esp.pdf>.

3. Julia E. Monárrez Fragoso y Luis E. Cervera Gómez, *Special Rapporteur on extrajudicial, summary or arbitrary executions United Nations Human Rights Office of the High Commissioner for Human Rights*, Ciudad Juárez, 2013, p. 23.

4. <https://es.wikipedia.org/wiki/Ecatepec_de_Morelos>.

5. Jana Vasil'eva, *et. al.*, *Violencia de género y feminicidio en el Estado de México: La percepción y las acciones de las organizaciones de la sociedad civil*, Ciudad de México, CIDE, 2016, edición electrónica, sin folios.

6. <http://archivo.eluniversal.com.mx/nacion-mexico/2014/ecatepec-34foco-rojo-34-por-ninias-desaparecidas-1024477.html>.

7. <http://www.proceso.com.mx/332860/edomex-la-calle-de-la-pesadilla>; <http://alsanguines.blogspot.mx/2011/06/problemas-ambientales-en-el-municipio.html>.

8. <http://www.sinembargo.mx/07-11-2015/1541883>.

9. <http://joveneshaciendohistoria.wikispaces.com/HISTORIA+-DE+ECATEPEC>.

10. <http://www.dineroenimagen.com/2014-12-03/47312>.

11. <http://www.elmanana.com/estalla_pipa_de_gas_en_ecatepec-2068195.html>.

12. <http://www.udlap.mx/igimex/>; <http://www.vanguardia.com.mx/articulo/en-cada-dia-del-2015-asesinaron-51-personas-en-mexico>; <http://www.oem.com.mx/elsoldetijuana/notas/n3429535.htm>; Homero Campa, «En este sexenio, 13 desaparecidos al día», *Proceso*, 8 de febrero de 2015, pp. 8-19. Véase también: Federico Mastrogiovanni, *Ni vivos ni muertos*, Ciudad de México, Grijalbo, 2014, p. 232.

13. Christy Thorton y Adam Goodman, «How the Mexican Drug Trade Thrives on Free Trade», *The Nation*, cf. <http://www.thenation.com/article/180587/how-mexican-drug-trade-thrives-free-trade#>.

14. <http://www.informador.com.mx/mexico/2016/641159/6/es-mexico-el-mas-corrupto-entre-los-paises-de-la-ocde.htm>; <http://www.informador.com.mx/mexico/2016/641159/6/es-mexico-el-mas-corrupto-entre-los-paises-de-la-ocde.htm>.

15. Daniel Sada, *Porque parece mentira la verdad nunca se sabe*, Ciudad de México, Tusquets, 1999, p. 602.

16. <http://www.elfinanciero.com.mx/sociedad/miles-protestan-en-ecatepec-contra-la-inseguridad.html>; <http://archivo.eluniversal.com.mx/notas/642273.html>.

17. Observatorio Ciudadano Nacional del Feminicidio, *Estudio de la implementación del tipo penal de feminicidio en México: causas y consecuencias*, 2012 y 2013, p. 112 y ss.

18. *Ibid.*, p. 115.

19. <http://www.elfinanciero.com.mx/sociedad/21-cuerpos-son-hallados-durante-el-drenado-del-gran-canal-en-edomex.html>.

20. <http://www.sinembargo.mx/13-10-2014/1141967>.

21. <http://www.theguardian.com/world/2015/apr/15/mexico-missing-girls-canal>.

22. *Ibid.*

23. <http://eleconomista.com.mx/sociedad/2015/07/28/decretan-alerta-genero-feminicidios-edomex>.

24. <https://www.imta.gob.mx/gaceta/anteriores/g04-08-2007/sistema-drenaje-mexico.html>.

25. Armando Ramírez, *Violación en Polanco*, Ciudad de México, Grijalbo, 1980, p. 151.

26. Humberto Padgett y Eduardo Loza, *Las muertas del Estado*, Ciudad de México, Grijalbo, 2014, pp. 416 y ss.

27. <http://www.jornada.unam.mx/2015/11/24/politica/017n1pol>.

28. <http://www.elfinanciero.com.mx/archivo/casi-70-de-los-mexicanos-se-siente-inseguro-y-desconfia-de-sus-autoridades-inegi.html>.

29. Sergio González Rodríguez, *Campo de guerra*, Barcelona, Anagrama, 2014, p. 168; Sergio González Rodríguez, *El robo del siglo*, Ciudad de México, Grijalbo, 2015, p. 150; Sergio González Rodríguez, *Los 43 de Iguala. México: verdad y reto de los estudiantes desaparecidos*, Barcelona, Anagrama, 2015, p. 157.

30. Sergio González Rodríguez, *Extreme Violence as Spectacle. I Within*, Los Ángeles, Semiotext(e), 2014, p. 18.

31. Las circunstancias de tal episodio constan en: Sergio González Rodríguez, *Huesos en el desierto*, Barcelona, Anagrama, pp. 274 y ss.

32. <http:Con//www.jornada.unam.mx/ultimas/2015/02/24/en-15-anos-103-periodistas-asesinados-y-otros-25-desaparecidos-informe-9674.html>.

33. <http://www.proceso.com.mx/417092/caso-narvarte-sin-movil-y-con-indicios-torales-extemporaneos-articulo-19>.

34. Instagram: @espinosafoto.

35. <http://www.elfinanciero.com.mx/nacional/cidh-visita-veracruz-ante-altos-indices-de-violencia.html>.

36. Correo electrónico de Koral Carballo a Sergio González Rodríguez, 26 de enero de 2016.

37. VV. AA., *Detonar y develar. Fotografía en México circa 2016*, Ciudad de México, CONACULTA/Centro de la Imagen, 2015.

Niños de la calle

Juan Villoro

El niño y el árbol

En 1969 mis padres se separaron. Mi madre, mi hermana Carmen y yo nos mudamos a un apartamento en la Colonia del Valle, donde las casas comenzaban a ser sustituidas por edificios para la clase media.

Mi padre alquiló un apartamento cerca de allí. Mi hemana y yo lo visitábamos en fin de semana. Dedicado a la filosofía, mi padre carecía de talento para las cuestiones domésticas. El sitio era frío y oscuro; las ventanas daban a un estacionamiento y el mobiliario tenía un aire provisional. Comíamos en platos de cartón, como si estuviéramos de campamento. Esas incomodidades nos cautivaban: un lugar extraño, irregular, abierto la aventura.

Usábamos un radiador para dormir. Me gustaba el sonido parejo y suave que salía de la cavidad infrarroja. Al oírlo, imaginaba que viabaja en tren a Veracruz. En una ocasión, mi padre colocó el calentador demasiado cerca de la cama y las mantas se incendiaron. Las apagamos con un fabuloso despliegue de almohadazos. Un hueco se abrió en mi manta, pero mi padre actuó como si nada hubiera sucedido. El siguiente fin de semana me tapé con una manta carbonizada.

La vida con mi madre era más ordenada, pero ella rara vez estaba en casa. Trabajaba como psicóloga en el Hospital Psiquiátrico Infantil y regresaba a nuestro apartamento con poco ánimo de analizar las alteraciones de sus hijos.

A los trece años, la Colonia del Valle se convirtió para mí en un espacio de descubrimientos. En ocasiones, pensaba en quedarme en la calle para siempre. Con un morbo corrosivo, francamente masoquista, imaginaba que me convertía en pordiosero y vivía en la oquedad de un árbol seco en el bosque de Chapultepec. Mi desaparición hacía que mis padres se unieran para buscarme; no recuperaban su matrimonio por amor, sino por pena de verme convertido en un indigente que había olvidado la higiene y el español.

Mi pasión por la ciudad se mezclaba con una temprana tendencia al melodrama. Quería abandonarlo todo para degradarme en la metrópoli: sería un miserable; tendría la mirada vacía del náufrago y la piel humillada por la mugre; me transformaría en un despojo para que mis padres se arrepintieran de haberse separado.

En 1969 el divorcio era poco común y no me atrevía a hablar del tema con mis amigos. Sin ser una una tragedia como la orfandad, la guerra, la pobreza o la enfermedad, la separación representaba un fracaso social.

Mis padres se llevaban con una cortesía no muy distinta de la distanciada amabilidad con que se trataban cuando vivían juntos, pero todo podía empeorar. ¿Cuánto tiempo viviría mi padre rodeado de platos de cartón? Pronto buscaría otra mujer, otro destino, otros hijos.

Curiosamente, la sensación de abandono hizo que anhelara una vida aún más solitaria. Temía tanto la soledad que quise superarla imaginando que era yo quien abandonaba a los demás. A los trece años sólo podía hacerlo en calidad de descastado. Dejaría mi ropa y mis juguetes, y olvidaría el idioma. Este último detalle ahora me parece peculiar; se puede ser un vagabundo sin perder el uso del lenguaje. Añadía esa lacra pensando en el momento de telenovela en que mis padres me encontraran y descubrieran que lo hacían demasiado tarde, cuando ya era incapaz de hablar con ellos.

Soñé con esta fuga de la realidad hasta que conocí a un niño que, en efecto, había vivido en un árbol.

Jorge Portilla, filósofo amigo de mi padre, también vivía en la Colonia del Valle. Una tarde, sus hijos encontraron a un niño en la copa de un árbol y el autor de *La fenomenología del relajo* decidió adoptarlo. Muchos años después, Jorge, el primogénito de la familia, compararía a ese chico con Kaspar Hauser. De pronto estaba allí, sin antecedente alguno.

El niño de la calle creció poco y encontró trabajo como jockey en el Hipódromo de las Américas y luego se mudó a Estados Unidos, donde ganó varios derbies. Cada Navidad, enviaba a la familia que lo había criado una foto de su mujer y sus hijos. Hasta donde sé, no volvió a México. Su destino estaba hecho para irse, ganar carreras, perseguir una meta con los ojos entrecerrados por el viento.

Saber que un niño vivía en la calle confirmó que ése podía ser mi destino. Paladeaba esa posibilidad como si probara una dosis inocua de veneno. En el fondo, me sabía incapaz de ponerla en práctica, y por eso mismo me gustaba. Era una idea. Para el hijo de un filósofo eso equivale a tener un arma.

Desde entonces, cuando encuentro a un niño que vaga por las calles siento una mezcla de culpa, nostalgia y vergüenza. Las fantasías trágicas de un niño que no tiene problemas verdaderamente graves son un capricho bastante lujoso. Nunca me enfrenté a un auténtico peligro.

Ante un niño que lleva a solas su destino, recuerdo lo que no me atreví a ser y entiendo, con la sensación de hacerlo demasiado tarde, que mi tediosa vida común me salvaba del oprobio.

EL TEMPLO DE LAS CAUSAS PERDIDAS

La iglesia de San Hipólito se alza a unos metros de la Alameda Central, en el cruce de avenida Hidalgo y paseo de la Reforma. A un costado del templo, a las dos de la mañana, un melancólico acordeón rasga la noche. Apoyado en una cortina de metal, un músico busca que quienes salen de los bares le den unas monedas.

Cerca de allí, un camión de carga aguarda para salir con mercancías en la madrugada. En la defensa lleva una leyenda: «Mi cariño es portátil». Bajo el chasis hay unos bultos de sombra. Son niños que dormitan ahí, aprovechando la temperatura que irradia el motor.

La colonia Guerrero tiene suficiente vida nocturna para promover actividades a deshoras. Agustín Lara, el legendario «músico poeta», cantó en numerosos cabarets del barrio y vivió en algunas de sus vecindades. En esa zona de baile y vodevil se ubican el Salón México, el Teatro Blanquita y el local donde Paquita la del Barrio reivindica la libertad de la mujer y desarma al público masculino con la frase: «¿Me estás oyendo, inútil?».

Esa parte de la ciudad no se ha sometido a la «gentrificación» con que se «moderniza» el espacio a través de *razzias* que eliminan a los antiguos moradores. Abundan las cantinas y los hoteles de paso donde los trasnochadores se convierten en el blanco predilecto de los niños callejeros que piden limosnas, venden flores robadas en algún mercado o trafican con droga a pequeña escala. El azar ha hecho que se concentren en un sitio con resonancias históricas. La caída de Tenochtitlan ocurrió el 13 de agosto de 1521, día de San Hipólito, que se convirtió en patrono de la ciudad.

Hipólito fue un obispo polémico. En el 217 se le consideró «antipapa» por defender los derechos de los expulsados de la fe. De forma casi milagrosa, logró reconciliarse con Roma y el 13 de agosto del 236 sus restos volvieron a la ciudad junto con los de otros exiliados.

Santo de la inclusión, Hipólito es poco conocido. Un actor de reparto en una religión donde sobran protagonistas. La casualidad quiso que se convirtiera en patrono de México, pero tampoco entre nosotros adquirió relevancia. En 1982 la iglesia recibió un altar de san Judas Tadeo, patrono de las causas perdidas. Desde entonces se conoce más por ese nombre, algo explicable en un país que ha extraviado el rumbo.

Frente al templo de San Hipólito o San Judas ocurrió la más reciente aparición de la Virgen. En 1997 se presentó en la estación Hidalgo del metro. Durante la temporada de lluvias, un vendedor ambulante descubrió que la humedad había trazado el contorno de la patrona de México en un pasillo, justo donde la pared tocaba el suelo en una especie de nicho accidental. La estación Hidalgo, donde confluyen las líneas 2 y 3, es uno de los enclaves con más desplazamientos subterráneos. El milagro se convirtió en instantáneo sitio de interés y el nombre de la estación contribuyó al prodigio (Miguel Hidalgo inició la lucha por la independencia enarbolando un estandarte de la Virgen).

Los niños de la calle han encontrado refugio en esa encrucijada sin saber que duermen junto a la iglesia de las causas perdidas ni que la Virgen apareció bajo la tierra. Afecto a las simbologías, el destino los ha situado en esa esquina de mezcladas esperanzas.

En el siglo XX la capital de México se convirtió en bastión de niños de la calle. Muchos de ellos llegan de la provincia (en especial de los estados del sur) o de América Central, otros provienen de los barrios, los pueblos y las periferias que integran la macrópolis más poblada del continente americano.

Me reuní con José Ángel Fernández para hablar del tema. El notario número 217 de la Ciudad de México es uno de los más activos defensores de los niños de la calle. Ex alumno de los maristas y la Facultad de Derecho de la UNAM, reconoce el momento exacto en que se definió su vocación social: el 19 de septiembre de 1985, a las 7.19 de la mañana. El terremoto que devastó la ciudad lo enfrentó con la necesidad de hacer algo por el lugar donde vivía. Participó en brigadas de rescate y entendió que debía emprender un trabajo más profundo y duradero, atendiendo a las víctimas más sensibles de la tragedia: los niños.

El sol de marzo inunda una pequeña terraza junto a su oficina. Fernández fuma y rememora la creación de Pro Niños, hace 23 años, institución que en 2016 cuenta con 1 600 donantes fijos: «Hay más de 17 000 niños de la calle; 5 000 mil viven ahí y 12 000 están en situación de calle, con la posibilidad de ir a alguna casa donde no se quedan mucho tiempo. Otros 200 000 pasan por lapsos de tres o cuatro días en la calle. Sólo el 10 por ciento son niñas; es casi imposible que sobrevivan en esas circunstancias; de inmediato se las llevan a la prostitución. También hay niños de segunda generación, hijos de los que han vivido ahí; no conocen otra forma de vida y se asustan con una cuchara o una regadera. En 23 años hemos logrado que unos 1 000 niños dejen la calle; es mucho, pero también es insuficiente».

De vez en cuando, un ujier se acerca a la mesa donde conversamos. El notario estampa su firma con celeridad; las transacciones prosiguen, amparadas por su nombre, mientras habla de otra capital de México, donde una cuchara puede ser un instrumento extraño y amenazante para un niño que sólo ha comido con las manos: «El terremoto creó nuevos espacios para los niños de la calle. Durante años fueron los principales habitantes del centro. Vivían en lo que hoy es el Parque Solidaridad, junto a la Alameda. A medida que el centro se reconstruía, se dispersaron. Antes vivían en grupos grandes, ahora van en grupos de tres o cuatro. Muchos de ellos estaban en Estados Unidos y fueron deportados sin acompañantes adultos, violando así acuerdos internacionales. De pronto te encuentras a un niño de nueve años que lleva de la mano a un niño de tres; no son hermanos, a veces incluso son de dos países distintos, pero se unieron en el camino. Lo menos malo del tema está en la Ciudad de México, en otras partes les puede pasar cualquier cosa, no se salvan de las redes de trata o de que los maten para extraerles órganos; hay niños que han participado con los maras en América Central y te pueden asesinar con una pluma», dice Fernández mientras señala mi bolígrafo.

Los objetos cambian de sentido con el miedo o la violencia. Sigo tomando notas y pienso en la cuchara que puede ser una amenaza para el niño que nunca ha entrado en una cocina. También mi instrumento de trabajo puede convertirse en otra cosa. ¿Cuánto se debe degradar la vida para que mi bolígrafo sea un arma asesina?

Familias: los dedos de una mano

No hay niños de la calle sin problemas familiares. Todos provienen de un trasfondo marcado por la violencia, la precariedad y las adicciones. En la Casa Hogar de Pro Niños hablé con Alejandro. Es un muchacho alto, apuesto, de mirada melancólica. Pasé un rato con un grupo de chicos que viven allí y otros que llegan de visita. Casi de inmediato él se acercó a contar su historia.

A los siete años comenzó a vagar por las calles. Nació en la Colonia de los Doctores y desde pequeño se familiarizó con la zona céntrica. Su madre tenía tres hijos de relaciones anteriores. Hace cuatro años que no la ve y hace aún más tiempo que no sabe nada de su padre. Recuerda las palizas que él le daba cuando ella estaba embarazada de su hermana, que nació sordomuda. Uno de sus medios hermanos, todavía menor de edad, fue detenido por robo a mano armada.

Alejandro ha logrado sobreponerse a ese horizonte descompuesto y cree que aún puede salvar algo ahí. El 22 de febrero de 2016 cumplió veintiún años. Trabaja como oficinista y quiere estudiar administración. Ya renunció a buscar un entendimiento con su madre

(«Le falla la cuestión de pensar»), pero quiere impedir que su hermana sufra: «Me da miedo que se corte, que se haga daño, no puede hablar con nadie, está encerrada en sí misma».

Alejandro hace una pausa y mira de soslayo hacia sus compañeros de la Casa Hogar que juegan basquetbol en el patio adyacente al salón donde conversamos. Luego me mira a los ojos, se toma la mano y mientras señala el índice dice: «Cada hermano es un dedo; yo soy éste». Su hermana se llama Karina, no puede hablar y no ha recibido apoyo. La ilusión del niño que sobrevivió a la calle es rescatarla. Su destino le duele como una parte de su cuerpo. Karina está en su mano; es su dedo meñique.

El desgarrador deseo de Alejandro de recuperar algo de una familia devastada contrasta con el orgullo con que suelen hablar quienes tienen como principal mérito el haber heredado una fortuna.

México es un país piramidal donde unos cuantos apellidos dominan casi todas las ramas de la economía. En el verano de 2015 tomé uno de los aviones de hélice de la compañía Aeromar, la línea «ejecutiva» del país. En la revista de a bordo se elogiaba a los principales consorcios nacionales, señalado que la mayoría de ellos son empresas familiares. La economía era vista como una rama de la tradición y las buenas costumbres. En consecuencia, se encomiaba que los negocios fueran administrados por parientes y no por profesionistas ajenos al clan. De forma involuntaria, el reportaje aludía a un hecho fundamental: en México la familia es un lujo.

La gente pobre se enfrenta a jornadas de trabajo que casi siempre rebasan las ocho horas y se somete a viajes de unas dos horas de ida y dos de vuelta. De acuerdo con la Organización para la Cooperación y el Desarrollo Económicos (OCDE), que agrupa a 34 países, México tuvo en 2013 el mayor número de horas laborales acumuladas (2 237 al año).

Las guarderías son insuficientes y las escuelas públicas no reciben a los niños el día entero. En esas condiciones, ¿quién puede hacerse cargo de sus hijos? Para unos, la familia es la transmisión del poder que permite administrar negocios creados por los ancestros (el éxito empresarial depende de recibir una herencia); para otros, la familia es el vértigo en el que hay que salvarse de la indigencia o de la cárcel.

También a Leonardo lo conocí en la casa Pro Niños de la Colonia Buenavista, cerca de Tlatelolco. Jugamos un partido de futbolín y me goleó: «Un placer jugar contigo», comentó con ironía. Fue el primero en acercarse a hablar conmigo. Llevaba una gorra tejida con el nombre de «Dallas». Me pareció tímido, pero poco a poco cobró elocuencia, seleccionando con cuidado las palabras. Tiene un párpado caído a consecuencia de un accidente. Habló rascándose un antebrazo mientras miraba hacia el suelo. A veces sonreía en forma oblicua, hacía una pausa y reanudaba su historia: «Nunca vi a mi papá; mi madre es soltera y tuvo hijos con otros señores, yo maltrataba mucho al más pequeño; no me daba cuenta de eso. Ella bebía mucho porque llegaba muy cansada de su trabajo como guardia en una compañía de seguridad privada. Tenía turnos de 24 por 24. Las rodillas le duelen de tanto estar parada. Yo era buen alumno, ¡hasta estuve en la escolta de la escuela!, pero mi mamá no tenía para el uniforme y me sacaron; luego entré a la Vocacional pero tampoco tenía para los libros. Una vez le saqué copias a unos libros y me regañaron. Mi mamá tenía que mantener a sus hijos y a mi abuela, no le alcanzaba para nada».

Cuando su madre se quedaba dormida, ya borracha, Leonardo se bebía los restos. Empezó a ir a fiestas, probó drogas (primero marihuana, luego disolvente), dejó la escuela sin que su madre se enterara ni notara su ausencia durante dos o tres días. Ella vigilaba empresas en jornadas extenuantes sin poder controlar a su hijo.

Leonardo nació en Ecatepec, al norte de la Ciudad de México, la zona con mayor densidad de población y mayor índice de criminalidad del país. Pero a él no le parece un sitio violento. Acaso esto se deba a la costumbre, a la extraña aclimatación que le impidió saber que maltrataba a su hermanastro. Poco a poco ha aprendido a relacionarse con gente que se encuentra en peores condiciones que él. Al Centro de Día llegan chicos que han estado en situación de calle como Leonardo, es decir, que no viven todo el tiempo allí y a veces vuelven a sus casas, se cambian de ropa y comen bien. Otros jamás han tenido una casa y llegan con problemas más graves a Pro Niños. Mejorar en compañía de quienes han padecido agravios peores no es fácil. En un principio, a Leonardo le costó trabajo sobrellevar las jornadas con muchachos tan lastimados que hacían que se sintiera en un sitio de degradación. Poco a poco comenzó a entenderlos y se dio cuenta de que estaba en condiciones de ayudarlos. Ahora le preocupa ser indiferente a los problemas de los demás: «Me gustaría ser psicólogo, a veces oigo tanto a las personas, que empiezan a llorar».

A los diecisiete años Leonardo ha trabajado como mesero en la Colonia Roma. Estuvieron a punto de despedirlo porque un cliente argentino pidió una Coca-Cola y un café y él se los llevó al mismo tiempo. «No me explicó que quería primero lo frío y luego lo caliente», comenta.

Los lujos mexicanos dependen de la pobreza. Una guardia que no puede supervisar a su hijo vigila una empresa durante 24 horas sin descanso y un menor de edad sin dinero para el uniforme escolar debe satisfacer las demandas de lo frío y lo caliente en un restaurante.

Actualmente, Leonardo cursa estudios de electricidad y piensa terminar la preparatoria *online*. Hace enormes esfuerzos para no distraerse con otras tentaciones de internet: «Mi conciencia me dice que hago mal viendo videos». En Pro Niños ha conocido a voluntarios alemanes que le despertaron el interés por ese país: «Lo quiero todo, pero debo ir paso a paso; a veces me cacho a los alemanes diciendo tonterías en español y pienso que yo podría aprender alemán, al menos para decirles tonterías», dice sonriendo. Forma una pistola con los dedos, me guiña un ojo y suelta un disparo imaginario.

LOS PALIATIVOS AL PROBLEMA

«El 80 por ciento de los mexicanos no participa en actividades públicas porque las confunde con actividades políticas —comenta José Ángel Fernández mientras hacemos el largo recorrido desde su notaría al sur de la ciudad hasta la sede de Pro Niños en Tlatelolco—. La Iglesia fomentó una cultura de la caridad, impidiendo que se organizara la sociedad civil, y el gobierno ha tenido una actitud asistencialista, que no incluye voluntariado ciudadano. Nosotros no hacemos esto por simple caridad; no se trata de una misión pastoral. Es muy importante ayudar sin perjuicio propio. Yo soy pésimo para meterme en la coladera, pero puedo hacer otras cosas.»

No hay modo de entender el fenómeno de los niños de la calle sin comprender que representa algo muy atractivo para quienes optan por ese tipo de vida. Lo que termina siendo una tragedia comienza como un idilio de la diversión y la holgazanería.

La Ciudad de México es un perfecto escenario para esto. En una urbe que no ha podido definir el número de sus habitantes, nada resulta tan sencillo como preservar el anonimato. Los niños pueden extraviarse sin ser buscados y el clima es suficientemente benévolo para vivir a la intemperie. Pero el factor decisivo es el trato que reciben del resto de los capitalinos.

En la ciudad abundan las situaciones de tensión y desconfianza y muy rara vez la comunidad se organiza en pro de tareas sociales al margen del gobierno. Se diría que vivimos bajo el imperio de la indiferencia. Sin embargo, de forma intermitente y espontánea, millones de capitalinos apoyan a los otros. No actúan conforme a un programa; ayudan según sus sentimientos y corazonadas.

¿Quiénes son los que más se preocupan por los demás? En 2010, entrevisté a Daniel Goñi Díaz, director de la Cruz Roja mexicana, y me informó de que, en las colectas anuales, las mayores aportaciones provienen de los pobres.

Con frecuencia, cuando un mendigo se acerca a un taxi, el conductor entrega una moneda y el pasajero, que suele tener mayores ingresos, permanece al margen. Una economía de centavos circula en la ciudad donde la Bolsa de Valores depende de la cotización en dólares. No es casual que la palabra mexicana para designar al indigente terminal, el equivalente del *clochard* que asume la pordiosería como una condición existencial, sea «teporocho», que alude a la economía de los centavos (en los tiempos en que se forjó el término, un té de naranja o canela con alcohol se compraba por ocho centavos).

Es mucho lo que se regala de a poco en la ciudad. Faltan asociaciones cívicas, pero sobran impulsos para dar ropa, comida y centavos. Un efecto secundario de esta costumbre es que los niños pueden sobrevivir en la calle. No se trata de una solución sino de un paliativo; en vez de ofrecer alternativas para la mendicidad, se permite que ocurra en mejores condiciones.

En su novela *Poderes terrenales*, Anthony Burgess comenta que los ingleses tienen una notable capacidad para blindarse ante todas las emociones, salvo las que despiertan las mascotas. En México, los animales suelen ser terriblemente maltratados. La última reserva emotiva suele abarcar a los niños. Pocos países toleran con mayor resignación los ruidos, los caprichos y los desacatos infantiles. Entre nosotros, un hotel o un restaurante que no admite niños parece un enclave fascista.

Los niños de la calle reciben más ropa y más juguetes de los que necesitan. Es la razón fudamental para que la Ciudad de México sea un baluarte de menores de edad sin casa ni familia. Las causas para estar a la intemperie son terribles, pero las ilusiones que eso despierta son igualmente poderosas. Una vida sin imposiciones escolares ni obligaciones higiénicas, similar a la que tantos niños codiciamos al leer *Dos años de vacaciones*, de Julio Verne.

«La calle es una fiesta —dice Fernández—. No tiene sentido decirle a los niños que dejen la calle; ellos deben convencerse por su cuenta. Por eso hicimos el Centro de Día, un albergue transitorio donde pueden estar un rato, comer y bañarse, sin obligación de quedarse ahí. Deben dejar su droga a la entrada y se les da a la salida.»

En 1985 el terremoto dio un nuevo impulso a la vida callejera. Numerosos edificios fueron abandonados en la zona sísmica, que abarca la parte central de la ciudad. Esas ruinas se convirtieron en la ciudad fantasma de los niños. En su documental *Niebla y noche*, Alain Resnais recorre las ciudades alemanas bombardeadas en la Segunda Guerra Mundial. Lo único que da vida al paisaje son los niños que juegan en los escombros como en un extraño parque de atracciones. Un antiguo vecindario se ha convertido en el laberinto donde se divierten con inquietante inocencia.

Algo similar ocurrió después del terremoto: quienes vivían en las alcantarillas volvieron a la superficie y ocuparon vecindades y palacios virreinales. Durante un par de décadas, los niños habitaron en la sombra el «centro histórico». A medida que se construían o restauraban los inmuebles, fueron obligados a ceder el territorio, pero ahí es donde se siguen concentrando.

¿Qué tanto se quiere a los niños de la ciudad? El interés por ellos pasa con frecuencia del afecto al abuso. Muy pocas niñas sobreviven a los riesgos de la intemperie y las redes de trata. El avance del crimen organizado también ha convertido a la infancia callejera en blanco de la droga: «Hace 20 años, el 60 por ciento de los chavos podía optar entre drogarse o no, hoy te encuentras con que el 95 por ciento necesita pasar por una desintoxicación extrema para recuperarse —informa Fernández—. También el tipo de consumo ha cambiado. Antes usaban *thinner*, aguarrás, resistol o cemento, que son muy dañinos pero menos adictivos. El crimen organizado los acercó a otras drogas (marihuana, crack) y descubrió que los chavos son ideales para el narcomenudeo».

En las inmediaciones de San Hipólito, a cualquier hora de la noche, se oyen silbidos. Es un sistema de comunicación más eficaz que las redes sociales. Todo tiene su momento histórico, incluso los silbidos. El arte de comunicarse de ese modo ha ido desapareciendo en la ciudad y quizá sólo perdura como patrimonio de los irregulares que necesitan reunirse de emergencia. Fuera de la iglesia de las causas perdidas, los niños aún silban por su suerte.

Dormir bajo la tierra

«El 90 por ciento de los niños de la calle tiene una identidad paralela; en la calle, el reconocimiento sustituye a la identidad. Cuando finalmente revelan su nombre es que desean cambiar de vida.» Después de un cuarto de siglo dedicado a luchar contra el problema, José Ángel Fernández resume el destino en un aforismo: «La peor agresión para el individuo es crecer». Pienso en el lema de Peter Pan: «No crecerás». Mientras son niños, los habitantes de la calle pueden ser tolerados y recibir apoyos. Al llegar a la vida adulta sólo los aguarda la cárcel o la degradación.

La casualidad ha querido que frente a la sede de Pro Niños, en Zaragoza 277, en la Colonia Buenavista, haya una Escuela de Policía. Cada acera representa una variante del país: los niños sin ley y quienes supuestamente deben impartirla.

Laura Alvarado Castellanos, directora general de Pro Niños, habla con pericia de la delincuencia infantil, las carencias familiares y la falta de expectativas que amenazan a los pobres de la ciudad. De manera reveladora apunta: «Los más inteligentes son los que se van a la calle». Se necesita inciativa, fuerza de voluntad y capacidad de adaptación para resistir ahí. Pero esto está cambiando: «Hace treinta años, la calle permitía establecer una red solidaria con el vendedor de periódicos, la miscelánea, los taxistas. Ahora el crimen organizado considera a los niños ideales para transportar droga. Además, nadie los busca ni los va a reclamar. Ya están desaparecidos, y el crimen los entrena para que se hagan todavía más invisibles. Muchos de ellos no parecen indigentes, tienen donde bañarse, pueden dormir en un hotel, se camuflan para seguir en la calle y vender droga. Otro cambio que hemos observado es que se han vuelto más consumistas. Puedes pensar que no tienen nada pero no es así; reciben dinero por trasladar droga y también la consumen; compran celulares, ropa y siguen todos los estereotipos que ven en las telenovelas o en internet. Desde hace cinco años tenemos más problemas para relacionarnos con ellos. Antes estaban más aislados, ahora quienes los enganchan para el crimen nos vigilan y amenazan. Ya nos secuestraron a una voluntaria».

Formada como psicóloga en la Universidad Iberoamericana, Laura Alvarado Castellanos define fenómenos peculiares de la vida en la calle. Muchos niños han sido víctimas de abusos y en la adolescencia se asumen como homosexuales porque les parece menos denigrante haber sido violados si ésa era su preferencia sexual. De forma compleja, se responsabilizan a sí mismos de los delitos que han sufrido.

Antes de presentarme a los muchachos del Centro de Día de Pro Niños para que hable con ellos, me comenta que los chicos de la calle suelen intercambiar historias por beneficios. Saben que la gente se interesa en ellos y se adaptan narrativamente a su circunstancia. Me pregunto hasta qué punto formo parte de esa cadena.

Durante años, Laura trabajó como voluntaria en el Consejo Tutelar de Menores. Hay niños a los que nadie visita porque carecen de parientes y ella se ocupaba de ellos. Allí aprendió que la violencia familiar contribuye al problema, pero que lo más grave es la exclusión y la falta de alternativas. Por eso, los más listos y elocuentes buscan un destino más desafiante y divertido, la calle donde se encarnan las historias.

Recuerdo, una vez más, mi ilusión de perderme para siempre en el Bosque de Chapultepec. También yo sentí esa tentación y ahora comparto otra, la de cambiar historias por beneficios.

Le pregunto dónde encuentran a los niños de la calle. Además del centro histórico, hay bastiones como la estación Taxqueña del metro, rodeada de amplios estacionamientos, que sirven de reunión.

No todos los niños sin hogar duermen a la intemperie. A cualquier hora del día hay menores dormidos en el metro que viajan sin rumbo fijo. Han subido a bordo para descansar en la falsa noche del subsuelo, arrullados por el vaivén de los vagones. Son niños que trabajan de noche y encuentran una morada provisional en los trenes que se desplazan bajo tierra. En algún momento se despiertan y descubren que están en el sur, el norte, el oriente o el poniente. Si ya es de noche, hacen un último viaje con los ojos abiertos.

El 31 de marzo de 2016 entrevisté a Christian en otro espacio de la Fundación Pro Niños, la Casa de Transición a la Vida Independiente de la colonia Santa María la Ribera, donde los jóvenes pueden vivir hasta dos años, en los que pueden valerse por su cuenta. Durante varios años durmió en el metro de día y se dedicó a la prostitución de noche. Cuesta trabajo imaginar a alguien que haya pasado por peores experiencias. Sin embargo, a los diecisiete años habla de sus quebrantos con sentido del humor. Sonríe, hace bromas, se acaricia el mechón de pelo rizado que le cae del lado izquierdo, mira con picardía antes de regresar a un momento dramático de su vida. Sus heridas no han cicatrizado del todo y aún se considera más vulnerable que la mayoría, pero muestra una capacidad de resistencia superior a la de muchos de sus compañeros de albergue.

Christian habla mucho de la fuerza, pero no la ejerce de forma física. Su entereza viene del humor. Si algo le interesa, sonríe de lado, con inteligente picardía.

Como Leonardo, Christian nació en Ecatepec. Sus antecedentes coinciden con los de otros niños de la calle: «Una vez vi a mi papá pero no recuerdo su cara». El padre desapareció y la madre tuvo otro hijo con otro hombre, que murió poco después de nacer. Luego tuvo un tercer niño con un tercer hombre y lo dio en adopción. Las drogas le impedían ocuparse de sus hijos. Christian creció con una señora mayor que lo trataba con afecto, a pesar de que él se la pasaba haciendo travesuras: «Soy muy bromista, me divierte dar la lata. De chavo era un travieso de lo peor; me divertía romper cosas, saltar por la ventana, era tremendo. Ahora hago comentarios que pueden parecer ofensivos, pero son para divertir».

Su madre adoptiva toleró los platos rotos por ese niño que tenía un extraño rendimiento escolar. En el primer trimestre sacaba seis, en el segundo siete y en el tercero diez, como si el rendimiento dependiera de la cercanía de las vacaciones. Sus problemas se miden en el rendimiento posterior: reprobó tercero de primaria, luego reprobó cuarto y dejó de estudiar en quinto.

Su madre adoptiva murió cuando tenía diez años y fue enviado con su abuela, que poco después regresó a su pueblo. Christian se quedó con una tía. Era la cuarta persona que se hacía cargo de él y fue la peor. Lo sacó de la escuela y lo obligó a vender golosinas en el metro. No le daba nada de las exiguas ganancias. A la menor protesta lo golpeaba. La tía tenía cinco hijos a los que trataba con benevolencia. Toda su furia se descargaba en el entenado: «Si llovía era mi culpa y me madreaba».

Después de un tiempo, lo mandó a vender discos pirata. Le pedía que fuera todos los días por un disco virgen al barrio de Tepito y le daba copias para vender en el metro.

Hasta entonces, no había tenido amigos. «Siempre he sido muy solitario —comenta con soltura—, puedo hablar mucho, pero no con cualquiera.» De pronto, una niña rompió el cerco de soledad. Se llamaba Norlendi, era dos años mayor que él y también vivía en Ecatepec. «Nos gustaba hacer juegos de manos —Christian hace ademanes en el aire, simulando tocar otras palmas—, y nos contábamos nuestros secretos; por primera vez supe que alguien podía entenderme.»

Christian fue a casa de Norlendi y se sorprendió de que una familia pudiera vivir sin golpearse: «Para mí los golpes eran normales, todos mis tíos golpeaban a sus esposas; no pensé que pudiera haber una vida diferente». Pasaba cada vez más tiempo en casa de su amiga, hasta que su tía fue a buscarlo allí y lo sacó a golpes. Los hermanos de Norlendi trataron de impedirlo, incluso dijeron que llamarían a la policía, frase que en México carece de realidad y sólo hizo reír a la señora.

Le prohibieron volver a casa de Norlendi con el pretexto de que esa familia vendía droga. «Era falso, decían eso porque ellos tenían una casa mejor», aclara.

Quizá lo que le dolía era el contraste con sus primos. Ellos podían abandonar la escuela sin que eso fuera un problema y no estaban obligados a trabajar. Como señala Laura Alvarado Castellanos, el trato discriminatorio puede ser peor que la violencia física.

Un día, Christian fue a dejar un disco pirata a un señor que le dio 300 pesos. De pronto le pareció absurdo volver a casa de su tía. No olvida ninguna fecha que le parezca importante: «Era el 14 de diciembre de 2012». Ese día, a los trece años, comenzó a vivir en la calle. «Tenía frío pero no me sentía solo. La primera noche me pasó de todo, conocí a una persona drogada, luego a otra que trató de asaltarme (por suerte ya había escondido mi dinero en un zapato); luego un conocido me llevó en su coche de vuelta a la casa, hice como que tocaba el timbre y me escapé a Ciudad Azteca. No dormí en toda la noche, llegó la mañana y lo primero que compré fue el disco de Shakira *Los ladrones*. Costó 99 pesos. Luego un café y un pan. Fui al metro y me dormí dando vueltas.»

Quince días antes de tomar la decisión de abandonar la casa de su tía, conoció a Erick, diez años mayor que él. Se habían gustado y, al no saber adónde ir, Christian decidió hablarle. Lo llamó durante el día entero, gastando en teléfonos públicos («Uno se tragó una moneda de cinco pesos») hasta que finalmente hubo una respuesta. Erick prometió ayudarlo, lo citó en su casa y de allí lo llevó a un hotel. «Yo había pedido ayuda y de pronto tenía una pareja. Pero poco a poco me enamoré de él. Nadie me había querido como Erick. Todo fue muy bien hasta mi cumpleaños, que es el 18 de enero. Me pidió que lo ayudara a descargar unos documentos de internet, pero la computadora iba muy lenta y cuando regresó yo no tenía nada. Me acusó de haber estado chateando con otros hombres, se puso muy celoso y me golpeó. Yo me sentí culpable y le di la razón. A partir de entonces cada quince días me madreaba y yo sentía que era por mi culpa, por no hacer bien las cosas. Perdió el trabajo y dijo que era por estar tanto tiempo conmigo. Sentí que eso era cierto. Luego los madrazos fueron lo de menos. No me dejaba salir y me quitó internet; estaba encerrado. Antes, mi tía me madreaba pero al menos podía salir; ahora me madreaban y no podía salir. Yo le seguía dando la razón en todo hasta que empezó a llevar chavitos a la casa para que nos los cogiéramos. Le dije que estaba mal, me amenazó y tuve que participar. Nunca usaba condón. Cada vez que me madreaba, se excitaba y me quería coger. Me sentía más violado que otra cosa, pero si no me dejaba, él se podía traer a otros morritos. Yo pensaba: "Ellos se van y yo soy el chingón porque me quedo". Así me consolaba. A ellos los llevaba al cine o les compraba helados, pero yo vivía en la casa.»

Le pregunto si no había buenos momentos que justificaran que viviera allí. «Sí, pero eran mínimos. Todo eso duró año y medio, luego, como pasó con mi tía, el Señor me iluminó y huí después de una golpiza.» Fue a casa de Norlendi, donde estuvo tres meses; después regresó con Erick. No podía dejar a la persona que abusaba de él, pero que le había dado un afecto que aún esperaba recuperar. Por fin decidió romper el círculo vicioso, pero cayó en otro: un amigo lo conectó con una red de prostitución.

«Sentí que ya sólo servía para que me cogieran», explica. Empezó a trabajar de noche en uno de los lugares más céntricos de la ciudad, el bastión corporativo y hotelero de paseo de la Reforma, entre la Diana Cazadora y el Ángel de la Independencia. La Ciudad de México es el edén invertido donde un menor de edad puede comprar disolventes para drogarse, acompañar a un adulto a un hotel de paso y prostituirse junto a travestis en la principal avenida de la ciudad.

Christian pasaba la noche en vela y dormía de día en el metro. «En mi caso, los clientes no eran tan variados. Había unos morros güerillos que sí atraían a chavos guapos, pero a mí me tocaban puros ancianos borrachos o drogados, más que desagradables. Hubo una persona amable, que sólo me habló y me dio 1 000 pesos. Todavía tengo contacto con un clientillo que sólo hacía cosas con mis pies; hace poco me agregó a Facebook. Pero había otros asquerosos. A uno le gustaba meterme dildos. "De ti a eso, prefiero eso", pensaba. Ése se obsesionó y me mandaba mensajes por teléfono a cada rato.»

Algunos clientes le pedían que se drogara; aunque trató de rechazarlo, a veces tenía que usar poppers o piedra, sin que le gustara. «Por pura afición quise probar la cocaína, pero me temblaron las manos y la tiré por todos lados. Nunca robé, no pude hacerlo, tuve muchas oportunidades, pero creo que soy demasiado bueno. Hice unos amigos en la noche, otro que también se llamaba Christian, y Jair. Jugamos juegos de manos y a veces nos contrataban a los tres o a dos de nosotros. Luego ellos se fueron a vivir juntos y volví a sentirme muy solo. El ambiente era muy pesado. Regresé con Erick, mi único amor, y me volvió a golpear. Me fui abandonando, pensé en matarme. Empecé a dormir en un cajero automático de Banamex en Reforma, ya era un desperdicio, casi no comía, bebía agua de la llave en el baño de Sanborns. Así estaba cuando conocí a un chavo de Honduras que me habló de Pro Niños. Pensé que era un internado donde me encerrarían y maltratarían. Cuando por fin decidí a ir al albergue ya sólo pensaba en comer y dormir. Eso sí: llegué con mis discos de Shakira, siempre cargué con ellos.»

Con el apoyo de Pro Niños, comenzó a cobrar perspectiva de su pasado y aprendió a hablar de su vida con la fluidez con que ahora lo hace. Le faltaba un año de primaria y presentó los exámenes en cinco días. En seis meses acabó la secundaria, basándose sólo en las guías de estudio. Tiene una inteligencia alerta, pero se queja de que no logra concentrarse: «Leer un libro me cuesta un montón, sólo he leído el cómic *Rubius*, lo tengo allá en mi cuarto». Ahora está en la preparatoria abierta, ha tomado clases de inglés, natación, teatro, guitarra. Le pregunto cómo se ve de aquí a cinco años: «Enfrente de una cámara o de mucha gente, diciendo cosas importantes».

¿Sigue viendo a Norlendi? «A ella le gusta que yo esté bien, pero ya no le gusta mucho cómo soy ahora. Soy más extrovertido pero menos bromista. Me gusta reírme de las cosas que alguna vez me hicieron daño. Tengo un sentido del humor muy ácido. Tuve sífilis y me alivié, fue como un embarazo, ahora puedo reírme de eso.»

Le pregunto qué sueña y dice que no lo recuerda. Piensa un rato, sopla para alejar su copete rizado y dice: «Cuando estaba en la calle prostituyéndome imaginaba que cantaba en un auditorio y sentía como si todos me quisieran. Y últimamente sí he soñado. Veo al Christian que mi tía golpeaba pero como si fuera el Christian de ahora, que se le pone al tiro y no se deja».

Ve películas en versión original con subtítulos en inglés, para aprender el idioma, y le gustaría viajar a España e Inglaterra. También quisiera tener un perro pequeño, tal vez un Chihuahua.

Le pregunto si ha pensado hacerse algún tatuaje. «Sí, cuando ya no pueda donar sangre; si paso por una enfermedad como la hepatitis...» ¿Qué motivo escogería? «¡El logo de Shakira! No, eso es muy tonto; preferiría otra cosa.» Hace una pausa. No necesito insistir en el tema; piensa, muy concentrado, en lo que desearía llevar en la piel: «Me tatuaría un lobo —dice con orgullo—. El lobo es agresivo y sobrevive».

¿Cómo analiza su carácter? Piensa que es como la música: «Mi personalidad es como una esponja; con Shakira soy dulce (cuando conocí a Erick todo era amor y todo era Shakira), con Gloria Trevi soy atrevido y altanero, con Miley Cirus soy grosero y polémico. Me gusta juntar a las tres en mi personalidad, pero cada una tiene su lugar: ¡en un funeral no puedo ser Miley Cirus!»

¿Erick lo sigue buscando? «Acaba de hacerlo, estoy en terapia para no engancharme con él otra vez, sé que no me conviene.» A veces, de tanto repasar su historia, habla de sí mismo en tercera persona, no con la vanidad de un astro del futbol, sino como si se tratara de otro: «Christian es tímido y callado, le cuesta hacer amigos». Así se refiere al pasado; la primera persona pertenece al presente; el Christian reservado también tiene otra faceta: «Me gusta que me escuchen, sobre todo un grupo grande. Quiero dar cursos de capacitación sobre salud sexual».

Una vez terminada la entrevista, camino por la Colonia Santa María la Ribera hasta la estación San Cosme del metro. Tomo un tren rumbo a Hidalgo, la estación donde ocurrió un milagro, frente a la iglesia de las causas perdidas.

Antes de llegar allí, veo a un niño sumido en un sueño profundo. Duerme como sólo puede hacerlo quien sabe que ésa es su única casa, en la falsa noche de México.

EL HUÉRFANO QUE SALVÓ AL PRESIDENTE

El infierno voluntario que codicié en mi infancia (perderme para siempre en el bosque de Chapultepec) fue el paraíso de otro niño.

El escritor y político liberal Guillermo Prieto nació en 1818, en Molino del Rey, cerca de Chapultepec, cuando el país luchaba por su independencia. En *Memorias de mis tiempos* recupera su infancia campirana; Molino del Rey era entonces una región apartada de la Ciudad de México. Prieto iba al lago, atravesando el bosque donde se alzaban milenarios ahuehuetes.

No le faltó nada en su niñez; creció rodeado de afectos y estímulos sensoriales, muchos de ellos relacionados con la comida, que siempre disfrutó. Con la muerte de su abuelo, dispusieron de suficiente dinero para mudarse a una zona céntrica de la ciudad. Esta arcadia se vio alterada cuando el padre murió de improviso. Tenía treinta y tres años y las consecuencias fueron dramáticas: «Mi madre se volvió loca. De los cuantiosos bienes de la casa se apoderaron personas extrañas», escribe Prieto en sus memorias. A los 13 años se fue a vivir con unas costureras que habían trabajado para su familia y se acostumbró a usar zapatos rotos.

De vez en cuando visitaba a su madre. La encontraba sumida en una neblina mental: una mujer de treinta años, de aspecto sereno y dulce, incapaz de relacionarse con los demás. Ella no siempre lo reconocía, pero disfrutaba los dulces que él le daba. Prieto salía de allí bañado en llanto, sin perder la esperanza de que ella recuperara la cordura.

Carecía de dinero para libros, pero descubrió la literatura en un parque público. En la Alameda Central los poetas competían en habilidad, colgando sonetos en marcos de madera. De tanto leerlos, Prieto aprendió retórica: «La Alameda fue mi gran gimnasio poético».

Una noche oyó a las costureras hablar de sus penurias: dejaban de comer para alimentarlo. Poco después, una epidemia de cólera diezmó la ciudad y su hermano estuvo a punto de morir.

A los quince años, Prieto debía hacer algo para solucionar su vida. Indignado por su suerte, decidió visitar al ministro de Justicia, Andrés Quintana Roo. En 1833 México era un país experimental que no acababa de definirse. En ese territorio donde las esperanzas superaban a las realidades, un niño podía tocar a la puerta de un ministro. Quintana Roo lloró al oír la historia de ese muchacho que tenía casi la misma edad que el país; le consiguió un trabajo que le permitió mantener a su madre, ayudar a sus benefactoras y seguir estudiando.

Cuatro años después, Prieto leyó un poema ante Anastasio Bustamante. Impresionado, el presidente pidió que fuera a verlo a su despacho. Un breve encuentro bastó para que unieran sus destinos. Bustamante pidió que instalaran una cama para el joven poeta en el palacio de gobierno y le encargó la redacción del *Diario Oficial*.

En su biografía de Prieto, Malcolm McLean, escribe al respecto: «El muchacho pobre y huérfano lograba así, por esfuerzo propio, un empleo de confianza y una situación respetable en la casa presidencial». Lo asombroso no es que un joven tenga talento, sino que reciba ese respaldo.

Prieto creció para convertirse en uno de los principales escritores y políticos liberales del siglo XIX. El inquilino de Palacio Nacional fue el más leal defensor de la república. Benito Juárez lo nombró ministro de Hacienda y él le salvó la vida. En Guadalajara, el presidente Juárez fue emboscado por adversarios. Prieto lo acompañaba. Ante los fusiles que los encañonaban, el escritor que aprendió a leer en un parque público dijo de repente: «Los valientes no asesinan». La frase hizo que los verdugos se arrepintieran.

Prieto fue un testigo excepcional de los avatares de la Ciudad de México, de la lucha por la independencia a la invasión norteamericana de 1847, pasando por las hambrunas, las epidemias y los continuos cambios de gobierno. Su destino fue tan incierto como el del siglo XIX mexicano. De los trece a los diecinueve años su vida podría haber sido la de cualquier niño de la calle de hoy en día, pero recibió el apoyo de un país tan inseguro como él, que apenas empezaba a consolidarse. El ministro de Justicia le abrió la puerta de su estudio y el presidente le ofreció una cama en su casa.

Prieto depositó su confianza en una nación en ciernes. Con acierto, Vicente Quirarte define así su trayectoria: «La patria como oficio».

Hubo un tiempo en que un niño podía llamar a las puertas de la justicia y ser atendido. La realidad es diferente en 2016. Esta noche, en San Hipólito, junto a la Alameda donde Guillermo Prieto aprendió poesía, los niños dormirán bajo un camión o en una alcantarilla.

APÉNDICES

Registro de 94 periodistas, locutores y fotógrafos asesinados
en México desde 2000

De 2000 a la fecha, Artículo 19 ha documentado el asesinato de 94 periodistas en México, por posible relación con su labor periodística.

Durante el actual mandato de Enrique Peña Nieto, se han contabilizado 21, cinco de estos en Veracruz y cinco más en Oaxaca, entidades con el mayor número de asesinatos en este sexenio.

El gobierno del priista Javier Duarte, que comenzó en diciembre de 2010, ha sido el más letal para los comunicadores: 16 periodistas asesinados en Veracruz se suman al caso de Rubén Espinosa, quien fue asesinado en el Distrito Federal tras huir del estado gobernado por Duarte.

De los 94 periodistas asesinados, 87 son hombres y 7 son mujeres. El caso de Manuel Torres (Veracruz) es el más reciente. (Última actualización: mayo de 2016.)

Fecha de la muerte	Nombre del periodista/ fotógrafo/locutor	Medio de comunicación
2000		
1 febrero	Luis Roberto Cruz Martínez	*Multicosas*
9 abril	Pablo Pineda Gaucín	*La Opinión*
19 julio	Hugo Sánchez Eustaquio	*La Verdad*
2001		
19 febrero	José Luis Ortega Mata	*Semanario de Ojinaga*
9 marzo	José Barbosa Bejarano	*Alarma*
24 marzo	Saúl Martínez Gutiérrez	*El Imparcial*

Fecha de la muerte	Nombre del periodista/ fotógrafo/locutor	Medio de comunicación
2002		
17 junio	Félix Fernández García	*Nueva Opción*
16 octubre	José Miranda Virgen	*Imagen de Vercecruz*
2003		
13 diciembre	Rafael Villafuerte Aguilar	*La Razón*
2004		
19 marzo	Roberto Mora García	*El Mañana*
22 junio	Francisco Ortiz Franco	*Zeta*
31 agosto	Francisco Arratia	*Freelance*
28 noviembre	Gregorio Rodríguez	*El Debate*
2005		
8 abril	Raúl Gibb Guerrero	*La Opinión*
16 abril	Dolores García Escamilla	Stéreo 91
17 septiembre	José Reyes Brambila	*Milenio Jalisco*
2006		
6 enero	José Valdés	Sin datos
9 marzo	Jaime Olvera Bravo	*Freelance*
10 marzo	Ramiro Téllez Contreras	Exa FM
9 agosto	Enrique Perea Quintanilla	*Dos Caras*
27 octubre	Bradley Roland Will	Indymedia
10 noviembre	Misael Tamayo Hernández	*El Despertar de la Costa*
15 noviembre	José Manuel Nava	*Excélsior*
21 noviembre	Roberto Marcos García	*Testimonio*
30 noviembre	Adolfo Sánchez Guzmán	*Orizaba en vivo*
8 diciembre	Raúl Marcial Pérez	*El Gráfico*
2007		
6 abril	Amado Ramírez Dillanes	Televisa
23 abril	Saúl Noé Martínez	*Interdiario*
8 diciembre	Gerardo García Pimentel	*La Opinión de Michoacán*
2008		
5 febrero	Francisco Ortiz Monroy	*Diario de México*
8 febrero	Alfonso Cruz Pacheco	*El Real*
8 febrero	Bonifacio Cruz Santiago	*El Real*
7 abril	Teresa Bautista Merino	Radio Copala
7 abril	Felicitas Martínez Sánchez	Radio Copala
23 junio	Candelario Pérez Pérez	*Sucesos*

Fecha de la muerte	Nombre del periodista/ fotógrafo/locutor	Medio de comunicación
23 septiembre	Alejandro Fonseca Estrada	Exa FM
9 octubre	David García Monroy	*El Diario de Chihuahua*
10 octubre	Miguel Villagómez Valle	*La Noticia de Michoacán*
13 noviembre	Armando Rodríguez Carreón	*El Diario*

2009

13 febrero	Jean Paul Ibarra Ramírez	*El Correo*
22 febrero	Luis Méndez Hernández	*Radiorama*
3 mayo	Carlos Ortega Melo Samper	*Tiempo de Durango*
25 mayo	Eliseo Barrón Hernández	*Milenio*
28 julio	Juan Daniel Martínez Gil	*Radiorama*
23 septiembre	Norberto Miranda Madrid	*Radio Visión*
2 noviembre	Bladimir Antuna Vázquez	*Tiempo de Durango*
23 diciembre	Alberto Velázquez López	*Expresiones Tulum*
31 diciembre	José Luis Romero	*Línea Directa*

2010

8 enero	Valentín Valdés Espinosa	*Zócalo*
29 enero	Jorge Ochoa Martínez	*El Sol de la Costa*
3 marzo	Jorge Rábago Valdez	*La Prensa*
12 marzo	Evaristo Pacheco Solís	*Visión Informativa*
28 junio	Francisco Rodríguez Ríos	*El Sol de Acapulco*
6 julio	Hugo Olivera Cartas	*La Voz de Michoacán*
10 julio	Guillermo Alcaraz Trejo	*Omnia*
10 julio	Marco Martínez Tijerina	La Tremenda
16 septiembre	Carlos Santiago Orozco	*El Diario*
5 noviembre	Alberto Guajardo Romero	*Expreso*

2011

25 marzo	Luis Emanuel Ruiz Carrillo	*La Prensa de Maclova*
1 junio	Noel López Olguín	*Noticias de Acayucan*
13 junio	Pablo Aurelio Ruelas	*El Regional*
20 junio	Misael López Solana	*Notiver*
20 junio	Miguel Ángel López Velasco	*Notiver*
27 julio	Yolanda Ordaz de la Cruz	*Notiver*
25 agosto	Humberto Millán Salazar	*A Discusión*
24 septiembre	Elizabeth Macías Castro	*Primera Hora*

2012

28 abril	Regina Martínez	*Proceso*
3 mayo	Guillermo Luna	*Veracruz News*
3 mayo	Esteban Rodríguez	*Veracruz News*

Fecha de la muerte	Nombre del periodista/ fotógrafo/locutor	Medio de comunicación
3 mayo	Gabriel Huge	*Veracruz News*
18 mayo	Marcos Ávila	*El Regional de Sonora*
14 junio	Víctor Manuel Báez	*Milenio*
14 noviembre	Adrián Silva Moreno	*Freelance*
2013		
3 marzo	Jaime González	*Ojinaga Noticias*
24 abril	Daniel Martínez Bazaldúa	*Vanguardia*
24 junio	Mario Ricardo Chávez	*El Ciudadano*
17 julio	Alberto López Bello	*El Imparcial*
2014		
11 febrero	Gregorio Jiménez	*Notisur*
29 julio	Nolberto Herrera	Canal 9
11 agosto	Octavio Rojas	*El Buen Tono*
11 octubre	Atilano Román	Locutor / *Así Es Mi Tierra*
22 octubre	Antonio Gamboa	*Nueva Prensa*
2015		
2 enero	Moisés Sánchez	*La Unión*
14 abril	Abel Bautista Raymundo	*Transmitiendo Sentimientos*
4 mayo	Armando Saldaña	Exa FM
26 junio	Gerardo Nieto	*Nuevo Siglo*
30 junio	Juan Mendoza Delgado	*Escribiendo la Verdad*
2 julio	Filadelfo Sánchez	La Favorita 103.3 FM
31 julio	Rubén Espinosa	*Proceso / Cuartoscuro*
2016		
21 enero	Marcos Hernández Bautista	*Noticias en la Costa*
8 febrero	Anabel Flores	*Sol de Orizaba*
20 febrero	Moisés Lutzow	Radio XEVX
25 abril	Francisco Pacheco	*El Sol de Acapulco*
15 mayo	Manuel Torres González	*Noticias MT*

Sobre Artículo 19

Artículo 19 es una organización independiente y apartidista que promueve y defiende el avance progresivo de los derechos de libertad de expresión y acceso a la información de todas las personas, de acuerdo a los más altos estándares internacionales de los Derechos Humanos, para contribuir así en el fortalecimiento de la democracia.

Para cumplir su misión, Artículo 19 tiene como quehacer primordial:

- La exigencia del derecho a la difusión de la información y las opiniones en todos los medios.
- La investigación de amenazas y tendencias.
- La documentación de violaciones a los derechos de libertad de expresión.
- El acompañamiento a las personas cuyos derechos han sido violados.
- La coadyuvancia en el diseño de políticas públicas en su área de acción.

En este sentido, Artículo 19 visualiza una región donde todas las personas se expresen en un ambiente de libertad, seguridad e igualdad, y ejerzan su derecho al acceso a la información, para facilitar la incorporación de la sociedad en la toma de decisiones sobre las personas y su entorno, y la plena realización de otros derechos individuales.

Artículo 19 se fundó en Londres en 1987 y toma su nombre del Artículo 19 de la Declaración Universal de los Derechos Humanos: «Toda persona tiene derecho a la libertad de opinión y de expresión; este derecho incluye el no ser molestado a causa de sus opiniones, el de investigar y recibir informaciones y opiniones, y el de difundirlas, sin limitación de fronteras, por cualquier medio de expresión».

La oficina para México y Centroamérica inició operaciones en 2006.

Agradecimientos

Los editores agradecen a las publicaciones en las que algunos de los reportajes de este libro aparecieron por primera vez:

Juan Villoro, «Vivir en México: un daño colateral», *El País*, Madrid, 29 de agosto de 2010.

Emiliano Ruiz Parra, «El naufragio de las mandarinas», suplemento *Enfoque* del diario *Reforma*, México, 10 de febrero de 2008. Este texto se publicó también en Diego Enrique Osorno, ed., *País de muertos*, Debate, México, 2010, y más tarde en una versión revisada en su libro *Los hijos de la ira*, México, Océano, 2015.

Anabel Hernández y Steve Fisher, «Las horas del exterminio», *Proceso*, México, 19 de septiembre de 2015.

Diego Osorno, «Yo soy culpable», *Gatopardo*, México, junio de 2010.

Sergio González Rodríguez, «Anamorfosis de la víctima», en *Campo de guerra*, Barcelona, Anagrama, 2014.

Marcela Turati, «La guerra me hizo feminista», en *Altaïr* (www.altair magazine.com), en un número especial titulado «A bordo del género», Barcelona, febrero de 2006.

«Registro de 94 periodistas, locutores y fotógrafos asesinados en México desde 2000» y «Sobre Artículo 19» provienen de la página web www.articulo19.org.

Finalmente, los editores agradecen a los periodistas que han participado en este proyecto con gran entusiasmo.

ÉCHALE LA CULPA A LA HEROÍNA
de José Reveles

La heroína es la droga ilícita más importante y peligrosa en México: genera al menos diecisiete mil millones de dólares anuales en ganancias y ha suscitado un parque jurásico de las peores prácticas criminales. La errática "guerra contra las drogas" ocasionó que México se convirtiera en el segundo productor mundial de heroína, sólo después de Afganistán, desbancando a Colombia y al llamado "triángulo asiático". En zonas de ingobernabilidad, como Guerrero, los cultivos prohibidos viven en plena jauja, aceitados con corrupción federal, estatal y municipal. Precisamente en ese infierno cayeron los 43 normalistas de Ayotzinapa. Y parece que nadie había querido verlo. Échale la culpa a la heroína.

Ficción

MEDIANOCHE EN MÉXICO
de Alfredo Corchado

Es medianoche en México, 2007. El periodista, Alfredo Corchado recibe una llamada telefónica de su fuente principal para informarle que hay un plan para asesinarlo por parte de un poderoso capo. Pronto averigua que lo quieren matar porque uno de sus artículos en el *Dallas Morning News* afectó los sobornos que los narcotraficantes entregan a policías, militares y funcionarios del gobierno mexicano. Así comienza el viaje en espiral de un hombre que busca descifrar la compleja situación del país mientras lucha por salvar su vida. A pesar de recorrer un camino de múltiples encrucijadas, desigualdad y violencia extrema, Corchado, "infectado con la enfermedad incurable del periodismo", no se resigna a abandonar la esperanza en tiempos turbulentos.

Autobiografía

EL REY DE COCAÍNA
de Ayda Levy

"El rey de la cocaína", Roberto Suárez Gómez, llegó a exportar diariamente casi dos toneladas de la droga desde sus laboratorios en la Amazonía boliviana a sus socios del cártel de Medellín, dirigido por Pablo Escobar, a Estados Unidos, en una operación conjunta con la CIA, y a Europa. Protegida por la corrupción de mandatarios de varios países, así como por militares y gobernantes bolivianos, La corporación fue conocida como "la General Motors del narcotráfico". Ayda Levy, viuda de Roberto Suárez, de quien se separó al enterarse de que el acaudalado empresario estaba involucrado en el narcotráfico, narra en estas páginas sus vivencias y las revelaciones que el productor de la droga más pura del mundo compartió con ella. Nunca se había escrito un testimonio como el de Ayda Levy, quien revela en este libro una pieza fundamental del rompecabezas del narcotráfico que jamás había sido contada.

Autobiografía

NARCOMEX
de Ricardo Ravelo

Ricardo Ravelo, uno de los mayores expertos en temas de narcotráfico, nos presenta todos los ángulos esenciales para entender la guerra mas sangrienta que ha vivido México desde hace un siglo: las rutas de la droga, el lavado de dinero, las complicidades oficiales, la impunidad, la vida de los capos, sus abogados y sus oscuros negocios. *Narcomex* se articula en dos ejes: en el primero se exponen los antecedentes y la historia del conflicto por el que atraviesa el país contra el crimen organizado fue declarada. En el segundo, Ravelo narra las historias de sus protagonistas: los capos, las fuerzas del Estado, los abogados y otros actores de la sociedad civil, enlazados en esta vorágine interminable. *Narcomex* presenta el panorama más amplio y completo sobre el salvaje fenómeno que ha llevado a México a una de las peores crisis de su historia.

Autobiografía

EN LA BOCA DEL LOBO
de Alfredo Corchado

Durante la década de los 80 y comienzo de los noventa, un enorme porcentaje de la producción mundial de cocaína estaba en manos de dos sindicatos criminales colombianos: el cártel de Medellín, que presidía el despiadado Pablo Escobar, y el cártel de Cali, una sofisticada organización delictiva criminal dirigida por los implacables hermanos Rodríguez Orejuela. Los dos grupos se enfrentaron en una sangrienta guerra hasta que Escobar fue asesinado en diciembre de 1993. Cuando el camino quedó libre para los de Cali, Jorge Salcedo, un ex comandante del ejército, recibió la misión de proteger a los capos. Aunque cada día se involucraba más, Salcedo luchó por preservar su integridad e intentó no ceder ante la corrupción, la violencia y la brutalidad que lo rodeaba. Sin embargo, la noche en la que colocaron una pistola en su mano con una orden de ejecución llegó a un momento crucial. Se trataba de una orden directa del padrino que lo ponía en una situación imposible—matar o morir. Pero existía una tercera opción, la más arriesgada y difícil: provocar la caída del cártel.

Autobiografía

VINTAGE ESPAÑOL
Disponibles en su librería favorita
www.vintageespanol.com